O CLUBE DO LIVRO DO FIM DA VIDA

will schwalbe

O CLUBE DO LIVRO DO FIM DA VIDA

Uma história real
sobre perda, celebração
e o poder da leitura

Tradução
Rafael Mantovani

OBJETIVA

Copyright © 2012 by Will Schwalbe
Todos os direitos reservados.

"Where Does the Temple Begin, Where Does It End?", de *Why I Wake Early*, de Mary Oliver, copyright © 2004 by Mary Oliver (Boston: Beacon Press, 2004). Reproduzido com a permissão de The Charlotte Sheedy Literary Agency Inc.

Versos de "Museé de Beaux Arts", de *Collected Poems*, de W.H. Auden.
Copyright © 1940 by W.H. Auden. Reproduzido com a permissão de Curtis Brown, Ltd.

Todos os direitos desta edição reservados à
EDITORA OBJETIVA LTDA.
Rua Cosme Velho, 103
Rio de Janeiro – RJ – Cep: 22241-090
Tel.: (21) 2199-7824 – Fax: (21) 2199-7825
www.objetiva.com.br

Título original
The End of Your Life Book Club

Capa
Adaptação de Marcos Davi sobre design original de Becca Stadtlander

Revisão
Lilia Zanetti
Raquel Correa
Fatima Fadel

Editoração eletrônica
Abreu's System Ltda.

CIP-BRASIL. CATALOGAÇÃO NA PUBLICAÇÃO
SINDICATO NACIONAL DOS EDITORES DE LIVROS, RJ

S425f
    Schwalbe, Will
        O clube do livro do fim da vida: Uma história real sobre perda, celebração e o poder da leitura / Will Schwalbe; tradução Rafael Mantovani. – 1ª ed. – Rio de Janeiro: Objetiva, 2013.
        il.

    Tradução de: *The end of your life book club*
    292p.   ISBN 978-85-390-0499-7

        1. Câncer – Pacientes – Estados Unidos – Biografia. 2. Câncer – Pacientes – Relações com a família. 3. Clubes de livros. I. Título.

13-00984   CDD: 926.16994
                                                    CDU: 929:616-006.6

Minha irmã, meu irmão e eu tivemos conversas e momentos extraordinários com nossa mãe ao longo de toda a sua vida e durante seus últimos anos. Meu pai passou mais tempo com ela do que qualquer outra pessoa — em décadas de casamento, e no fim — e seu carinho por ela, e o amor deles um pelo outro, inspiraram a todos nós.

O que vem a seguir é minha história. Se é principalmente sobre mim e minha mãe, e menos sobre meu pai e meus irmãos, isso é só porque acredito que são eles que devem contar suas histórias, se e quando decidirem.

Este livro é dedicado com amor e gratidão a Nina, Doug e meu pai — e David.

Sumário

Para um lugar seguro	11
Encontro em Samarra	15
Setenta versos sobre o vazio	32
Marjorie Morningstar	50
O hobbit	60
Refrigério para a alma	79
As memórias do livro	94
"Eu sou a dor"	104
Uma real leitora	110
A gaiola de lagartos	118
Brat Farrar	123
Perdidos na América	130
O véu pintado	144
Assassinato na catedral	152
Aonde você for, é lá que você está	161
Kokoro	173
O preço do sal	179
O fundamentalista relutante	188
O ano do pensamento mágico	193
Olive Kitteridge	200
Garotas como nós	211

Suíte Francesa	219
A mordida da manga	226
A elegância do ouriço	236
Os homens que não amavam as mulheres	241
Brooklyn	247
As lágrimas do meu pai	255
Felicidade demais	267
Epílogo	281
Agradecimentos	285
Apêndice	287

Nota do autor

Eu não sabia que escreveria este livro enquanto estávamos vivendo a maior parte dos acontecimentos narrados nele. Por isso precisei confiar na minha memória, junto com anotações aleatórias; papéis, listas e cartas que mamãe me deu; e-mails trocados entre nós; o blog que escrevíamos; e a ajuda de parentes e amigos. Tenho certeza de que às vezes embaralhei a cronologia e os fatos, e confundi algumas conversas. Mas tentei ser fiel mais ao espírito que ao texto literal de nossas discussões, e fazer um retrato honesto daquilo por que passamos juntos. Minha mãe dizia: "Faça o seu melhor e é só isso que você pode fazer." Espero ter conseguido.

Para um lugar seguro

Éramos loucos pelo café *mocha* da sala de espera do ambulatório do Memorial Sloan-Kettering. O café em si não é tão bom, e o chocolate quente é pior ainda. Mas se, como mamãe e eu descobrimos, você aperta o botão "*mocha*", vê como duas coisas não muito boas podem se juntar para formar algo bastante delicioso. Os biscoitos integrais também não são ruins.

O ambulatório fica situado no muito agradável quarto andar de um belo edifício preto de escritórios feito de aço e vidro em Manhattan, na esquina da 53rd Street com a Third Avenue. Seus visitantes têm sorte de que seja um lugar tão agradável, pois passam muitas horas ali. É lá que pessoas com câncer esperam para falar com seus médicos e para serem ligadas a uma bolsa de soro e receber doses do veneno prolongador de vida que é uma das maravilhas da medicina moderna. No fim do outono de 2007, minha mãe e eu começamos a nos encontrar lá regularmente.

Nosso clube do livro teve seu início formal com o *mocha* e com uma das perguntas mais casuais que duas pessoas podem fazer uma à outra: "O que você está lendo?" É uma pergunta um tanto pitoresca hoje em dia. Mais frequente, em trechos de silêncio na conversa, é as pessoas perguntarem: "Que filmes você tem visto?" ou "O que você vai fazer nas férias?". Não se pode mais assumir, como se podia quando eu era pequeno, que qualquer pessoa esteja lendo alguma coisa. Mas é uma pergunta que minha mãe e eu fazíamos um para o outro desde que tenho lembrança. Então num dia de novembro, enquanto matávamos tempo entre a hora de coletarem sangue da minha mãe e a hora de ela falar com a médica (o que precede a quimioterapia), soltei essa pergunta. Minha mãe respondeu que acabara de ler um livro extraordinário, *Para um lugar seguro,** de Wallace Stegner.

Para um lugar seguro, publicado originalmente em 1987, é um daqueles livros que eu sempre pretendera ler, de tal modo que passei anos fingindo não só que o lera de verdade, mas também que sabia mais sobre seu autor além dos fatos de que ele nascera no começo do século XX e escrevera principalmente sobre o Oeste dos Estados Unidos. Trabalhei no ramo editorial durante 21 anos e, em vários trechos de silêncio em conversas, adquiri o hábito de perguntar às pessoas, principalmente vendedores de livros, o nome de seu livro favorito e por que eles o adoravam tanto. Um dos livros citados com mais frequência era e continua sendo *Para um lugar seguro*.

Falar com entusiasmo de livros que eu ainda não lera fazia parte do meu trabalho. Mas há uma diferença entre contar uma mentirinha inocente para um vendedor de livros e mentir para sua mãe de 73 anos quando você a está acompanhando em tratamentos para refrear o desenvolvimento de um câncer que já se espalhara do pâncreas para o fígado quando foi diagnosticado.

Confessei que não tinha de fato lido aquele livro.

"Vou te dar meu exemplar", disse minha mãe, que sempre foi uma pessoa muito mais econômica do que eu.

"Não precisa, eu tenho um", eu disse, o que de fato era verdade. Há certos livros que pretendo ler e deixo empilhados do lado da cama. Até os levo em viagens. Alguns dos meus livros deveriam ganhar suas próprias milhas no programa de fidelidade, de tanto que já viajaram. Levo estes livros num voo após o outro com as melhores intenções, e então acabo lendo qualquer outra coisa que apareça (*SkyMall! Golf Digest!*). Eu já levara *Para um lugar seguro* em tantas viagens, e tantas vezes o devolvera para a minha cabeceira sem ler, que ele poderia ter ganhado no mínimo uma passagem de primeira classe para Tóquio pela Japan Airlines.

Porém desta vez seria diferente. Naquele fim de semana comecei a lê-lo, e então, mais ou menos na página vinte, aconteceu aquela coisa

---

* Para os livros que não foram publicados em português, adotou-se uma tradução livre. Para o título original, ver o Apêndice.

mágica que só acontece com os melhores livros de todos: fiquei absorto e obcecado, e entrei no modo "Não vê que eu estou lendo?". Para vocês que ainda não leram *Para um lugar seguro* (ou ainda estão fingindo que o leram), é uma história sobre a amizade de uma vida inteira entre dois casais: Sid e Charity, e Larry e Sally. No começo do romance, Charity está morrendo de câncer. Assim que o li, era natural que quisesse falar sobre ele com mamãe. O romance nos proporcionou um meio de discutir algumas das coisas que ela estava enfrentando e algumas das que eu estava enfrentando.

"Você acha que ele vai ficar bem?", eu perguntava a ela, referindo-me a Sid, que fica muito sozinho no final.

"É claro que vai ser duro para ele, mas acho que ele vai ficar bem. Tenho quase certeza. Talvez não imediatamente. Mas ele vai ficar bem", ela respondia, também se referindo a Sid, mas quem sabe a meu pai também.

Livros sempre tinham sido um jeito de minha mãe e eu introduzirmos e explorarmos temas que nos diziam respeito, mas nos deixavam desconfortáveis, e também sempre haviam nos fornecido assunto para conversa quando estávamos estressados ou ansiosos. Nos meses que se passaram desde o diagnóstico dela, tínhamos começado a falar cada vez mais sobre livros. Mas foi com *Para um lugar seguro* que ambos começamos a nos dar conta de que nossas discussões não eram apenas casuais — que tínhamos criado, sem saber, um clube do livro muito insólito, com apenas dois participantes. Como acontece em muitos clubes de leitura, nossas conversas transitavam entre as vidas dos personagens e as nossas próprias. Às vezes discutíamos um livro em profundidade; outras vezes, terminávamos numa conversa que tinha pouco a ver com o livro ou o autor que dera início a ela.

Eu queria saber mais sobre a vida da minha mãe e as escolhas que ela fizera, por isso muitas vezes desviava a conversa nesse sentido. Ela tinha sua própria pauta, como quase sempre. Precisei de certo tempo, e de alguma ajuda, para me dar conta disso.

Ao longo da doença dela, antes e depois de *Para um lugar seguro*, mamãe e eu lemos dezenas de livros de todos os tipos. Não líamos apenas "grandes livros", líamos de forma casual, promíscua e impulsiva. (Como eu disse, minha mãe era uma pessoa econômica; se você lhe dava um livro, ela lia.) Nem sempre líamos os mesmos livros ao mesmo tempo, nem nos encontrávamos durante as refeições, nem em dias específicos, nem um número definido de vezes por mês. Mas éramos forçados a ficar voltando àquela sala de espera, conforme a saúde da minha mãe ia se deteriorando. E falávamos de livros com a mesma frequência com que falávamos de qualquer coisa.

Minha mãe era uma leitora veloz. Ah, e mais uma coisa que eu deveria mencionar. Ela sempre lia o final de um livro primeiro, pois não conseguia esperar para descobrir como as coisas terminariam. Quando comecei a escrever este livro, me dei conta de que, de certo modo, ela já tinha lido o final — quando você tem um câncer de pâncreas que foi diagnosticado depois que se espalhou, é improvável que o final seja uma surpresa. Você pode ter quase certeza do que o destino reserva.

Pode-se dizer que o clube do livro se tornou nossa vida; mas seria mais preciso dizer que nossa vida se tornou um clube do livro. Talvez sempre tivesse sido um — e foi preciso a doença da mamãe para nós percebermos. Não falávamos muito do clube. Falávamos dos livros, e falávamos de nossas vidas.

Todos temos muito mais para ler do que podemos ler, e muito mais para fazer do que podemos fazer. Mesmo assim, uma das coisas que aprendi com minha mãe é isto: Ler não é o oposto de fazer; é o oposto de morrer. Nunca serei capaz de ler os livros preferidos da minha mãe sem pensar nela — e quando os passo adiante e os recomendo, saberei que parte daquilo que a formava vai junto com eles; que parte da minha mãe continuará viva nesses leitores, leitores que talvez sejam inspirados a amar como ela amou e fazer sua própria versão do que ela fez no mundo.

Porém me adiantei demais. Vou voltar ao começo, ou melhor, ao começo do fim, para antes do diagnóstico da minha mãe, quando ela começou a adoecer e não sabíamos por quê.

Encontro em Samarra

Minha mãe e eu adorávamos primeiras frases de romances. "Os garotinhos chegaram cedo para o enforcamento", era uma das nossas favoritas, do livro *Os pilares da terra*, de Ken Follett. Como é possível não continuar lendo? E a primeira frase de *Oração para Owen Meany*, de John Irving: "Estou fadado a lembrar de um menino com uma voz rouca — não por causa de sua voz, nem porque ele era a menor pessoa que já conheci, nem porque ele foi o instrumento da morte de minha mãe, mas porque ele é o motivo pelo qual acredito em Deus; sou cristão por causa de Owen Meany." E a primeira frase de *Howards End*, de E. M. Forster: "Pode-se muito bem começar com as cartas de Helen para a irmã." É o "muito bem" que seduz você — casual, até coloquial, e no entanto dá ao leitor uma forte sensação de que há muita história por vir.

Alguns romancistas começam com frases iniciais que antecipam a ação principal do livro; alguns começam com pistas; outros com palavras que simplesmente criam uma cena ou descrevem o personagem, mostrando ao leitor um mundo antes de um dilúvio — sem nenhuma pista do que está por vir. O que nunca precisa ser escrito é: "Pouco sabia ela que sua vida estava prestes a mudar para sempre." Muitos autores adotam algo deste gênero quando querem criar suspense. A verdade é que as pessoas jamais se dão conta de que suas vidas estão prestes a mudar de maneiras imprevisíveis — essa é simplesmente a natureza das maneiras imprevisíveis.

Conosco não foi diferente.

O ano 2007 começara com minha mãe e meu pai passando algumas semanas em Vero Beach, na Flórida, um lugar que minha mãe descobriu tarde na vida e que adorava. Lembro-me agora, com alguma culpa, de repetir para ela uma frase que ouvira um comediante dizer sobre a Flórida: "É aonde os velhos vão para morrer e então não morrem."

Todos tínhamos marcado de visitá-los em um momento ou outro, e todo mundo na família estava, naquela época, felizmente ocupado. Meu irmão mais velho, Doug, acabara de produzir uma nova versão cinematográfica do livro *Lassie, volta para casa*. Minha irmã, Nina, estava trabalhando para a TB Alliance, lutando contra a disseminação da tuberculose no mundo todo. Eu estava preparando o livro de David Halberstam sobre a Guerra da Coreia para publicação, e também divulgando um livro sobre e-mail, que eu havia escrito com um amigo. Meu pai estava ocupado com sua empresa que representava artistas de concerto: regentes, cantores e músicos. Éramos obcecados pelas ansiedades, implicâncias menores e pequenos problemas de saúde (dores de dente, dores de cabeça, insônia) que todas as pessoas têm. E além disso havia aniversários a serem lembrados, eventos a serem planejados, preparativos de viagem a serem feitos e cronogramas a serem compartilhados. Na minha família, havia um fluxo incessante de pedidos feitos uns para os outros em nome de nossos amigos e causas: Podíamos vir a um evento beneficente? Podíamos apresentar duas pessoas? Lembrávamos o nome daquela mulher na festa que estava de vestido vermelho? Também nos bombardeávamos com recomendações, muitas vezes formuladas como ordens: Você tem que ver... Você tem que ler... Você tem que assistir... A maior parte destas vinha da minha mãe.

Se nossa família fosse uma companhia aérea, minha mãe seria o centro e nós seríamos os raios. Raramente alguém ia a algum lugar sem escalas; ia-se através da minha mãe, que controlava o fluxo de tráfego e determinava as prioridades: qual membro da família tinha permissão para decolagem ou pouso. Mesmo meu pai não estava imune ao cronograma da minha mãe, embora tivesse uma margem de manobra maior que o resto.

A frustração entre nós, os filhos, tinha a ver com o quão cuidadosamente tudo precisava ser planejado. Assim como um único avião atrasado pode bagunçar todo o funcionamento de um aeroporto, resultando em voos adiados e pessoas dormindo em corredores, minha mãe sentia que, do mesmo modo, qualquer mudança podia lançar nossas vidas no caos. Consequentemente, meus irmãos e eu tínhamos um leve pavor de fazer sequer as menores alterações nos planos, depois que eles tinham sido discutidos com minha mãe.

Quando telefonei para minha mãe na Flórida naquele mês de fevereiro, avisando que decidira pegar um voo vespertino de Nova York, e não um voo da manhã como tínhamos discutido antes, ela primeiro disse apenas "Oh", mas detectei um forte indício de exasperação em sua voz. Depois: "Eu estava pensando que, se você chegasse de manhã, poderíamos almoçar com o casal da casa ao lado; eles vão embora à noite, por isso se você vier no voo mais tarde, não vai poder vê-los em momento algum. Acho que poderíamos convidá-los para um café à tarde, mas com isso não teríamos como ir à Hertz para incluir você no registro do carro, e então eu teria que dirigir até Orlando para buscar sua irmã. Mas tudo bem. Tenho certeza de que podemos dar um jeito de fazer tudo dar certo."

Minha mãe não se limitava a coordenar nossas vidas. Também estava ajudando a coordenar, quase sempre a pedido delas, as vidas de centenas de outras pessoas: na sua igreja, na Comissão Feminina para Mulheres e Crianças Refugiadas (ela tinha sido a diretora fundadora), no IRC — o Comitê Internacional de Resgate — (ela trabalhara como elo entre funcionários e diretores, e fundara a filial do IRC no Reino Unido), e em todas as outras várias organizações onde estava servindo ou servira em conselhos administrativos. Tinha sido diretora de admissão em Harvard quando eu era pequeno — e depois assessora universitária numa escola de Nova York e coordenadora do ensino médio em outra —, e continuava em contato com centenas de ex-alunos e colegas. Também havia os refugiados que ela conhecera em suas viagens pelo mundo todo e com quem mantinha contato. E havia todos os seus outros amigos também — que iam desde amigos próximos de infância a pessoas que por acaso haviam sentado ao seu lado num avião ou ônibus intermunicipal. Minha mãe estava sempre apresentando, agendando, colaborando, orientando, aconselhando, consolando. Às vezes dizia que isso a deixava exausta — mas era bastante óbvio que, na maior parte do tempo, ela adorava.

Uma das organizações com que minha mãe mais se ocupava era uma fundação para ajudar a montar bibliotecas no Afeganistão. Ela se apaixonou por esse país e por seu povo da primeira vez em que foi para lá, em 1995, atravessando o passo Khaiber a partir do Paquistão para relatar as condições dos refugiados. Voltou ao Afeganistão dez vezes, sempre a serviço da Comissão Feminina ou do Comitê Internacional de Resgate (que é a organização matriz da Comissão Feminina), para descobrir cada vez mais sobre a difícil situação cambiante dos refugiados ali; depois voltava aos Estados Unidos e defendia políticas que os ajudassem, principalmente relacionadas à vida e às necessidades das mulheres e crianças. Suas viagens em prol dos refugiados a levaram não apenas a Kabul, e não apenas a todo o Afeganistão — incluindo Khost, onde ela passou a noite numa hospedaria infecta, a única mulher entre 23 guerreiros *mujahidi* —, mas também ao mundo inteiro, incluindo a maioria dos países do Sudeste Asiático e da África Ocidental.

Naquele ano, enquanto estava na Flórida, ela manteve contato constante com um homem chamado John Dixon, um velho trabalhador braçal afegão que sabia mais sobre o país do que quase qualquer outra pessoa, e que estava ajudando a realizar o projeto da pessoa que sabia ainda mais que ele: uma mulher de 79 anos chamada Nancy Hatch Dupree, que por décadas dividira seu tempo entre Kabul e Peshawar. Minha mãe e John (ambos tinham encontrado Nancy muitas vezes no Paquistão e no Afeganistão) estavam trabalhando juntos na criação de uma fundação americana para ajudar Nancy a arrecadar dinheiro tanto para um centro de cultura nacional e biblioteca — algo que o Afeganistão não tinha —, a ser construído na Universidade de Kabul, quanto para bibliotecas ambulantes para aldeias em todo o país, levando livros em *dari* e *pashto* para pessoas que raramente ou nunca tinham visto um livro em sua própria língua, isso se tivessem visto algum livro qualquer. Nancy e seu marido, que morrera em 1988, haviam acumulado uma coleção incomparável de 38 mil volumes e documentos sobre os cruciais últimos trinta anos da história do Afeganistão. Então ela tinha os livros; o que estava faltando era dinheiro e apoio.

Na primavera de 2007, minha mãe teve a oportunidade de juntar-se a uma delegação do Comitê Internacional de Resgate que iria ao Paquistão e ao Afeganistão, e tudo parecia estar se configurando bem:

em Peshawar e Kabul, ela poderia passar muito mais tempo com Nancy para firmar um plano de arrecadação de verba para as bibliotecas. Enquanto em muitas famílias seria uma grande notícia se um dos membros estivesse prestes a visitar um dos lugares mais perigosos da terra — um lugar onde minha mãe já tinha sido alvo de tiros (embora sempre dissesse que estavam atirando nos pneus, não nela), enquanto o Talibã ainda controlava boa parte do país, e onde mais de duzentos membros das forças dos Estados Unidos e da coalizão morreriam antes do fim do ano —, para nossa família aquilo era algo corriqueiro. Não recordo nem se eu sequer lembrava que minha mãe estava indo para lá, de tanto que ela viajava.

Por isso não esperávamos que algo fosse ser diferente naquela ocasião em que ela foi viajar, nem suspeitávamos de que algo fosse ser diferente quando voltou doente. Ela não estava mais doente do que geralmente ficava após uma viagem a um país castigado pela guerra. Voltava da maior parte de suas viagens — Libéria, Sudão, Timor-Leste, Gaza, Costa do Marfim, uma colônia de leprosos no Laos, para citar uns poucos exemplos — com algum tipo de problema de saúde: uma tosse, exaustão, dores de cabeça, uma febre. Mas apenas continuava firme em seu trabalho e sua vida ocupada até que os diversos problemas aos poucos sumissem.

Certamente houvera vezes em que minha mãe voltara doente de uma viagem e continuara doente por um bom tempo. Houve uma tosse que contraiu na Bósnia e durou cerca de dois anos, tornando-se parte dela de tal modo que só percebemos quando a tosse sumiu de repente. E houve vários problemas de pele: manchas, bolinhas e erupções. Mas em todos esses casos, a doença não piorou. Chegou doente e continuou doente até melhorar, ou até todo mundo, incluindo ela própria, esquecer que algum dia estivera melhor.

Sempre tínhamos insistido para que minha mãe consultasse médicos — e ela consultava: seu clínico geral e diversos especialistas em doenças tropicais, e às vezes outros especialistas. Mas tirando um episódio assustador de câncer de mama, detectado cedo o bastante para que a cirurgia bastasse e não fosse necessário quimioterapia, e uma vesícula biliar que precisou ser removida, ela jamais tivera um problema sério. O que sempre se assumia era que não havia nada de errado com minha mãe que não pudesse ser curado se ela apenas desacelerasse um pouco.

Coisa que ela não fazia.

Todos acreditávamos também que, se uma única vez minha mãe fizesse um tratamento completo com antibióticos, se livraria para sempre de todos os seus problemas de saúde relacionados a viagens. Não sei se era por economia, teimosia ou falta de confiança em remédios, mas, após tomar metade da receita, ela guardava o resto para depois, o que era enlouquecedor. Mesmo lembrar-lhe de que ela talvez estivesse criando uma superbactéria não surtia muito efeito.

No verão de 2007, no entanto, minha mãe continuou doente. Não demorou muito para que todos os médicos e especialistas confirmassem o que ela tinha: hepatite. Ela estava ficando amarela; os brancos de seus olhos estavam da cor de gemas de ovos orgânicos — não o amarelo pálido dos ovos de supermercado, mas sim um dourado com um toque de sangue. Ela estava perdendo peso e não tinha apetite. E era meio óbvio onde havia contraído a hepatite, já que acabara de voltar do Afeganistão. Alguma coisa que comera, talvez. Ou um pouco de água de chuveiro que entrara em sua boca. Os médicos, porém, não conseguiam descobrir que tipo de hepatite era. Não era A, nem B, nem C — nem mesmo D ou E. Mas, no começo, mesmo o fato de minha mãe ter um distúrbio misterioso não era uma preocupação muito grande. Se éramos incapazes de entender a complexa situação política e religiosa do Afeganistão, será que realmente esperávamos ter identificado cada vírus e doença estranha que era possível contrair lá?

Seus médicos não foram negligentes — desde cedo fizeram testes para eliminar outras possibilidades e estavam muito confiantes de que as tinham eliminado. Fizeram algumas recomendações: ela precisaria descansar, e também não consumir bebidas alcoólicas (o que não era um grande problema, embora de fato gostasse de tomar uma taça de vinho no jantar, e champanhe em comemorações). Isso era tudo.

O verão prosseguiu, no entanto, com minha mãe ficando cada vez mais doente. Ela estava cansada. E estava irritada por estar cansada, e por ter hepatite, e por não se sentir ela mesma. Minha mãe não reclamava, mas de vez em quando comentava isso com as pessoas mais próximas. Agora, pensando naquela época, toda menção que fazia à sua hepatite soava funesta. Ela às vezes dizia ao meu pai ou a um de nós algo como: "Não sei por que não conseguem descobrir o que há de errado comigo." Ou: "Eu descanso e descanso e nunca me sinto descansada." No entanto, minha mãe se forçava a fazer quase tudo o que queria fazer.

Será que ela realmente chegava a descansar? Era difícil dizer. Para ela, um dia "preguiçoso" era um dia dedicado a pôr os e-mails em dia ou "atacar" sua escrivaninha (sempre a palavra que minha mãe usava, como se fosse um monstro cuspidor de papel que precisava ser combatido para não dominar e destruir tudo em seu caminho). Só quando estava lendo ficava quieta de verdade.

Observar minha mãe lutar para cumprir com as exigências de sua vida fez com que a tensão se acumulasse no resto da família. Não podíamos ficar bravos com ela por não se sentir bem e se recusar a relaxar, por isso ficamos muito mais irritados uns com os outros do que geralmente ficávamos por todo tipo de pequenos crimes: chegar adiantado, chegar atrasado, esquecer um aniversário, fazer um comentário sarcástico, comprar o sabor errado de sorvete. Tentávamos evitar que minha mãe ouvisse essas briguinhas, mas nem sempre dava certo. Ela geralmente conseguia resolvê-las, dissipá-las ou arbitrá-las — o que fazia os combatentes se sentirem culpados por sequer terem chegado a discutir.

Aquele verão foi agitado, e nem minha mãe nem eu conseguimos ler como gostávamos durante os verões — ou seja, a maior parte do dia, dia após dia, em lugares fechados ou ao ar livre, em casa ou nas casas de férias de amigos —, por isso acabávamos escolhendo livros curtos. Li *Na praia*, de Ian McEwan, que mesmo um leitor vagaroso pode começar e terminar numa tarde. Minha mãe tinha esse livro em sua lista de livros para ler e me perguntou o que eu achava.

Ambos tínhamos lido vários romances de Ian McEwan ao longo dos anos. As primeiras obras de McEwan contêm um catálogo de crueldades, incluindo sadismo e tortura. Minha mãe dizia que passara tanto tempo em zonas de conflito que era atraída por livros que tratavam de temas sombrios, pois eles a ajudavam a entender o mundo como ele é, não como queríamos que fosse. Sou atraído por livros com temas sombrios, principalmente porque sempre me sinto melhor a respeito da minha vida na comparação. Em seus romances mais recentes, no entanto, McEwan tornara-se menos extremo, embora não exatamente jovial. *Na praia* era seu livro mais recente e acabara de ser publicado.

Em alguns aspectos, *Na praia* é um livro estranho de se discutir com sua mãe de 73 anos — dado o fato de que o livro envolve um casal recém-casado em 1962, prestes a fazer sexo pela primeira vez, e descreve em detalhes vívidos sua tentativa desastrosamente canhestra e confusa. Isso eu não mencionei para ela. Em vez disso, falei sobre a fascinante e melancólica coda do livro, que explica o que acontecerá a cada um dos dois personagens principais. *Na praia* me emocionara tanto que, por um tempo, não quis pegar nenhum livro novo para ler.

"Me pergunto se as coisas poderiam ter acabado de outro jeito", acrescentei, depois de contar a ela sobre o destino do casal. O bom de saber que minha mãe sempre lia os finais dos livros primeiro era que eu nunca precisava ter receio de estragá-los.

"Não sei", minha mãe respondeu. "Talvez não. Mas talvez os personagens pensem que as coisas poderiam ter acabado de outro jeito. Talvez seja por isso que você achou tão triste."

Continuamos falando do livro por mais um tempinho, eu ainda omitindo qualquer menção à cena de sexo central — não porque minha mãe fosse pudica, mas porque tenho o clássico horror infantil de que tais assuntos sejam discutidos na presença dos meus pais. (Lembro vividamente do trauma de ver *Equus*, a peça de Peter Shaffer, junto com minha mãe e meu pai quando eu tinha 13 anos. Na hora em que o menino e a menina tiram toda a roupa e tentam fazer sexo, eu queria me transformar numa estampa do estofado do assento.)

Por fim, nossa discussão naquele dia de julho acabou voltando das minhas ideias sobre o livro de McEwan para a logística familiar — quem estaria onde e quando. Então, em algum ponto, como na maioria das conversas daquele verão, minha mãe disse que ainda não conseguira se livrar da hepatite, que ainda não era ela mesma, que não tinha muito apetite e que não se sentia muito bem. Porém, tinha toda a certeza de que logo se sentiria melhor, recuperaria o apetite, ficaria mais forte. Era apenas questão de tempo. Enquanto isso, havia simplesmente coisas demais a fazer — nossa família, amigos, e as bibliotecas a serem construídas no Afeganistão. Tudo exigia a atenção dela, e ela adorava dar essa atenção. Se ao menos se sentisse só um pouquinho melhor.

NAQUELE AGOSTO, A família inteira (meu irmão e sua mulher; minha irmã e sua companheira; eu e o meu; todos os cinco netos) e vários amigos viajaram ao Maine para comemorar o octogésimo aniversário do meu pai. Minha mãe organizara praticamente tudo e estaria presente em quase todos os eventos: cafés da manhã coletivos, uma viagem de barco e uma visita ao Rockefeller Garden em Seal Harbor.

Meu pai era na época, e ainda é, uma pessoa robusta. Tem uma cabeleira volumosa. Antigamente gorducho, agora é mais magro que muitos de seus amigos. Talvez ofegue um pouco ao subir escadas, e com certeza não é o que alguém chamaria de um esportista, porém gosta de jardinagem, de longas caminhadas e de ficar ao ar livre. Não é fresco — prefere velhos restaurantes pitorescos que já tiveram dias melhores a restaurantes chiques —, mas de fato aprecia certo nível de conforto. Também gosta de música barroca e filmes de ação, lanchonetes de beira de estrada, e de ter tempo e ócio para ler livros sobre o Raj britânico. Não tem o mínimo interesse por escolas e imóveis, que eram os dois temas favoritos da minha mãe, e embora seja capaz de conversar de modo arrebatador sobre assuntos que o divertem, também adora desafiar os outros quando decide que estão falando bobagem. Ele é mais feliz quando o tempo está meio frio e com um pouco de neblina. E também gosta de lagostas e um bom cozido de frutos do mar, assim como todos nós. Por isso o Maine era o lugar perfeito para comemorar seu aniversário.

Mas em meio a tantos jantares na praia, passeios de barco e contemplações do pôr do sol do Maine com um drinque nas mãos, todos os adultos, principalmente meu pai, notaram o quanto minha mãe estava fazendo esforço, um fato que ela estava decidida a não deixar ninguém perceber enquanto o fim de semana não chegasse ao seu término.

Parecia cada vez mais tensa e exausta. Sua pele não ficara mais amarela, mas ela estava mais magra e o rosto, mais enrugado; as bochechas estavam murchas, fazendo com que seu eterno sorriso parecesse levemente tristonho. Mesmo assim, todas as rugas pareciam sumir quando os netos marchavam na frente dela numa missão ou outra. Durante essa viagem, minha mãe virou para mim certa noite e disse que era difícil imaginar que ela ou nós pudéssemos ser mais sortudos que aquilo.

O que desandara tão terrivelmente na vida das pessoas de *Na praia*, o livro de McEwan, pensava um dos personagens, era que eles nunca tinham tido amor e paciência ao mesmo tempo. Nós tínhamos ambos.

Na última manhã de nossa estadia, que foi num clássico hotel do Maine, um vasto prédio em estilo chalé, desci e encontrei minha mãe na varanda com os quatro netos mais novos à sua volta. Ela estava lendo uma história para eles. Era uma bela manhã do Maine. Peguei meu iPhone e apressadamente tirei umas poucas fotos. Lembro de notar que Nico, o neto mais velho, não estava na foto. Afinal, por que estaria? Com 16 anos, ele não estaria ouvindo sua avó ler um livro ilustrado.

Corri até o seu quarto e disse que precisava dele — então ele tirou o fone de ouvido, largou próprio livro e veio atrás de mim.

Andamos juntos até a varanda, e então Nico juntou-se ao grupo, para que eu pudesse tirar uma foto da minha mãe com todos os cinco netos. Não sei ao certo por que me senti impelido naquele momento a fazer isso. Nunca tiro fotos. Talvez tivesse sentido que algo estava prestes a acontecer além do controle do amor, da paciência ou de qualquer um de nós, e aquela era minha última chance de aprisionar o tempo.

O ÚLTIMO FIM de semana do verão, no meio de setembro, meu companheiro David e eu passamos com um amigo que sempre alugava uma casa específica na praia em Quogue, a cerca de duas horas de Manhattan, em Long Island.

Minha mãe adorava quando eu contava a ela que ia visitar este amigo, pois a casa pertencia a Wylie, a filha de John O'Hara, e ao próprio O'Hara antes disso. Ele era um dos escritores favoritos da minha mãe. Era uma casa decrépita em estilo Cape Cod, num penhasco que se esfacelava rapidamente, com vista para a praia e o mar, e tinha a varanda perfeita para ficar deitado lendo. As prateleiras estavam cheias de livros de John O'Hara, o que não era surpresa. Nesta visita, decidi trair o livro que tinha levado e ler O'Hara em vez disso.

Primeiro, no entanto, achei melhor descobrir um pouco sobre O'Hara. Aprendi com os livros da casa que O'Hara nasceu em 1905 em Pottsville, Pensilvânia. Seu pai era um distinto médico irlandês, e a família conseguiu mandá-lo para Yale. Mas pai morreu quando ainda estava na faculdade, e sua mãe não tinha condições de continuar pagando a mensalidade, portanto esse foi o fim de Yale para ele. A experiência de ter que abandonar a faculdade gerou em O'Hara uma eterna obsessão por dinheiro, classe e exclusão social. Ele irrompeu na cena literária em 1928, durante a era dos pais da minha mãe, escrevendo histórias sobre este tema para a revista *The New Yorker*, e então, em 1934, aos 29 anos, escreveu *Encontro em Samarra*, que o tornou famoso. Minha mãe disse que O'Hara era, no começo, alguém que as pessoas diziam que ela deveria ler, e depois logo tornou-se alguém cujos livros ela aguardava ansiosamente.

Quando voltei à cidade após meu fim de semana em Quogue, meu pai estava no hospital com bursite séptica no cotovelo, tendo deixado que inchasse até o tamanho de um pequeno grapefruit antes que minha mãe o obrigasse a ir se tratar no pronto-socorro. Liguei para minha mãe para saber as notícias. Ele odiava ficar no hospital, mas estava passando bem.

"Então, finalmente li *Encontro em Samarra*", eu disse a ela. "Sempre tinha achado que esse livro tinha algo a ver com o Iraque."

Encontro marcado em Samarra não se passa em Samarra nem em nenhum lugar do Oriente Médio, mas sim na cidade fictícia de Gibbsville, Pensilvânia, nos anos 1930. O romance conta a história de um jovem casado chamado Julian English, dono de uma concessionária, que pensa ter a educação certa e todos os contatos certos, e que impulsivamente joga um drinque na cara de um homem mais rico e mais poderoso, que ele detesta sem nenhum bom motivo. Três dias depois, e após dois outros atos impulsivos, incluindo passar uma cantada na namorada de um gângster, Julian perde literalmente tudo.

"Não acredito que você ainda não tinha lido. E a história de fato se aplica ao Iraque, mesmo que não seja de modo algum sobre isso. É um livro sobre pôr coisas em movimento, e depois ser orgulhoso e teimoso demais para pedir desculpas e mudar de rumo. É sobre achar que ser criado de certo jeito lhe dá o direito de ter uma atitude ruim. Parece que o Bush estava predestinado a nos colocar numa guerra ali de qualquer maneira." Minha mãe não era fã do nosso presidente na época e ficara horrorizada por ele ter usado a al-Qaeda e o Onze de Setembro como pretexto para invadir Bagdá. Meu pai às vezes fazia o advogado do diabo contra as visões mais liberais da minha mãe, mas neste ponto pensava parecido, e ambos recentemente tinham passado a compartilhar livros que dissecavam a política externa americana.

Conforme conversamos mais sobre *Encontro em Samarra*, logo nos vimos discutindo a epígrafe do livro, que é na verdade uma fala de uma peça de W. Somerset Maugham, um escritor cujos contos ainda nos renderiam banquetes juntos.

A parábola de Maugham reconta uma história clássica iraquiana. A narradora é a Morte:

> Havia em Bagdá um mercador que enviou seu criado ao mercado para comprar mantimentos, e logo em seguida o criado voltou, pálido e trêmulo, e disse: Mestre, agora há pouco quando estava no mercado levei um esbarrão de uma mulher na multidão, e quando virei vi que era a Morte que tinha esbarrado em mim. Ela me olhou e fez um gesto de ameaça; ora, me empreste seu cavalo e vou partir para longe desta cidade e evitar minha sina. Vou para Samarra, e lá a Morte não me encontrará. O mercador lhe emprestou seu cavalo, e o criado montou nele, cravou as esporas em seus flancos e foi o mais depressa que o cavalo podia galopar. Então o mercador foi até o mercado, me viu parada na multidão, veio até mim e disse: Por que você fez um gesto de ameaça para o meu criado quando o viu hoje de manhã? Não foi um gesto de ameaça, eu disse, foi só um gesto de surpresa. Fiquei desconcertada ao vê-lo em Bagdá, pois eu tinha um encontro marcado com ele hoje à noite em Samarra.

Mais tarde, teríamos mais tempo e motivos para falar sobre o destino, e o papel que ele desempenhava ou não nos acontecimentos de nossas vidas — principalmente nos acontecimentos que estavam por vir. Porém, nesse telefonema em setembro, minha mãe e eu logo passamos para outros assuntos. Quando pareceu que a conversa estava chegando perto do fim, minha mãe tinha mais uma coisa que queria mencionar.

"Só queria que você soubesse que sua irmã está insistindo para eu ver outro médico e fazer mais exames." O novo médico faria outro exame para tentar descobrir por que ela não conseguia se livrar da hepatite.

"Parece uma boa ideia, mãe."

Então voltamos a falar de mim. "Você vai descansar um pouco?", ela perguntou.

"Tenho tanta coisa para fazer antes de viajar", eu desconversei. "Não sei como vou conseguir fazer tudo." Na época eu era editor-chefe de uma editora, e estava partindo para a Alemanha, como fazia todo ano, a fim de participar da Feira do Livro de Frankfurt, que acontece na primeira semana de outubro.

"Você só pode fazer o que consegue, e aquilo que não der para fazer simplesmente não deu." Minha mãe sempre me dava conselhos que ela própria nunca seguia.

"Mãe, eu prometo pegar leve se você fizer o mesmo — vamos fazer um trato. Mas parece que, seja como for, vão ser uns dias muito exaustivos para você, principalmente se você ainda não está se sentindo muito bem."

Todo dia, minha mãe passava algumas horas no hospital com meu pai. Amigos de Londres que ela adorava estavam em Nova York, então passava algum tempo com eles. Também tinha planos dirigir horas até outra cidade com eles, para visitar outro amigo que estava com um tumor no cérebro e acabara de ficar sabendo que tinha algo entre três meses e dois anos de vida. Depois no fim da semana, tinha sua consulta marcada com o novo médico.

Percebo agora que todos tínhamos atingido um pico febril e ensandecido de atividade nos dias que antecederam o diagnóstico da minha mãe. Jantares, drinques, visitas, eventos beneficentes, reuniões, agendamentos, buscar coisas, deixar coisas, comprar ingressos, ioga, ir para o trabalho, fazer exercícios na academia. Tínhamos pavor de parar, parar qualquer coisa, e admitir que havia algo de errado. Atividade, atividade frenética, parecia ser aquilo que todos sentíamos que precisávamos. Só meu pai desacelerou, e foi só enquanto estava preso num hospital, recebendo antibióticos na veia. Tudo ficaria bem, tudo seria possível, tudo podia ser salvo ou evitado, contanto que todos continuássemos correndo.

Enquanto eu estava na Feira do Livro de Frankfurt uma semana depois, pouco antes de ir ser coanfitrião de uma mesa cheia de colegas editoriais num jantar, minha mãe telefonou para dizer que, quase com certeza, ela estava com câncer. A hepatite não era viral; era relacionada a um tumor em seu duto biliar. Seria uma boa notícia se o câncer estivesse apenas ali, mas era muito mais provável que ele tivesse começado no pâncreas e se espalhado para o duto biliar, o que não seria uma boa notícia de modo algum. Também havia manchas em seu fígado. Mas não era para eu me preocupar, ela disse, e certamente não era para eu encurtar minha viagem e voltar para casa.

Não me lembro muito bem do que eu disse, nem do que ela respondeu. Mas ela logo mudou de assunto — queria conversar comigo sobre meu emprego. Eu lhe dissera recentemente que estava cansado do meu trabalho, por todos os mesmos motivos sem graça que levam as pessoas privilegiadas a enjoar de seus empregos de escritório: reuniões demais, e-mails demais e burocracia demais. Minha mãe disse para eu pedir demissão. "Simplesmente dê duas semanas de aviso prévio, saia pela porta, e depois você pensa no que vai fazer. Se você é sortudo o bastante para poder se demitir, então deveria fazer isso. A maioria das pessoas não tem essa sorte." Essa não era uma nova perspectiva que vinha do câncer — era minha mãe de sempre. Por mais dedicada que fosse ao planejamento intricado da vida cotidiana, entendia a importância de às vezes seguir um impulso na hora de tomar grandes decisões. (Mas também reconhecia que nem todos jogavam com as mesmas cartas. É muito mais fácil ir atrás da sua felicidade quando se tem dinheiro suficiente para pagar o aluguel.)

Depois que desligamos, não sabia se conseguiria participar do jantar. O restaurante ficava a cerca de um quilômetro e meio do meu hotel. Fui a pé para clarear a mente, mas minha mente não ficou clara. Confiei a notícia do câncer da minha mãe a meu coanfitrião, um amigo próximo, porém a mais ninguém. Tive uma sensação de tontura, quase vertigem. Quem era aquela pessoa bebendo cerveja, comendo schnitzel e dando risada? Não me permiti pensar em minha mãe — o que ela estava sentindo; se estava assustada, triste, brava. Lembro que ela me disse naquele telefonema que era uma guerreira e que lutaria contra o câncer. E me lembro de ter dito a ela que eu sabia disso. Não acho que eu lhe disse que a amava naquele dia. Achei que soaria dramático demais — como se eu estivesse me despedindo.

Quando voltei ao hotel depois do jantar, olhei o quarto à minha volta e depois pela janela. O rio Main mal estava visível sob as luzes da rua; era uma noite chuvosa, por isso o asfalto brilhava de modo que as linhas entre o rio, a calçada e a rua ficavam obscurecidas. Os funcionários do hotel tinham dobrado minha grande e fofa colcha branca num retângulo perfeito. Do lado da cama havia uma pilha de livros e algumas revistas do hotel. Mas essa foi uma das noites em que a palavra impressa me deixou na mão. Eu estava bêbado demais, confuso demais, desorientado demais para ler — pela hora avançada, e também por saber que a vida da minha família agora mudaria para sempre. Por isso fiz o que se faz num quarto de hotel. Liguei a TV e fiquei mudando de canal: do colorido canal do hotel para o canal da conta (o produto do frigobar da noite anterior realmente custara tão caro?) para o Eurosport e vários canais alemães, antes de parar na CNN e nos rostos e vozes familiares de Christiane Amanpour e Larry King.

Quando minha mãe e eu falamos sobre aquela noite, ficou surpresa com uma única parte da minha história: que eu tinha assistido à TV em vez de ler. Ao longo de toda a sua vida, sempre que estava triste, confusa ou desorientada, minha mãe nunca conseguia se concentrar na televisão, disse ela, mas sempre buscava refúgio num livro. Os livros focavam sua mente, a acalmavam, a levavam para fora de si mesma; a televisão embaralhava seus nervos.

Existe um poema de W. H. Auden chamado "Musée des Beaux Arts", escrito em dezembro de 1938, logo após a Noite dos Cristais. Há nele uma descrição de um quadro de Brueghel, em que o velho mestre retrata Ícaro caindo do céu enquanto todo mundo, envolvido em outras coisas ou simplesmente não querendo saber, "calmamente desvia o olhar do desastre" e continua com suas tarefas diárias. Pensei muito nesse poema ao longo dos dias seguintes da feira, enquanto conversava sobre livros, cumpria meus compromissos e comia salsichões com biscoitos finos feito papelão. O poema começa assim: "Sobre o sofrimento eles jamais se equivocavam, / Os Velhos Mestres: como entendiam bem / Sua posição humana; como ele acontece / Enquanto um outro está comendo ou abrindo uma janela ou apenas caminhando entediado." Quando estava na feira, senti que esse "um outro" era eu. Minha mãe estava sofrendo; eu estava seguindo adiante com a minha vida.

Consegui falar com meu irmão e minha irmã, seus cônjuges, meu pai (que agora saíra do hospital e estava bem) e David. Todos estávamos dizendo coisas esperançosas uns para os outros: havia motivo para ficar alerta, mas não para entrar em pânico. E no entanto os telefonemas eram exponenciais — cada conversa era retransmitida para todos os outros, levando a ainda mais telefonemas, telefonemas gerando telefonemas, telefonemas sobre telefonemas. Todos passamos algum tempo na internet e lemos as mesmas coisas sinistras sobre aquele câncer especialmente cruel. Porém havia mais exames por fazer. Ainda era cedo. Havia muito para descobrir. Ninguém devia tirar conclusões precipitadas.

"Tem certeza de que não é melhor eu voltar para casa imediatamente, mãe?", eu perguntava sempre que falava com ela durante a viagem.

"Não seja bobo", ela disse. "Divirta-se." Em uma das conversas, ela enfim me contou exatamente como recebera a notícia — e falou do primeiro oncologista que visitara, por quem ela e minha irmã haviam criado uma antipatia instantânea quando ele perguntara se ela trabalhava fora. Minha mãe disse: "Você acha que um médico por acaso perguntaria isso para um homem?" Ela me disse que Nina tinha sido incrível — organizando, agendando, fazendo todas as perguntas certas. Minha irmã passara anos trabalhando na Rússia soviética, e ali aprendera a forçar a barra quando necessário.

"A lição disso tudo...", minha mãe começou a falar, e então parou. Eu não podia imaginar qual era a lição. "A lição é esta", ela continuou. "As organizações de assistência precisam dizer às pessoas que viajam a lugares como o Afeganistão para não assumirem que qualquer doença que pegaram enquanto estavam ali ou depois está relacionada à viagem. Talvez seja só uma coincidência. Precisamos garantir que as pessoas entendam isso."

Aquela era a moral da história? Um novo protocolo para pessoas que voltavam de viagens intercontinentais a lugares exóticos?

"Além disso, quero te pedir um favor", minha mãe acrescentou. "Me traga um livro maravilhoso da feira. E seu pai bem que está precisando de um livro novo, também."

Peguei livros demais para levar para casa e tentei decidir quais colocaria na bagagem e quais mandaria pelo correio, mas só o que eu conseguia pensar era se as coisas poderiam ter sido diferentes caso tivéssemos feito minha mãe consultar mais médicos mais cedo ou se, quem sabe, ela tivera um encontro marcado em Samarra, e nada poderia ter mudado isso.

Setenta versos sobre o vazio

"Oi, mãe, cheguei. Como você está se sentindo?"

"Melhor."

Era noite de sábado e eu tinha acabado de voltar de Frankfurt. O assunto seguinte no telefonema foi meu voo — se houvera atrasos, os livros que eu tinha lido no avião. Como sempre, foi só com algum esforço que conduzi o foco da conversa de volta a minha mãe. Boa parte das atividades dela fora centrada nos netos. Minha mãe também queria falar da relutância da minha irmã em dar seguimento a uma mudança iminente para Genebra. Antes de minha mãe ser diagnosticada, Nina se candidatara e aceitara um emprego para ajudar a implementar uma política global de vacinação e imunização numa organização sediada ali, chamada GAVI. Agora, a uns poucos dias de se mudar com sua companheira Sally e seus dois filhos, Nina estava receosa, cogitando recusar o emprego e manter sua família em Nova York para que pudessem passar com minha mãe o tempo de vida que lhe restava.

"Sua irmã não quer ir. Eu disse que ela tem que ir."

Minha mãe estava ficando cada vez mais ictérica, mas isso não a fez desacelerar nem um pouco. Ela tinha ido, seguindo a recomendação de um amigo, ver o Dalai Lama no, de forma pouco condizente, Radio City Music Hall, esse reluzente monumento ao excesso de entretenimento. Havia um livreto que ela recebera ali e que queria me emprestar — continha *O sutra do cortador de diamantes* e *Setenta versos sobre o vazio*. Perguntei o que havia achado do evento e ela disse que, embora tivesse ficado muito emocionada de ver e ouvir o Dalai Lama, sinceramente achara boa parte de sua fala confusa. Mesmo assim, disse que aquilo lhe dera muito o que pensar — principalmente quando leu impressos os versos que foram tema da fala dele.

Também achei coisas para ponderar no livreto, mas havia muita coisa que eu não entendia, e ainda não entendo. Não são obras que se revelam casualmente — elas exigem estudo. *O sutra do cortador de diamantes*, que é em grande parte sobre a impermanência, foi composto pelo Buda por volta do ano 500 a.C. Uma cópia xilogravada desse sutra, datada de 868 d.C., foi achada em 1907 no oeste da China, e é o livro impresso mais antigo do mundo. *Setenta versos sobre o vazio* foi escrito por volta do ano 200 d.C. Seu autor, Nagarjuna, nasceu na casta superior dos brâmanes no sul da Índia e se converteu ao budismo. Nem eu nem minha mãe — mesmo depois da palestra — tínhamos o contexto necessário para interpretar essas obras, o que levou minha mãe a comentar que quanto mais velha ficava, mais descobria como sabia pouco. E no entanto havia um único trecho de *Setenta versos sobre o vazio* que minha mãe tinha grifado:

"*Permanente não é; impermanente não é; um ego não é; não um ego [não é]; limpo não é; não limpo não é; feliz não é; sofrendo não é.*"

Esse trecho causou uma impressão profunda em mim, e me vi voltando a ele inúmeras vezes. Embora eu não soubesse exatamente o que queria dizer, aquilo me acalmava.

Na sexta-feira antes de eu voltar da Alemanha, minha mãe me disse que ela e minha irmã tinham conhecido uma nova oncologista, a dra. Eileen O'Reilly. Uma expressão que a doutora usara tinha reconfortado minha mãe — "tratável, mas incurável". Apenas a palavra *tratável* já estava fazendo uma diferença. Talvez significasse que ela tinha mais tempo de vida que os seis meses que pareciam ser o padrão. Contanto que seu câncer fosse tratável, havia motivo para ter esperanças.

"Espere até conhecer a dra. O'Reilly", minha mãe disse. "Ela é tão pequena e tão jovem, e mais esperta impossível. É muito eficiente, mas também muito gentil. Você vai adorá-la." Era importante para minha mãe que todos adorássemos sua oncologista.

No avião voltando de Frankfurt, eu começara a ler *Os detetives selvagens*, um grande e ambicioso romance do poeta e romancista chileno Roberto Bolaño. O romance foi escrito na Espanha, em Costa Brava, num ímpeto frenético de criatividade, enquanto Bolaño trocava a poesia pela prosa, tentando ganhar dinheiro para sustentar seu filho. O livro foi publicado originalmente em 1998, mas acabara de ser lançado nos Estados Unidos numa tradução para o inglês em 2007, quatro anos depois da morte de Bolaño, aos 50 anos de idade, de uma doença do fígado. Eu o trouxera comigo da feira para minha mãe, mas queria terminá-lo primeiro. Minha mãe acabara de ler *Homem abaixo*, de Michael Thomas, um jovem escritor de Boston que agora vivia e lecionava em Nova York. *Homem abaixo* é outro romance grande e ambicioso — sobre raça, o sonho americano, paternidade, dinheiro e amor. Embora minha mãe ainda tivesse que ler o livro de Bolaño e eu não tivesse começado *Homem abaixo*, comparamos anotações e decidimos que os dois eram bastante parecidos: livros vastos, ousados, obsessivos e brilhantes sobre decepção, escrita e corrida (metaforicamente no livro de Bolaño; literal e metaforicamente no de Thomas, pois o protagonista pratica corrida).

Quando terminei o livro de Bolaño, nós trocamos. Minha mãe ficou fascinada com *Os detetives selvagens*, embora suas digressões às vezes a deixassem maluca. Acho que o que mais lhe agradou foi tratar-se de um livro obcecado por escritores, de um escritor que era claramente apaixonado pela escrita. Minha mãe também gostou do fato de que as alusões literárias eram estranhas para ela; nem ela nem eu tínhamos lido ou, muitas vezes, nem ouvido falar da maioria dos escritores a que Bolaño fazia referência ou que ele satirizava. A experiência despertou a curiosidade dela — assim como alguém pode ficar fascinado por uma história que ouve por acaso, num trem ou num café, sobre pessoas que não conhece, quando o contador está todo animado, cheio de paixão e sagacidade.

Diferente do livro de Bolaño, o de Thomas tem locais e referências que eram em grande parte familiares a nós. Tinha sido publicado havia apenas meses, e minha mãe estava entusiasmada para que eu o lesse. Narrado num único grande jorro de prosa, *Homem abaixo* avança e recua entre a vida do personagem como um garoto negro em Boston, em meio à violência que acontecia junto com a dessegregação forçada das escolas, e Nova York, onde ele agora é casado com uma mulher branca, pai de três crianças, e tem só uns poucos dias para impedir que a vida deles todos desmorone.

"Você vai ler voando", minha mãe dissera. "É um retrato incrível da cidade e do país." Eu li, e é.

O livro de Bolaño e o de Thomas agora estão para sempre ligados na minha mente — não só porque ambos são livros sobre decepção crônica, mas porque foram os primeiros livros que minha mãe e eu lemos juntos depois que ficamos sabendo do diagnóstico dela, e ofereceram um tipo diferente de esperança daquela que a dra. O'Reilly (que eu de fato adorei, como minha mãe previra) nos dera. Estes dois livros nos mostraram que não precisávamos nos retrair nem nos fechar em casulos. Eles nos lembraram que, onde quer que minha mãe e eu estivéssemos em nossas jornadas individuais, ainda podíamos compartilhar livros, e enquanto estivéssemos lendo esses livros não seríamos a pessoa doente e a pessoa saudável; seríamos apenas uma mãe e um filho adentrando novos mundos juntos. Além disso, os livros forneciam um tão necessário lastro — algo pelo qual ambos ansiávamos, em meio ao caos e tumulto da doença dela.

Tudo isso só me ocorreu depois. Na época, lembro que senti que estava meio ocupado demais para aquilo — que ler aqueles livros com minha mãe consumia tanto tempo que estava não só me impedindo de ser útil para ela, como também de ler outros livros que eu vinha querendo ler. Mas haveria tanta decepção em sua voz, se eu ainda não tivesse começado um livro que ela sabia que eu ia adorar, que continuei a ler o que quer que ela me desse ou sugerisse, e a lhe recomendar livros que achei que ela fosse gostar. Por isso é justo dizer que minha mãe fundou o clube do livro sem querer, e eu aderi a ele com relutância.

Na minha vontade de fazer alguma coisa, qualquer coisa, para ajudar, eu havia me fixado em dois pensamentos. O primeiro era a ideia de que minha mãe deveria ter um blog. Ela tinha tantos amigos, de suas muitas vidas diferentes, que suspeitei que seria exaustivo para ela gastar seu tempo deixando todo mundo atualizado o tempo todo. Quando sugeri o blog, ela e meu pai instantaneamente viram a necessidade dele. Mas minha mãe não adorou a ideia de escrevê-lo. Não se considerava uma escritora. E, mais que isso, acho que ela pensava que era autoenaltecedor, que não pegava bem.

"Por que você não escreve o blog?", ela me sugeriu. Eu disse que escreveria.

Minha segunda ideia era que minha mãe conversasse com um amigo nosso chamado Rodger, que tinha sido o principal cuidador — minha família inteira adota rapidamente a língua de qualquer que seja o país onde estamos, e agora estávamos no país dos doentes, captando novas expressões aqui e ali — de um amigo em comum que vivera por quase cinco anos com câncer de pâncreas. Achei que isso daria esperanças a ela. Rodger era uma das pessoas mais generosas e corajosas que eu conhecia: um atleta radical de mais de 2 metros de altura e ex-tripulante de submarino nuclear, que fora um líder na luta contra a Aids. Ele também escrevera um livro sobre cuidar de pessoas doentes.

Assim que Rodger me contou que falara com minha mãe, liguei para ela para saber como tinha sido.

"Então, foi útil conversar com o Rodger?"

Houve uma longa pausa. Não tive certeza de que minha mãe me ouvira. Então ela começou a falar.

"Não adorei a conversa com o Rodger. Foi meio desanimadora. Ele diz que vou ficar tão enjoada por causa da quimioterapia que não vou conseguir fazer nada sozinha, que vou precisar de cuidados 24 horas por dia, e vou sentir dores terríveis."

Há certos gênios que, uma vez libertados da garrafa, não podem ser guardados de volta. Aquilo me parecera uma ideia tão boa; eu tinha certeza de que Rodger saberia as coisas certas para dizer, que ele seria esperançoso. Foi a primeira vez, desde o diagnóstico, que ouvi a voz da minha mãe falhar. Ela continuou dizendo a si mesma e a todos nós como tinha sorte — de ter plano de saúde; de ter tido uma vida tão longa e maravilhosa; de ter netos que adorava e um trabalho significativo; de ter médicos excelentes e uma família amorosa; de ter uma sobrinha que trabalhava no ramo da medicina e agilizava tudo, desde prontuários até agendamentos. Mas quando ela repetiu isso agora, com esse leve tremor na voz, ouvi uma coisa nova: medo. O quão dolorosa e infeliz seria exatamente aquela coisa?

Por que eu não tinha previsto aquilo? Por que não tinha falado com Rodger primeiro e vetado o que ele tinha a dizer? Por que sempre precisava fazer alguma coisa, como indicar uma pessoa para outra, apenas pelo gesto de fazer alguma coisa, quando às vezes, quem sabe, era melhor não fazer nada? Eu estava tão ocupado me arrependendo do meu conselho que não consegui pensar em nada para dizer, a não ser balbuciar que tinha certeza (quanta certeza eu tinha?) de que as coisas haviam mudado muito desde que o amigo em comum morrera, de que os tratamentos eram mais leves e mais eficientes do que mesmo uns poucos anos atrás.

Você devia falar com esta pessoa. Devia ler este guia. Devia ir a este restaurante. Devia pedir este prato. Minha vida sempre fora cheia de sugestões, recomendações. Às vezes meus conselhos funcionam de forma brilhante, mas às vezes não. E então olho para trás e me pergunto se de fato pensei com cuidado em minhas recomendações. Aquela era mesmo a melhor churrascaria de Austin — ou só um lugar onde eu passara uma noite divertida?

"Você se arrepende de ter falado com o Rodger?", eu perguntei.

"Não", minha mãe disse por fim, com uma certeza levemente menor que de costume. "Vamos apenas fazer o melhor possível e ver o que acontece."

Na manhã seguinte, meu pai me disse que minha mãe passara uma noite péssima; estava terrivelmente perturbada pela conversa com Rodger. Meu pai também estava. Rodger também lhe dissera que seu cabelo cairia em tufos; que teria dores pavorosas; que seu sistema digestivo ficaria completamente desregulado; que sentiria tanto enjoo e ânsia de vômito que não conseguiria sair da cama; que precisaria tomar analgésicos e tantas outras pílulas que ficaria parecendo um zumbi.

Meu pai parecia triste e preocupado, mas também irritado. E então falei com minha mãe.

"Você descansou um pouco?", ela me perguntou, antes que eu pudesse dizer qualquer coisa. "Você parecia exausto ontem."

Eu disse que tinha dormido bem. Mas não tinha, é claro — em parte por minha insônia habitual e em parte pela culpa de ter armado o telefonema.

Dois dos meus sobrinhos seriam batizados naquele dia, e todos iríamos nos encontrar para a ocasião. Nina e Sally ainda não tinham conseguido fazer isso, mas agora que minha mãe estava doente e eles supostamente se mudariam para a Suíça, as duas tinham organizado tudo rapidamente. Milo estava com 4 anos e Cy, com um. "Vai ser um grande dia", disse minha mãe. "Agora todos os meus netos estarão batizados."

Havia outras coisas que ela precisava conversar comigo, também. Cada vez mais pessoas estavam começando a ouvir falar que ela estava com câncer, e ela queria ter certeza de que se comunicaria com todo mundo na ordem certa e com a mensagem certa: *incurável, mas tratável.* Queria que todos soubessem que era cedo demais para vestir luto, e que ela estava decidida a enfrentar o câncer. Com preces e um pouco de sorte, teria ainda um bom tempo de vida. Mas também queria que eles soubessem que não era uma coisa que podia ser resolvida simplesmente estalando os dedos; que de fato era um câncer de pâncreas e eles não deviam esperar um milagre, apenas rezar por um. Todos passamos um bom tempo explicando às pessoas que não, infelizmente ela não era uma candidata ao Whipple, uma operação torturante e brutal que eles fazem para retirar os tumores e boa parte do pâncreas quando acham que o câncer ainda não se espalhou para outros órgãos. Porque, no caso da minha mãe, certamente se espalhara.

Um dos meus primos e sua mulher tinham escrito para dizer, de um jeito que sabiam que a faria sorrir, que mesmo sendo "pagãos" eles estavam rezando por ela. Minha mãe adorou aquilo. Disse para mim — e para eles — que suspeitava que as preces dos pagãos fossem ainda mais eficazes que as dos cristãos, judeus ou muçulmanos, talvez porque os pagãos rezavam menos.

Soubemos que a notícia começara a se espalhar quando um monte de comida começou a aparecer. Chegou um delicioso frango assado. Alguns amigos faziam sopa ou *muffins* e vinham deixar na casa dela. Uma das melhores amigas da minha mãe desde o primário contratou uma cozinheira para vir uma vez por semana fazer um jantar para convidados, para que minha mãe pudesse receber gente sem se estafar, ou apenas comer uma deliciosa refeição caseira com meu pai caso não estivesse a fim de visitas.

Várias pessoas me ligaram para pedir conselhos. Eu entendia o dilema delas. O que se diz a uma pessoa que acaba de ser diagnosticada com uma doença tão terrível?

Todo ano, o câncer de pâncreas mata mais de 35 mil pessoas nos Estados Unidos — é a quarta maior causa de morte por câncer. Recebe apenas 2 por cento do orçamento do Instituto Nacional do Câncer; talvez porque há tão poucos sobreviventes. A maioria das pessoas só fica sabendo que tem câncer de pâncreas depois que o câncer se espalhou, pois os sintomas geralmente vêm tarde, muitas vezes como resultado de o câncer ter afetado outros órgãos, e eles são comuns a várias doenças diferentes. Perda de peso, dores nas costas, enjoo e perda de apetite podem ter centenas de causas. O amarelecimento da pele e dos olhos proveniente da icterícia são outro sintoma, mas que é muito mais provável de ser causado por hepatite viral do que qualquer outra coisa, portanto geralmente é atribuído a isso.

Após o diagnóstico da minha mãe, fui procurar uma foto do pâncreas na internet. É uma glândula em formato de cone, cheia de saliências, escondida no fundo do abdômen atrás do estômago, situada em frente à coluna e ao lado do intestino delgado. O pâncreas é a glândula que produz hormônios, como a insulina, e também as enzimas que nos ajudam a digerir os alimentos. O duto biliar o liga ao fígado e à vesícula biliar. As células de câncer se espalham facilmente do pâncreas para outras partes do corpo, pegando carona no sangue que corre a partir do pâncreas através do sistema linfático.

Quando não é possível realizar a cirurgia de Whipple para retirar os tumores, como é o caso de cerca de 85 por cento das pessoas diagnosticadas, o único tratamento disponível são diversas combinações de quimioterapia. Isto geralmente é paliativo — controla os sintomas e ajuda a desacelerar a doença, mas não pode impedir que o câncer se espalhe.

Na época do diagnóstico da minha mãe, e na época em que estou escrevendo isto, o tipo de câncer de pâncreas que minha mãe teve é quase sempre fatal, a não ser que seja descoberto a tempo de fazer uma cirurgia de Whipple. Menos de 5 por cento de todas as pessoas diagnosticadas com todos os tipos de câncer de pâncreas, incluindo aquelas que fazem a cirurgia de Whipple, irão viver por mais cinco anos. Para aqueles, como minha mãe, que são diagnosticados depois que o câncer se espalhou, a expectativa de vida média é de três a seis meses, porém essa é só uma média. Disseram-nos que algumas pessoas morrem dentro de um mês; outras vivem por dois anos ou mais.

Às pessoas que não sabiam o que dizer eu dava o melhor conselho que podia: era melhor dizer qualquer coisa do que fingir que não havia nada de errado. Meu palpite era que minha mãe simplesmente apreciaria saber que as pessoas estavam pensando nela. Isso mostrou-se verdade. As mensagens que ela recebia lhe davam um prazer real, e ela compartilhou algumas comigo. A irmã de seu afilhado mais velho lhe mandou uma linda imagem de "barcos de papel num rio de sal e areia para levar embora parte do seu desconforto". Outros escreveram sobre a importância que minha mãe tivera na vida deles. Fiquei um pouco incomodado com alguns dos elogios fúnebres prematuros — é cedo demais, eu pensei, parecido demais com estar presente no seu próprio enterro. No entanto, eram estas as mensagens de que ela mais gostava. E por que não? Por que não desfrutar do prazer de saber que você tocou outras pessoas durante sua vida enquanto ainda pode?

No entanto, confessou sentir uma irritação passageira com pessoas que diziam: "Tenho certeza de que logo você vai estar curada."

As pessoas também queriam compartilhar com ela suas histórias de amigos e parentes que tinham tido câncer de pâncreas. Fiquei cansado dessas histórias, mas minha mãe não parecia se cansar, sempre fazendo perguntas para o caso de haver algo útil que ela pudesse aprender, ou talvez só porque ela ficava muito mais à vontade no papel da pessoa que dá consolo do que no da pessoa consolada. Minha mãe disse a uma amiga que se sentia profundamente egoísta por sentir alívio com o fato de que agora só pensaria em si mesma e na sua família, e não nas inúmeras instituições beneficentes, escolas e causas que a tinham ocupado antes. A amiga respondeu que aquilo não era egoísta de modo algum, dadas as circunstâncias. Mas então, logo em seguida, minha mãe sugeriu uma festa surpresa para seu querido colega de escritório de 90 anos do Comitê Internacional de Resgate, e também se ofereceu como voluntária para ajudar a planejar uma missão para Uganda na qual não poderia ir, mas que achava extremamente importante.

Enquanto isso, a médica concluíra que o duto biliar da minha mãe estava inchado e estreito, devido à pressão do tumor no pâncreas. Por isso minha mãe foi ao hospital naquela semana a fim de colocar um *stent*, para aliviar a icterícia, ajudando o fígado a escoar através do duto biliar, porém, ao mesmo tempo, manteve-se ocupada trabalhando pelo celular, organizando a festa, a missão, e nossas vidas.

Vendo tudo isso se desenrolar, minha irmã tinha cada vez menos certeza de que devia prosseguir com sua mudança para Genebra. O novo emprego lhe possibilitaria influenciar políticas sociais e ajudar a salvar a vida de crianças no mundo todo. Mas ela realmente queria ficar com a minha mãe, ir com ela à quimioterapia, e deixar que ela passasse todo o tempo possível com todos os netos. Sally, enfermeira por formação e agora também trabalhando na saúde pública, foi como sempre uma voz tranquilizante e prática, enquanto minha irmã pensava em abandonar todos os planos que elas tinham feito juntas. Se era isso que Nina queria fazer, é claro que era isso que elas fariam.

Minha mãe não quis nem saber.

"Vou enfrentar essa coisa, e a Nina pode voltar quantas vezes quiser, e vou passar um tempão em Genebra, mas ela, a Sally e as crianças precisam ir." Se Nina e sua família ficassem, contrariando as instruções da minha mãe, ela estaria dando a entender à mamãe que talvez só lhe restassem meses, e não anos. Minha mãe contava com minha irmã para inúmeras coisas — inclusive esperança. O que isso diria a minha mãe sobre sua condição se, a poucos dias de se mudar, Nina cancelasse tudo? E quanto a todos os outros planos relacionados à mudança iminente? Se a mínima alteração de cronograma ou itinerário geralmente elevava seu nível de ansiedade para ALERTA VERMELHO, então que efeito isso teria?

Mesmo assim, Nina queria ficar. Seria tudo bem ela ficar simplesmente porque queria, mesmo se isso incomodasse minha mãe e acentuasse sua sensação de derrota? E quanto ao emprego? Era egoísta ir ou egoísta ficar — ou será que essa palavra sequer se aplicava ao caso? *Um ego não é; não um ego [não é].*

"Tem certeza de que não quer que eu fique?", Nina perguntou a mamãe.

"É claro que eu quero que você fique. Mas o que quero mesmo é que você vá", mamãe respondeu.

"E se eu estivesse doente e você tivesse a mesma escolha que eu tenho, você iria ou ficaria?"

"Oh, meu bem, isso é totalmente diferente. Você tem sua vida inteira pela frente."

"Mas você ficaria?", Nina perguntou.

Minha mãe não respondeu.

E então Nina me telefonou. "O que diabos eu devo fazer em relação a isso?"

Mamãe acabara de me dar *A cidade do sol*, o novo livro de Khaled Hosseini, autor de *O caçador de pipas*. Quando mamãe descobriu *O caçador de pipas*, logo após sua publicação em 2003, ficou extasiada — e fez todos que ela conhecia lerem esse livro. O livro e seu autor a fascinaram. Hosseini nasceu em Kabul em 1965. Passou seus primeiros anos de escola no Afeganistão, porém seu pai, um diplomata, foi enviado a Paris quando Hosseini tinha 11 anos, por isso eles se mudaram para lá. Depois da invasão soviética em 1979, sua família recebeu asilo político nos Estados Unidos. Ele acabaria virando médico e escreveria *O caçador de pipas* nas manhãs antes do trabalho. O livro estava quase terminado, e então veio o ataque de 11 de setembro de 2001 ao World Trade Center, que o fez pensar que deveria abandonar o projeto. Mas sua mulher insistiu para que ele continuasse — ela via o livro como seu jeito de dar "um rosto humano ao povo afegão". Minha mãe sentiu que ele fizera exatamente isso; aquele era o Afeganistão que ela conhecia e amava, pois era um livro sobre todo mundo que ela encontrara ali. Não precisaria explicar seu amor por esse país malcompreendido — apenas insistia para que todos lessem *O caçador de pipas*.

Mamãe e eu não concordávamos exatamente sobre *O caçador de pipas*. Eu gostava bastante do livro, mas achava que tinha enredo em demasia. Será que o cara mais malvado do Talibã precisava realmente ser um nazista também? Além disso, há uma cena central envolvendo um estilingue que achei difícil de acreditar. Quando discordávamos sobre algum livro que ela amava, ela apenas franzia a testa. Não que não achasse que você tinha direito a ter sua opinião — é claro que você tinha. Era só que ela sentia que você estava deixando passar o ponto principal — estava focado numa coisa quando deveria estar focado em outra. Era como se estivesse criticando um restaurante com base na decoração, enquanto ela estava falando da comida.

Da primeira vez em que ela pôs *A cidade do sol* na minha mão — estávamos em Nova York, de pé na sala de jantar dos meus pais, o sol entrando pelas portas francesas, criando um efeito solar bem dentro do apartamento dela —, me disse que adorava esse livro ainda mais que *O caçador de pipas*, porque desta vez Hosseini tratava das mulheres. Minha mãe acreditava que eram as mulheres do Afeganistão que — uma vez que tivessem recebido acesso a livros e educação — seriam a salvação do país. "E não tem nazistas", ela acrescentou enfaticamente, lembrando da minha crítica anterior.

Assim que terminei o livro, fui ao apartamento dos meus pais para conversar sobre ele. Papai estava no escritório; mamãe estava em casa, esperando uma chamada em conferência. Acabamos discutindo os três tipos de escolhas decisivas que existem nos dois livros: as que os personagens fazem sabendo que jamais podem ser desfeitas; as que eles fazem achando que podem, mas descobrem que não podem; e as que eles fazem achando que não podem, e só depois, quando é tarde demais, descobrem que poderiam ter desfeito.

Minha mãe sempre ensinou todos nós a examinar as decisões sob o critério da reversibilidade — ou seja, deixar uma porta aberta. Quando você não conseguia decidir entre duas coisas, ela sugeria escolher a que lhe permitisse mudar de rumo se fosse necessário. Não a estrada menos viajada, mas a que tivesse uma rampa de saída. Acho que é por isso que todos tínhamos nos mudado, em diversos momentos da vida, para vários países estrangeiros sem muita hesitação. Se você ficasse em casa, talvez não tivesse a oportunidade de ir a esse lugar de novo. Mas se fosse, sempre podia voltar.

Na mesma época em que me emprestara *A cidade do sol*, mamãe também dera a todos nós uma obra muito mais prosaica para ler: *A etiqueta da doença*, um livro de 2004 escrito por uma assistente social e psicoterapeuta chamada Susan Halpern, que é, ela própria, uma sobrevivente de câncer. O subtítulo é "O que dizer quando você não acha as palavras certas". Mas o livro na verdade é sobre o que fazer quando você teme que fazer alguma coisa, caso acabe sendo a coisa errada, talvez seja pior do que não fazer nada. Durante anos, meus pais tinham sido fascinados pelo assunto dos cuidados de pacientes terminais, ou medicina paliativa, como esse ramo agora é chamado. Além de ter um testamento-padrão, sempre atualizado, minha mãe fizera testamentos em vida e preenchera seu pedido de "Não Ressuscitar"* muito antes de ter qualquer indício de que estava doente. Não que ela fosse obcecada pela morte ou sequer especialmente preocupada com ela — dizia que apenas não queria deixar margem para discutirmos sobre suas vontades caso ela não fosse capaz de expressá-las.

A cidade do sol e *Homem abaixo* foram livros que minha mãe dissera que eu precisava ler. *A etiqueta da doença*, no entanto, foi um livro que ela disse que queria que eu lesse. Deixei-o intocado durante dias no meu criado-mudo. Achei que não precisava de um livro daqueles. O bom-senso iria me guiar.

Uma das muitas coisas que adoro nos livros impressos é sua mera natureza física. Os livros eletrônicos vivem fora dos olhos e da mente. Mas os livros impressos têm corpo, presença. É claro que às vezes fogem de nós, escondendo-se em lugares improváveis: numa caixa cheia de velhos porta-retratos, digamos, ou no cesto de roupa suja, embrulhados num pulôver. Mas, outras vezes, eles nos confrontam, e literalmente esbarramos em alguns livros nos quais não tínhamos pensado havia semanas ou anos. Eu frequentemente procuro livros eletrônicos, mas eles nunca vêm atrás de mim. Eles me fazem sentir, mas eu não posso senti-los. São apenas alma sem carne, sem textura e sem peso. Podem entrar na sua cabeça, mas não podem dar uma cacetada nela.

Sendo uma pessoa insone, percebo que o que quero ler às três da manhã é muito diferente do que me apetece durante as horas normais de vigília. Por isso, umas poucas noites de insônia depois, acabei dando uma folheada rápida em *A etiqueta da doença*, depois que o derrubei com a mão e ele caiu no chão quando eu estava tateando em busca do abajur. Só parei de ler o livro três horas depois. David e eu mora-

---

* "Do Not Resuscitate" (DNR): Pedido formal, feito em vida pelo próprio paciente, de que não lhe seja feita ressuscitação cardiopulmonar, ou seja, que se permita a morte natural, em vez do uso de equipamentos para prolongar a vida em condições precárias. (N. do T.)

mos num apartamento que não é enorme, porém tem vista para o sul, para onde ficava o World Trade Center; para a Brooklyn Bridge ao leste; e para o oeste, cruzando o rio Hudson, que desponta entre o elegante prédio de vidro de Richard Meier e várias estruturas de tijolinhos que preenchem os quarteirões entre nosso prédio e a água. Quando fiz uma pausa na leitura, vi que não estava mais escuro, e que os trechos do Hudson visíveis da minha janela estavam alaranjados à luz que vinha do leste. Eu terminaria o livro umas poucas horas depois, bem na hora de sair para o trabalho. O livro me prendera instantaneamente com um exemplo que me fez perceber que de fato existe uma etiqueta da doença; que não havia motivo para que eu devesse saber dela, mas também não havia desculpa para não estar aberto para aprendê-la.

Halpern quer que o leitor pense na diferença entre perguntar "Como você está se sentindo?" e perguntar "Quer falar sobre como você está se sentindo?". Mesmo que seja para sua mãe que você está perguntando, a primeira abordagem é mais invasiva, insistente, exigente. A segunda é muito mais delicada e permite que a pessoa simplesmente diga "Não", naqueles dias em que está passando bem e não quer ser a "pessoa doente", ou se está passando mal e quer uma distração, ou quando simplesmente já respondeu à pergunta tantas vezes naquele dia que não quer responder de novo, mesmo para alguém tão próximo quanto um filho.

Anotei num pedaço de papel essa pergunta e duas outras coisas desse livro que não queria esquecer, e enfiei o papel dobrado na carteira. Eis o que escrevi:

1. Pergunte: "Quer falar sobre como você está se sentindo?"
2. Não pergunte se há alguma coisa que você pode fazer. Sugira coisas ou, caso não seja invasivo, simplesmente as faça.
3. Você não tem que falar o tempo todo. Às vezes, apenas estar presente já basta.

Na manhã seguinte, telefonei para minha mãe no minuto em que acordei.

"Oi, mãe. Quer falar sobre como você está se sentindo?"

E ela queria. Vinha se sentindo melhor — o *stent* que tinham colocado fizera uma diferença enorme, e sua icterícia quase sumira. Papai comparecera ao procedimento junto com ela, e ela estava muito orgulhosa dele, pois ele não tinha sido nem um pouco fresco em relação àquilo. (Ele sempre fica incomodado quando as pessoas insistem em descrever operações ou doenças em detalhes, embora agora eu perceba que isso é principalmente porque ele só não acha que seja um assunto apropriado para uma conversa.) O apetite de mamãe voltara, de certo modo. Mas ela fizera sua primeira sessão de quimioterapia e estava com feridas na boca — muito incômodo. Por outro lado, a dra. O'Reilly lhe dera esteroides e isso estava ajudando a melhorar sua energia. Ela só estava nervosa pensando em como se sentiria quando o efeito dos esteroides passasse. Ela vinha pensando na minha sugestão de fazer um blog — mas estava ainda mais convencida de que não pegava bem escrever sobre si mesma, e que eu deveria escrever sobre ela do meu ponto de vista. Por isso demos ao blog o título meio canhestro de *"Notícias do Will sobre Mary Anne Schwalbe"*.

Ainda assim, ela achou que seria mais fácil para mim se ela escrevesse o primeiro post — porém na minha voz, como se eu tivesse escrito e não ela. Ela o ditaria para mim, e eu digitaria. Então eis minha mãe, fingindo ser eu falando sobre ela:

> Mamãe começou ontem seu tratamento semanal, como paciente do ambulatório do Memorial Sloan-Kettering. Ela diz que as pessoas ali são incrivelmente simpáticas e que ficou impressionada com toda a estrutura.
>
> Muitas pessoas perguntaram para minha mãe, meu pai, Doug, para mim e Nina sobre o melhor jeito de manter contato — o que é parte do motivo deste blog! Vou postar notícias quando houver notícias para postar, incluindo as datas das viagens da mamãe para Londres, Genebra etc. Assim vocês podem conferir as atualizações do blog quantas vezes quiserem.
>
> E, como todos certamente já imaginaram, falar com mamãe por e-mail ou pelo velho correio normal é muito melhor do que telefonar. (Meu pai nunca foi muito fã do telefone.) É claro que, dependendo do tratamento e das viagens, ela talvez nem sempre

consiga responder imediatamente aos e-mails e mensagens. Por isso, por favor não se preocupem se não receberem resposta.

Obrigado a todos pela preocupação e pelos pensamentos e palavras gentis. Mamãe fica muito agradecida, assim como todos nós.

É claro, disse ela, que eu deveria alterar ou editar o post como quisesse. Mas ela achou de fato importante mencionar que tinha planos de viajar, para que as pessoas não pensassem que ela já estava em seu leito de morte. Não mudei absolutamente nada no post. Minha mãe me pediu desculpas várias vezes: "Desculpa por te dar tanto trabalho, você já tem tanto trabalho para fazer." Tentei lhe explicar como dá pouco trabalho atualizar um blog. Ela queria que eu prometesse que ia dormir um pouco.

Além disso, tinha outro favor a me pedir. Será que eu poderia acompanhá-la à terceira sessão de quimioterapia? Garanti para ela que queria ir junto sempre que pudesse. Nos meses que estavam por vir, minha mãe pediria a todos nós — meus irmãos e seus companheiros, e David, assim como vários amigos — que a acompanhassem em diversos compromissos, e havia muitos. Logo percebi que esse era um jeito de ela passar um tempo com todos nós — e fazer com que sentíssemos que estávamos fazendo algo de significativo por ela. Esta estratégia também permitiu que ela poupasse o tempo e a energia do meu pai para procedimentos mais complexos ou internações em hospitais que o futuro talvez reservasse. Conforme as semanas se passaram, acompanhar minha mãe às sessões de quimioterapia se tornaria parte da minha rotina normal com ela.

Mamãe estava ansiosa para me contar sobre duas resoluções que tomara. Primeiro, faria mais ioga. Ela adorava ioga, e aquilo a relaxava. E segundo: finalmente organizaria sua escrivaninha de um modo decente, de uma vez por todas, enquanto ainda tinha energia. Minha mãe estava especialmente decidida a eliminar quaisquer duplicatas em sua agenda de endereços. Eu não conseguia imaginar por quê — mas ela parecia tão empolgada com aquilo que eu não a questionei. (*Quer falar sobre por que você quer eliminar duplicatas na sua agenda de endereços?*) "Limpo não é; não limpo não é." Assim disse Nagarjuna, citado pelo Dalai Lama. Acho que há muitas maneiras de encarar a organização, e em que consiste ela senão em eliminar o desnecessário?

Ela também queria mais coisas para ler, agora que terminara o livro de Bolaño. Eu deixaria com ela um exemplar de *O mais frio dos invernos*, o último livro de David Halberstam, seu épico sobre a Guerra da Coreia, quando fosse devolver o livro de Hosseini. Era um livro que eu acabara de publicar. Halberstam tinha sido amigo da mamãe na época da faculdade, quando namorara a glamorosa garota que dividia apartamento com ela, que ainda era uma das melhores amigas da mamãe. Ele e sua mulher, Jean, tinham virado amigos meus ao longo do tempo em que eu publicara vários de seus livros. Seis meses antes, David morrera instantaneamente num acidente de carro, quando um pós-graduando em jornalismo, que se oferecera para levá-lo a uma entrevista, fez uma curva repentina e impensada à direita, dando de cara com o trânsito na contramão. Dias antes de sua morte, David terminara seu enorme livro, no qual vinha trabalhando havia dez anos.

Pouco depois da morte de David, precisei viajar de avião a negócios para Nashville, cidade onde Halberstam começou fazer seu nome como repórter no movimento pelos direitos civis. Eu estava bem até pouco depois de apertar o cinto. Para mim, há algo num avião que isola e intensifica a tristeza, assim como uma lupa pode dilatar o sol até que ele fique intoleravelmente quente e acabe queimando. Naquele voo em especial, esperei o tranco familiar da decolagem, e então, pela primeira vez desde a morte de David, caí no choro.

No verão, mamãe e eu tínhamos lido livros peguemos. Agora estávamos lendo um livro comprido atrás do outro. Talvez fosse um jeito de expressar esperança — você precisava ter muito tempo de vida se ia começar a ler Bolaño, ou Thomas, ou Halberstam. Mesmo o livro de Hosseini tem um certo vulto. Comentei com mamãe que todos os livros que estávamos lendo naquela época tinham em comum não apenas o comprimento, mas também um certo tema: o destino e o efeito das escolhas que as pessoas fazem.

"Acho que a maioria dos bons livros aborda esse tema", disse minha mãe.

Ela ainda estava com receio de que Nina não fosse se mudar para Genebra. "Lembre para ela: ela sempre pode ir e depois voltar. Mas tem que ir."

Eu não sabia o que dizer. Então olhei para o item três no meu papelzinho sobre *A etiqueta da doença* e decidi não dizer nada. Depois liguei para minha irmã.

"Eu vou", disse Nina. "Vou falar com ela todo dia. Vamos fazer várias visitas com os meninos, e ela disse que vai nos visitar direto. E sempre podemos nos mudar de volta se for preciso. Mas a mamãe está insistindo para eu ir, e vai ficar muito infeliz se eu não for." Portanto, Nina iria.

Feliz não é; sofrendo não é. De algum modo, a decisão de Nina de seguir em frente com a mudança para Genebra fez com que não só mamãe se sentisse melhor, mas todos nós também. Mamãe estava doente. Porém a vida seguia em frente. Pelo menos por enquanto. Quando precisássemos fazer mudanças, faríamos.

Permanente não é. Impermanente não é.

Marjorie Morningstar

Novembro trouxe minha primeira ida à quimioterapia com mamãe. E junto trouxe também a oportunidade de falar com ela sobre família de um jeito como jamais tínhamos falado sobre família — nem sobre qualquer assunto, na verdade.

Ela me enviou as instruções alguns dias antes. Eu deveria encontrá-la no ambulatório do Memorial Sloan-Kettering, na East 53rd Street. Havia uma livraria do outro lado da rua, para o caso de eu chegar adiantado. E uma espécie de mercadinho na Lexington Avenue, se eu quisesse levar um lanche. Embora minha mãe não achasse que seria necessário — havia biscoitos integrais e pretzels no ambulatório, ela disse. Eu deveria pegar o elevador até o quarto andar e guardar assentos caso chegasse antes dela. Ela gostava das cadeiras, não do sofá comprido que ficava no fundo da sala.

Os hospitais são fábricas de interrupção. Sempre tem alguém entrando para conectar você a algum aparelho, desconectar você, perguntar como você está indo, conferir você, lembrar você de algo. Naquela primeira visita com mamãe, assim como em todas as outras, após tirarem sangue dela nós acabaríamos sendo chamados para as salas de tratamento, que me lembraram um dormitório de colégio interno, com cubículos que não chegam a encostar no teto. A cada poucas semanas, ela falava com a médica primeiro; outras vezes, ia apenas tirar sangue e receber o tratamento. Quando entrava numa baia, um enfermeiro aparecia e fazia perguntas, tanto perguntas médicas quanto outras relacionadas ao seu conforto (Ela gostaria de um travesseiro para o braço? Um cobertor? Mais um pouco de suco?), e então fazia mamãe recitar seu nome e data de nascimento, a versão hospitalar de "nome, posto e número de série", aquela identificação do exército. Em seguida vinha a tortura de achar uma veia, seguida do berro pedindo uma checagem de quimioterapia, que envolvia a entrada de um segundo enfermeiro para confirmar que era a paciente certa (nome, data de nascimento) e o remédio certo.

Mas as interrupções não paravam por aí. Principalmente no começo, havia assistentes sociais e pessoas realizando estudos, e outras precisando de formulários de consentimento para esses estudos.

Mamãe não gostava de ser interrompida. Fazia vários anos que eu tinha o hábito de ligar para ela na maioria das manhãs, por volta das oito — não toda manhã, mas na maioria. Ela e meu pai tinham aquele recurso de chamada em espera, mas isso era uma fonte constante de irritação para ela. Eu estava falando com ela e tocava o que ela chamava de "o bipe", e ela dizia "Droga, tem alguém na outra linha", num tom não muito sutil de incômodo.

Também não gosto de ser interrompido — mas interrompo os outros. Muitas vezes esqueço que as histórias alheias não são só introduções para minhas próprias histórias mais envolventes, mais dramáticas, mais relevantes e mais bem contadas, mas sim são fins em si mesmas, histórias com as quais posso aprender, ou que posso repetir, dissecar ou saborear. Minha mãe, por outro lado, raramente interrompia os outros e não era dada a tentar superar as histórias alheias. Ela escutava e depois fazia perguntas — e não eram só perguntas com resposta "sim ou não", ou perguntas numéricas que as pessoas fazem para fingir interesse ("Quantos dias você passou em Phoenix?"). Ela usava suas perguntas para fazer as pessoas falarem mais sobre o que sentiam, ou o que tinham aprendido, ou quem tinham conhecido, ou o que achavam que aconteceria em seguida.

Embora minha primeira visita ao ambulatório fosse apenas a terceira da minha mãe, ela já estava cumprimentando, com um aceno de cabeça, umas tantas pessoas ali, entre funcionários e outros pacientes. Tinha um enfermeiro preferido; um que conseguira achar uma veia quando duas outras não tinham sido capazes. E ela nem parecia se importar com todas aquelas interrupções.

Naquela manhã, eu estava num mau humor extremo por causa do meu emprego. Tentei não ficar falando disso. Parecia uma coisa estranha de se reclamar quando se está cercado de pessoas enfrentando o câncer. Por isso ficamos sentados em silêncio.

"Você não precisa mesmo ficar comigo, Will. Estou bem. Você tem tanta coisa para fazer."

"Mas eu gostaria de ficar", eu disse. "A não ser que você queira passar um tempo sozinha."

Foi então, naquele dia de novembro, que minha mãe me disse que estava lendo *Para um lugar seguro*, de Wallace Stegner, o livro que eu levara de avião para o mundo inteiro, e foi então que eu disse que finalmente o leria.

"Acho que, se nós continuarmos lendo livros mais ou menos ao mesmo tempo, então é meio como se estivéssemos num clube", eu disse. Eu já tinha participado de um clube do livro tradicional. Minha mãe nunca.

"Mas você não tem tempo para participar de um clube do livro!", minha mãe disse.

"Tenho tempo para ler. E nós sempre falamos de livros. Então se estamos lendo os mesmos livros e falando deles, por que não podemos chamar isso de clube do livro?"

"Mas as pessoas nos clubes do livro não cozinham coisas?", minha mãe perguntou.

Eu dei risada. "Vamos ser o único clube do livro do mundo que não tem comida."

UMA DAS PRIMEIRAS coisas que as pessoas tendem a fazer nos clubes do livro é contar umas às outras sobre sua infância. Mencionei isso a mamãe — que sorriu de um jeito curioso — e então lhe pedi que me contasse outra vez sobre a dela. Nunca nem pensei em chamar meus pais pelo nome, por isso é difícil escrever que Mary Anne nasceu em 1934 e não que mamãe nasceu nesse ano, mas é claro que não foi mamãe quem nasceu nesse ano — e sim Mary Anne.

Mary Anne e seu irmão mais novo, Skip, tinham uma mãe bonita e muito infeliz, que nascera nos Estados Unidos mas crescera em Paris.

O pai deles era um homem enérgico e trabalhara na empresa têxtil da família, que vendeu por uma vultosa soma enquanto ainda era jovem. Segundo todos os relatos, foi um casamento muito desagradável. Terminou após mais de trinta anos com um divórcio difícil. Esta sessão de quimioterapia foi uma das poucas vezes na vida em que consegui fazer mamãe falar sobre sua infância, e a primeira e única vez em que ela me contou como seus pais eram amargamente infelizes um com o outro, e como isso a tornara resoluta a não reclamar de nada se algum dia tivesse a sorte de ter sua própria família. Mary Anne frequentou uma escola pública e depois uma excelente escola para meninas, a Brearley School, no Upper East Side de Nova York, onde fez amigas que conservaria pelo resto da vida, e onde caiu sob os encantos de Mildred Dunnock.

Millie, como ela pedia para ser chamada, era uma professora de arte dramática que inspirava uma lealdade ferrenha em suas alunas, e já uma conhecida atriz de teatro e cinema. Ela depois criou o papel de Linda Loman, a mulher de Willy, na peça *A morte do caixeiro-viajante*, de Arthur Miller ("É preciso prestar atenção") na Broadway (e é por isso que Mary Anne estava lá na estreia, que disse ter sido a noite de teatro mais emocionante que veria na vida) e foi indicada ao Oscar interpretando o mesmo papel no filme de 1951. Mary Anne sempre adorara ir ao teatro, mas, depois de estudar e interpretar com Millie, decidiu que tinha que ser atriz.

Também foi em Brearley, no começo dos anos 1950, que Mary Anne e suas colegas de classe ouviram algo que nenhuma geração de mulheres anterior à dela jamais ouvira, e da boca da própria diretora: que elas podiam fazer qualquer coisa e ser qualquer coisa — e além disso ter marido e filhos.

A maioria das pessoas e das outras instituições dizia algo diferente. Mary Anne estudou em Radcliffe, e me disse que, quando frequentava o culto na Harvard's Memorial Church, precisava usar luvas brancas e sentar na sacada, e não tinha permissão de juntar-se aos homens nos bancos. Quando moramos em Cambridge, mamãe sempre fazia questão de sentar nos bancos do andar de baixo, e bem na frente.

Eu já sabia a maior parte daquilo. Sentado com minha mãe na sala de tratamento, esperando a próxima interrupção, pedi que ela me contasse mais.

"Bom, o que você quer saber?"

"Bom, quais eram seus livros favoritos?"

"Quando?"

"Quando você era pequena."

"Nancy Drew. Li dezenas deles. Adorava a ideia de uma menina detetive."

"E de todos os tempos?"

Sem um instante de hesitação, ela disse: "*E o vento levou.*" Eu nunca soubera daquilo. "Eu adorava. Ainda adoro", acrescentou minha mãe.

"Que mais?"

"*Marjorie Morningstar*, de Herman Wouk."

Só fui ler *Marjorie Morningstar* depois que minha mãe morreu, mas sabia que era sobre uma boa menina judia que quer ser atriz e se apaixona por um compositor e diretor que conhece num teatro de verão. O cerne do livro é a dança carnal dos dois, que se transforma num caso escandaloso. Herman Wouk, nascido em Nova York em 1915, também é autor de outros best-sellers como *O motim do Caine*, que venceu o prêmio Pulitzer, e *Os ventos da guerra*. Em *Marjorie Morningstar*, ele criou um imenso livro abrangente que prende a atenção do leitor assim como *E o vento levou*. O romance tem até uma jovem protagonista a princípio ingênua (embora seja justo dizer que Marjorie é muito mais aprazível no começo do que Scarlett), e você quer que ela encontre o amor, o sucesso e a felicidade. Ela começa a vida como Marjorie Morgenstern, porém muda seu nome para Marjorie Morningstar por ser um nome artístico melhor (e também menos judeu).

Entendo como a geração da minha mãe se apaixonou por este livro, que é ambientado no fim da década de 1930, a época das mães deles, e retrata não só os Estados Unidos mas o mundo inteiro às vésperas de uma grande mudança. Foi um enorme best-seller. Wouk conduz Marjorie primeiro de sua vida na privilegiada Nova York judia para o ambiente mais decadente do acampamento de arte dramática, mas depois para Paris e Suíça, onde ela encontra um novo amor, um homem que está trabalhando para ajudar judeus a fugir da Europa — um homem um tanto parecido com uma figura histórica real, Varian Fry, uma das figuras centrais nos primórdios do Comitê Internacional de Resgate, no qual minha mãe acabaria trabalhando.

Assim como Hosseini em *O caçador de pipas* e *A cidade do sol*, Wouk é o tipo de escritor popular que está sempre ensinando alguma coisa, mas sabe contar uma história e envolve o leitor na vida de seus personagens. Ambos também possuem um estilo de prosa muito melhor do que os críticos costumam reconhecer. Pode-se dizer que são bastante antiquados em suas técnicas narrativas — o que talvez explique sua tremenda popularidade entre pessoas de origens e idades diferentes. As pessoas gostam de histórias. E no entanto os dois também lidam amplamente com temas contemporâneos. *Marjorie Morningstar* é um livro sobre assimilação, antissemitismo e direitos femininos. Embora termine com algo que muitos leitores considerariam um desfecho amargo e decepcionante para Marjorie, acredito que essa seja uma parte essencial da crítica de Wouk ao mundo em que Marjorie foi criada. No fim, Marjorie não consegue superar as expectativas que foram traçadas para ela, e o livro é mais poderoso por isso do que teria sido se ela tivesse triunfado no palco como sempre achara que queria.

Também entendo como Mary Anne talvez tenha se reconhecido na jovem Marjorie. Nos tempos de faculdade, Mary Anne tinha ido com alguns amigos a um grupo de teatro de verão chamado Highfield, no Massachusetts. Segundo todos os relatos, ela era uma bela jovem, de olhos castanhos vivos e um sorriso constante, que se tornou instantaneamente popular, e algumas de suas amizades mais profundas tiveram início ou foram cimentadas ali. De quando em quando, durante minha infância, minha mãe fazia comentários enigmáticos sobre sua época em Highfield, com um sorriso que era tanto malicioso quanto melancólico. Então, quando eu tinha 15 anos e também estava indo ser aprendiz num grupo de teatro de verão, minha mãe me disse, ao me levar de carro até a casa que eu dividiria com quatro estranhos, que esperava que eu me divertisse tanto no meu teatro quanto ela se divertira no seu; porém depois acrescentou, quase como uma ressalva, uma advertência não de todo convincente sobre tomar cuidado para não iludir os outros. Sempre tive certeza de que há uma história por trás desse aviso, mas por mais vezes que eu lhe perguntasse, mamãe nunca disse nada mais específico sobre seus verões teatrais.

Na faculdade foi diferente — mamãe tinha muitas histórias sobre Radcliffe. Falava, acima de tudo, de como se apaixonara loucamente por um professor, Bob Chapman, que era glamoroso e carismático num grau extraordinário. (Os interesses amorosos de Marjorie não eram nada em comparação com os dela.) Bob se formara em Princeton, lecionara em Berkeley, fora oficial da marinha no Marrocos e em Paris na Segunda Guerra Mundial, e namorara Scottie, a filha de F. Scott e Zelda Fitzgerald. Também era dramaturgo, e, junto com um amigo, adaptou *Billy Budd*, de Herman Melville, para a Broadway e para um filme de 1962.

O amor dela foi correspondido, só que platonicamente, pois Bob era um "solteirão convicto". Bob a apresentou a seus amigos, que viraram amigos dela também. Mamãe apresentou papai a Bob logo depois de ficar noiva, e papai acabou trabalhando com ele por mais de uma década, administrando o teatro de Harvard, e compartilhando um gosto por beber martínis e colecionar cartões-postais. Bob foi padrinho da minha irmã e quase um sexto membro da nossa família (o *quase* é porque nunca ousávamos discutir ou implicar uns com os outros na frente dele). Ele era a pessoa mais inteligente e mais lida que qualquer um de nós jamais conhecera, mas trajava sua erudição de forma tão leve, e tinha tanta curiosidade sobre os outros, que possuía a capacidade de fazer qualquer pessoa à sua volta sentir-se inteligente e lida. Vinha jantar em nossa casa de vez em quando — e viajamos com ele como família e individualmente pelo Norte da África, Europa e Ásia. Em 2001, aos 81 anos de idade, Bob teve um grave derrame repentino, e minha mãe e eu viajamos à Flórida para ficar com ele quando estava morrendo.

Ninguém na família jamais superou de verdade a morte de Bob. Falamos dele diariamente, recontando histórias e imaginando quais seriam suas reações a novos livros e acontecimentos recentes. Ele continua sendo, para minha família, o modelo perfeito de como alguém pode ter partido e, no entanto, estar sempre presente na vida daqueles que o amam, assim como seus livros favoritos ficam com você pelo resto da vida, por mais tempo que faça que você virou a última página. Quando eu falava sobre Bob com mamãe, me perguntava se seria capaz de falar sobre ela da mesma maneira quando ela já não estivesse aqui.

Sentado com mamãe na sala de quimioterapia, esperando a próxima interrupção, tentei desviar a conversa sobre Bob e Wouk de volta para a experiência dela no grupo de teatro de verão.

"Isso faz muito tempo", foi só o que ela disse, e só o que me diria. Ninguém conseguia ser mais teimoso que ela quando não queria contar alguma coisa.

Talvez não houvesse nenhum grande mistério em Highfield — talvez fosse apenas uma época e um lugar que mamãe amava e queria guardar para si.

Mamãe adorava *Marjorie Morningstar*. Aquilo eu sabia. O quanto ela própria era ou não era Marjorie Morningstar, isso continuou sendo um segredo seu.

FICAMOS SENTADOS EM silêncio por um tempo, escutando os ruídos à nossa volta. A cortina de nossa pequena baia roçava enquanto pessoas passavam por ela, arrastando consigo seus suportes para soro a caminho do banheiro. O soro de minha mãe pingava. Às vezes, levava entre duas e quatro horas até a bolsa esvaziar. Eu pensava na tortura da água (erroneamente chamada de tortura chinesa da água), o tormento medieval que supostamente leva a pessoa à loucura esperando a próxima gota d'água pingar em sua testa. Aqui, as gotas supostamente faziam a pessoa melhorar. Mencionei isso a mamãe, que pareceu irritada. Era o mesmo olhar que ela lançava para meu pai e meu irmão quando eles ficavam barulhentos demais após um terceiro martíni, e para minha irmã sempre que as duas iam comprar sapatos: sempre um desastre, devido à antipatia da mamãe por fazer compras e à dificuldade crônica da minha irmã de decidir o que quer. Eu geralmente recebia esse olhar por fazer comentários esquisitos e inapropriados.

Então eu rapidamente trouxe a conversa de volta para os livros — para *O mais frio dos invernos*, de David Halberstam, e os veteranos que ele entrevistara para escrevê-lo. "Sabe, mãe, quase nenhum deles jamais tinha conversado com a família sobre a Guerra da Coreia. Ouvi dizer de muitos deles, assim como de seus filhos e netos, que contam que os pais ou avôs agora estão falando sobre essa guerra pela primeira vez. Também ouvi dizer de pessoas que receberam *O mais frio dos invernos* de um pai ou avô, homens que ainda não conseguem falar sobre a guerra."

"Essa é uma das coisas que os livros fazem. Eles nos ajudam a falar. Mas também nos dão algo sobre o qual todos podemos falar quando não queremos falar sobre nós mesmos."

Minha mãe então me disse, enquanto estávamos ali sentados, que acreditava muito que a vida pessoal de alguém era pessoal. Sentia que os segredos raramente explicavam ou desculpavam qualquer coisa na vida real, ou sequer eram tão interessantes assim. As pessoas compartilhavam demais, ela disse, não de menos. Ela achava que uma pessoa deveria poder manter sua vida particular em particular, por qualquer motivo ou por motivo algum. Ela até achava isso dos políticos — contanto que não fossem hipócritas — e receava que jamais encontraríamos pessoas boas e interessantes o bastante para concorrer a cargos públicos se vasculhássemos todos os cantos de seu passado.

Mamãe também acreditava que alguns segredos são bons. Talvez algo gentil que você fez por alguém, mas não quis que a pessoa soubesse, pois não quis que ela ficasse constrangida ou sentisse que lhe devia alguma coisa. Lembrei de um aluno da minha mãe em Harvard, um aspirante a dramaturgo que ganhara um prêmio para viajar à Europa — só que o prêmio não existia. Mamãe que havia pago, anonimamente, para que ele tivesse dinheiro para fazer uma viagem que acabaria mudando sua vida. Escrevo sobre isso porque me disseram que, anos depois, este rapaz ficou sabendo de tudo, quando foi pesquisar quem mais tinha ganhado aquela polpuda bolsa de viagem e descobriu que a resposta era ninguém.

Enquanto estávamos conversando, uma assistente social entrou com um questionário. Será que Mary (eu achava estranho que eles sempre a chamassem de Mary, embora seu nome fosse Mary Anne, e mais estranho ainda que minha mãe se recusasse a corrigir) tinha tempo para responder a algumas perguntas? Eles estavam fazendo um estudo e queriam ver se ela talvez se enquadrasse.

"Claro", minha mãe disse. Ainda havia pelo menos uma hora de quimioterapia.

"Legal." Quem estava perguntando era uma mulher de 20 e poucos anos. Vestia uma roupa elegante, saia e suéter com gola em V, meia-calça grossa e sapatos no estilo Doc Martens. O rosto de pele limpa era sério, um pouco contraído, porém amigável. Ela passava as mãos com frequência nos cabelos loiros à altura do ombro.

"Bom", a moça começou, mais ou menos lendo um roteiro. "Esta é uma pesquisa que estamos fazendo sobre a saúde espiritual e sistemas de apoio de pessoas submetidas a tratamento para câncer que se espalhou para outros órgãos ou para o resto do corpo. Câncer no Estágio IV..."

Deixei minha mente à deriva enquanto a mulher explicava que os participantes seriam divididos em dois grupos. Um grupo receberia aconselhamento, e o outro não receberia nada. Eles avaliariam todo mundo no começo e no fim, e queriam conversar com vários membros da família. Mamãe precisaria levar o formulário para casa, ler, assinar, pedir para meu pai assinar, e também colher assinaturas dos outros membros da família que estivessem dispostos a participar. A mulher então fez uma série de perguntas: a religião da minha mãe (cristã), com que frequência ela rezava (diariamente), se ela se considerava uma pessoa feliz (sim — embora não estivesse muito empolgada com o câncer). A mulher riu de forma animada, mas um pouco nervosa.

"Bom", disse minha mãe quando ela foi embora, "isso foi meio uma surpresa. E acho que seu pai vai ficar surpreso também".

"Com a pesquisa?"

"Não. Com o fato de eu ter câncer no Estágio IV. Eu não fazia ideia."

O hobbit

"Mãe, do que você está falando? Acho que Estágio IV só quer dizer que seu câncer se espalhou para outras partes do corpo, e é por isso que eles não podem operar. Você sabe que ele se espalhou, né?"

"Claro que sei disso." Ela parecia meio irritada, ou talvez só estivesse cansada. "Eu só não sabia que era Estágio IV."

A etiqueta da doença. Tentei pensar no que devia ou não devia dizer. O prognóstico para pessoas com câncer de pâncreas de Estágio IV, conforme meus irmãos e eu tínhamos lido na internet, geralmente era de três a seis meses. Isso não dava muito espaço para ter esperança. Mas não havia um prognóstico claro para pessoas com "câncer que se espalhou".

O Estágio IV é o fim da linha. Não existe Estágio V — embora haja estágios IVa e IVb, o que me lembrou de quando eu era do time de basquete "E menos", assim batizado porque eles não queriam chamar de Tropa "F" o agrupamento dos sextos jogadores menos talentosos (ou, mais caridosamente, os menos motivados).

Decidi não dizer mais nada.

Logo chegou a hora de ir embora. Foi então que presenciei a dança peculiar que acontece no hall do elevador. Quando um elevador chega, a idade talvez ainda vá antes da beleza, mas a doença vai antes da saúde, as cadeiras de rodas antes das bengalas, as bengalas antes dos sem bengala, os vacilantes antes dos bem equilibrados. Você primeiro, meu querido Alphonse. Não, você primeiro. Não é à toa que demoramos tanto para pegar um elevador.

Na saída geralmente fazíamos uma visita, nunca breve, à farmácia no segundo andar. Contei a mamãe uma piada que ouvira muito tempo atrás, sobre um inglês da época das cruzadas que deixa uma receita numa farmácia em Londres e vai lutar contra os infiéis. Ele é capturado, depois acaba sendo solto, se apaixona e vive por trinta anos na Pérsia. Por fim ele decide voltar à Inglaterra e, lá chegando, encontra no bolso a receita do remédio. Milagrosamente, a farmácia de Londres ainda existe, e o mesmo farmacêutico está atrás do balcão. Ele entrega a receita; o farmacêutico olha e diz: "Ainda não está pronto — o senhor pode voltar às cinco?"

Na verdade, a piada envolve sapatos e um sapateiro. Mamãe me deu um sorriso indulgente. Nunca achou muita graça nas minhas piadas, porém as tolerava educadamente, exceto durante aqueles anos de infância em que me apaixonei por trocadilhos. Isso foi um teste até para a paciência dela.

Teoricamente, o médico já deu baixa na receita no começo da quimioterapia, para que ela esteja pronta e esperando no final. Mas ela geralmente não está pronta, ou está pronta mas há um problema. O problema quase sempre envolve o Medicare.* Ou minha mãe excedeu o limite; ou só pode receber tantas destas pílulas se também estiver recebendo aquelas; ou o remédio é estritamente controlado e exige uma assinatura a mais. Há pílulas e mais pílulas: para estimular o pâncreas, para enjoo, para fadiga, para dormir. Às vezes mamãe não tem que pagar nada por remédios que custam milhares de dólares. Às vezes são centenas ou milhares de dólares que ela precisa pagar. É impossível manter controle de tudo, e é sempre uma surpresa.

A reação de mamãe a este caos não é uma surpresa. Por mais alta que seja a conta que ela está pagando ou que o Medicare está pagando por ela, mamãe diz para mim ou para si mesma: "O que acontece com todas as pessoas que não têm como pagar isso? Não é justo."

A assistência médica universal sempre foi uma questão importante para mamãe, e quanto mais assistência ela recebia, mais ficava brava com o fato de que a boa medicina não estava disponível para todo mundo nos Estados Unidos. A farmácia quase sempre provocava uma discussão ou diatribe política.

---

* Seguro-saúde público dos Estados Unidos para pacientes acima de 65 anos. (N. do T.)

Naquele dia específico, havia uma mulher na fila na nossa frente. Tinha 30 e poucos anos, usava roupas elegantes, mas percebia-se que não eram caras, e óculos escuros. Quando os tirou, notava-se que ela estivera chorando. Balançava a cabeça de um lado para outro. Mamãe falou com ela numa voz suave. Isso não era incomum — mamãe falava com todo mundo, e não hesitava em abordar pessoas que estavam chorando, sentindo dor ou sofrimento. ("Se eles não querem falar, é só dizer que não querem, mas como é possível ignorá-los?") O remédio não era para aquela mulher, na verdade; era para sua mãe. A mãe tinha Medicare, porém estava naquela estranha situação conhecida como "buraco do donut", o que queria dizer que o governo pagara milhares de dólares em remédios, mas agora ela precisaria pagar milhares antes que o governo pagasse milhares de novo. (Imagine tentar comer um donut em linha reta — você comeria doce, passaria fome, depois comeria de novo.) Minha mãe estava, naquele momento, ainda na parte sólida do donut; a mãe daquela mulher estava no buraco.

Meu celular tocou, e eu saí no corredor para atender a ligação. Quando voltei, mamãe estava numa cadeira, esperando sua receita. Não havia mais sinal da mulher que não tinha como pagar os remédios de que sua mãe precisava.

"Mãe... você pagou os remédios daquela mulher, não pagou?"

"Não era muito", ela disse, um pouco irritada por ter sido descoberta. "Mas não conte para o seu pai."

Então, como sempre, se recusou a pegar um táxi. ("O M20 me leva quase até a porta; é loucura gastar dinheiro num táxi.") Então esperei com ela pelo ônibus que a levaria para casa.

Mamãe tinha mais uma sessão de quimioterapia antes do feriado de Ação de Graças, que adoro por causa das tortas, porque é bastante secular e porque não tem o estresse e as despesas de comprar presentes. Além disso, para quem cresce em Cambridge, Massachusetts, a Ação de Graças é uma grande coisa — são todos os feriados juntos num só. Isso é em parte porque os peregrinos desembarcaram e viveram ali perto. Mas tudo é uma grande coisa (invernos, times de esportes, lagostas) quando você cresce em Boston ou nas redondezas — uma cidade que chama a si mesma de "o eixo", como na expressão "o eixo do universo". Quando criança, eu achava que isso era um fato e fiquei chocado ao descobrir que pessoas em Paris, Berlim, Tóquio e Nova York não concordavam.

Não nasci no Massachusetts, mas em Nova York em 1962. Meu pai estava trabalhando para a Fairchild Publications, que publicava periódicos especializados, desde o *Diário da Moda Feminina* até o *Semanário da Indústria Farmacêutica*. Ele tinha sido uma das primeiras crianças judias (embora não fosse nem remotamente religioso) em seu colégio interno. Depois se alistara na marinha, pegando o fim da Segunda Guerra Mundial num barco perto de Norfolk, Virgínia. Depois disso, estudara em Yale e na Harvard Business School, e por fim acabara indo parar na publicidade. Enquanto minha mãe descendia de judeus prósperos que haviam se mudado para os Estados Unidos no século XVII e depois se casado com outros judeus que ou tinham se convertido ao cristianismo ou estavam tão assimilados que celebravam feriados cristãos, meu pai tinha uma origem mais humilde e mais recente. O avô de seu pai, um judeu alemão, imigrou durante a Guerra Civil quando menino como mercenário tocador de tambor, e acabou vendendo frutas e legumes, principalmente batatas, no Lower East Side de Nova York, morando na seção Five Points, tornada infame pelo filme *As gangues de Nova York*, de Martin Scorsese. O pai do meu pai se deu bem no negócio familiar de batatas — expandindo drasticamente o comércio em atacado e comprando um assento na Chicago Mercantile Exchange. Sua mulher, nascida na Letônia, tinha grandes aspirações para meu pai e suas duas irmãs — todos foram mandados para as melhores escolas e universidades.

Papai pedira mamãe em casamento em seu primeiro encontro — e ela aceitara. Eles tinham se conhecido dias antes, quando meu pai veio visitar a cidade com um amigo. Após alguns meses de noivado, eles se casaram em 1959. Papai tinha 32, e mamãe, 25.

Meu pai me diz que se lembra com descrença de quando "fez a corte" a minha mãe. Ele se apaixonara imediatamente por ela — mas é como se ainda não conseguisse acreditar de fato que ela o escolheu. O casamento aconteceu em Connecticut e foi uma cerimônia cristã, e este foi apenas um dentre os detalhes que a mãe do meu pai, uma judia mais praticante do que o marido ou os filhos, desaprovou um tanto explicitamente, até que uma das melhores amigas da mamãe sugeriu que ela guardasse suas opiniões para si mesma, coisa que ela então fez.

Sete anos depois do casamento, meus pais decidiram mudar a família inteira de Nova York para Cambridge, Massachusetts, para que meu pai pudesse aceitar o emprego com Bob Chapman, administrando o teatro de Harvard. Isso foi em 1966. Eu tinha 4 anos; meu irmão mais velho tinha 5 (e meio). Minha irmã estava prestes a nascer. Alugamos uma casa na mesma rua de Julia Child, que publicara *Dominando a arte da culinária francesa* apenas três anos antes de virarmos seus vizinhos, e começara apenas recentemente a aparecer na televisão local. Gosto de contar às pessoas que ela assava pãezinhos doces para todas as crianças que saíam para pedir guloseimas no Halloween. Isso talvez seja verdade, talvez não.

Minhas memórias mais antigas envolvem mamãe lendo para nós — ouvíamos uma história toda noite antes de dormir, e depois ela nos cobria. Embora meu irmão e eu tivéssemos apenas 18 meses de diferença, ela nunca lia o mesmo livro para nós. Cada um podia escolher seu próprio livro toda noite. Meu favorito era *A história de Ferdinand*, de Munro Leaf, um clássico dos anos 1930 sobre um touro pacifista. (Hitler odiava esse livro e mandara queimá-lo.) Meu segundo favorito era *Harold e o giz de cera roxo*, de Crockett Johnson, um livro dos anos 1950 sobre como uma criança muito artística usa sua imaginação e um único giz de cera para criar beleza e aventura — e sair de enrascadas. Meu irmão era obcecado pelo recém-publicado *Onde vivem os monstros*, de Maurice Sendak; em Max, seu anti-herói baderneiro, encontrou um modelo de comportamento. Quando minha irmã tinha idade suficiente para ter um livro favorito, foi *Na cozinha noturna*, de Sendak, com seu protagonista despido e seus padeiros levemente bufões (embora um tanto sinistros). O livro favorito da infância da minha mãe era *Pink Donkey Brown*, de Lydia Stone, uma história de 1925 sobre duas crianças indescritivelmente educadas que tomavam conta de um pônei — um livro tão açucarado que não o suportávamos nem quando éramos muito pequenos. ("Betty e Billy ficaram contentes por ter sido bonzinhos, não é mesmo? A espera não parecia tão difícil agora que terminara, e eles dariam seu passeio.")

Enquanto estávamos sentados na quimioterapia, perguntei à mamãe se ela se lembrava da única noite em que esquecera de ler para mim. Eu tinha 7 ou 8 anos. Lembro de estar deitado na cama, ouvindo as vozes dos meus pais numa festa no andar de baixo. Meu irmão tinha caído no sono, sem querer nem saber se alguém tinha lido para nós ou não. Eu escovara os dentes e pulara na cama, e estava esperando que ela lesse uma história para cada um de nós e nos cobrisse. Ela não vinha. Eu ouvia copos tilintando e conversas ruidosas. E comecei a ficar chateado.

Quanto mais risadas eu ouvia lá embaixo e mais tempo passava, mais fui ficando histérico. Lembro que me senti sozinho, ignorado e abandonado. Em nenhum momento me ocorreu a ideia de vestir meu roupão e pantufas e descer para lembrá-la. Ela não podia ter esquecido — nunca tinha esquecido antes. Só podia ser porque não me amava mais. Ouvir como todos estavam se divertindo sem mim tornava tudo muito pior.

No fim, eu estava chorando tão alto que um dos convidados me ouviu — e minha mãe subiu correndo. Ela então levou dez ou 15 minutos para me acalmar e me garantir que nada havia mudado.

"Você lembra dessa noite?", perguntei a ela.

"Oh, meu bem, como eu poderia esquecer?", minha mãe disse.

Assim que meu irmão e eu aprendemos, começamos a ler por conta própria. Às vezes meu pai lia histórias infantis para nós enquanto minha mãe lia livros ilustrados para minha irmã. Meu pai adorava *Chitty Chitty Bang Bang*, de Ian Flemming, e *A fantástica fábrica de chocolate*, de Roald Dahl. Nós também.

Só havia um jeito garantido de evitar receber uma tarefa de repente na nossa casa — fosse pôr o lixo para fora ou limpar o próprio quarto —, e esse jeito era ficar com o rosto enterrado num livro. Assim como as igrejas durante a Idade Média, os livros ofereciam refúgio instantâneo. Quando você entrava num deles, não podia ser perturbado. Eles não lhe davam imunidade contra punição, se você tivesse feito algo de errado — apenas uma prorrogação temporária. Mas logo aprendemos que era preciso não só parecer como também estar completamente absorto — apenas virar as páginas não contava.

Quase todas as conversas mais antigas que lembro de ter tido com meus pais foram sobre livros: Por que os homens não entendiam que Ferdinand só não queria brigar? Por que a placa de matrícula de Chitty Chitty Bang Bang é GEN 11? As respostas, de acordo com meus pais, eram: As pessoas podem ser malvadas, mas podem aprender a não ser, e Tente descobrir sozinho. (A placa de matrícula diz "Genii"* com o número 1 no lugar da letra i — afinal, era um carro mágico.)

Meus pais passavam horas lendo toda semana — e dias inteiros nos fins de semana. Mamãe sempre ficava um pouco espantada com pais que achavam que seus filhos deveriam ler mais, porém eles próprios nunca liam. Isso me lembrava de uma frase que eu ouvira um apresentador de jornal de Denver dizer, com toda a seriedade, ao conversar com um entrevistado: "Eu gosto de livros. Não leio. Mas *gosto* deles."

Eu era uma criança que gostava de ficar em casa: lendo, pintando, passando intermináveis horas em meu quarto falando de livros, discos e filmes com meu melhor amigo. Meu irmão, também um leitor de primeira, era a criança atlética da família.

Quando eu tinha 9 anos, me apaixonei perdidamente por *O hobbit*, de J. R. R. Tolkien. Li este livro quando estávamos de férias no Marrocos. Eu adoecera gravemente com uma febre de 40 graus, e o médico marroquino me deu o único remédio que tinha, que no fim era morfina quase pura. Febril, drogado e delirante, fiquei deitado numa cama de uma casa luminosa em Tânger, com um chá de hortelã do lado, lendo *O hobbit* durante dias a fio enquanto perdia e recuperava a consciência. Lembro do chá quente, doce e delicioso, e a brisa do mar, e as paredes caiadas. Lembro dos belos marroquinos que entravam e saíam do quarto para ver se eu estava bem. E acima de tudo, lembro de *O hobbit*, o livro mais fantasmagórico que eu jamais pudera imaginar. Apenas anos depois descobri que metade do que eu lembrava era Tolkien, e a outra era produto da minha mente febril e narcotizada.

Depois que me recuperei, fui ler *O senhor dos anéis* inteiro. Meu irmão, ao mesmo tempo, lia *As crônicas de Nárnia*, de C. S. Lewis, enquanto eu estava extasiadamente preso na Terra-Média de Tolkien. Costumávamos discutir qual série de livros era melhor, assim como discu-

---

* "Genie", ou seja, "gênio" em inglês. (N. do T.)

tíamos, às vezes com exaltação, sobre os méritos de Bob Dylan (meu irmão) versus John Denver (eu), ou, durante o ano que passamos na Inglaterra, sobre o Liverpool (Doug) versus o Manchester United (novamente eu, principalmente porque gostava de um jogador chamado George Best). Consequentemente, sempre acreditei que Tolkien versus Lewis fosse apenas uma questão de gosto e rivalidade. (Não fazíamos ideia de que Tolkien e Lewis, ambos professores de Oxford, tinham sido bons amigos.) Mamãe pensava de forma diferente. "Sempre achei interessante que seu irmão preferisse os livros de Nárnia e você adorasse o Tolkien. Acho que seu irmão gostava do simbolismo cristão dos livros de Nárnia — você simplesmente não se interessava por aquilo."

Ironicamente, descobri há pouco tempo que Lewis fazia muita questão de negar que seus livros fossem uma alegoria cristã, e que Tolkien, um católico romano devoto, insistia que seus livros eram fundamentalmente religiosos. Para mim, os romances de Tolkien sempre pareceram maravilhosa e puramente pagãos.

A quimioterapia da minha mãe acabara por aquele dia, mas outra vez tivemos que esperar na farmácia. Já que não tínhamos trocado nenhum livro novo nem combinado de ler alguma coisa naquela semana antes da Ação de Graças, estávamos discutindo diversos livros que tínhamos lido ao longo da vida. "Na verdade", continuou minha mãe, "acho que talvez eu nunca tenha conhecido alguém que realmente gostasse tanto de Tolkien quanto de Lewis. Todo mundo parece gostar ou de um ou do outro".

"E de qual você gosta?", eu perguntei à mamãe.

"De Lewis. Mas acho que ambos, seu irmão e eu, invejávamos o quanto você adorava Tolkien. Nós gostávamos bastante dos livros de Nárnia — mas você era *obcecado* por Tolkien. Falava tanto do Bilbo Baggins que eu sentia como se ele fosse parte da família. Você começou a escrever tudo, inclusive seu nome, em runas antigas. Tive que impor um limite quando você quis fumar um cachimbo de barro. Você tinha 9 anos."

"Você alguma vez já ficou tão obcecada por um livro?"

"Várias vezes. Poesia. *E o vento levou*. E eu ficava obcecada pelas peças em que trabalhava — principalmente as da época em que seu pai e eu tínhamos acabado de casar e ainda estávamos morando em Nova

York: *Exercício de cinco dedos*, de Peter Shaffer, e *O guardião*, de Harold Pinter. Trabalhar numa peça absorve você completamente. Senti muita falta disso quando nos mudamos para Cambridge."

No fim dos anos 1950, antes de conhecer meu pai, mamãe trabalhara para a produtora Irene Selznick (após ser apresentada pelo filho de Selznick, um colega de faculdade) e então, tanto antes quanto durante os primeiros anos de casamento, para o produtor Freddie Brisson e sua mulher, a atriz Rosalind Russell. (Mamãe adorava contar que fora enviada a Paris para buscar as peles e joias de Rosalind Russell, que a atriz tinha esquecido lá, e então recebera a instrução de colocá-las para passar na alfândega com toda a compostura a fim de convencer os agentes de que elas lhe pertenciam, pois assim não seria preciso pagar imposto.)

Mamãe também vinha dirigindo testes de atores em Nova York para a escola de arte dramática de Londres, onde estudara depois da faculdade — e continuou com o trabalho enquanto estava grávida e até nós mudarmos para Cambridge.

Enquanto sondava o terreno em busca de um emprego após a mudança, minha mãe se deu conta de que sua experiência de selecionar atores para peças e entrevistar jovens para escolas de teatro podia ser usada para um bom propósito: saber qual pessoa era certa para qual papel foi parte do que fez dela uma concorrente nata para a secretaria de admissão de Radcliffe. Ao longo de cerca de uma década, tornou-se diretora de admissão, primeiro para Radcliffe e depois para Harvard e Radcliffe, e por fim foi indicada como decana associada de admissão e assessora financeira.

O encargo de guardar os portões da faculdade era um posto cobiçado. Mamãe era imune a tentativas de suborno (embora não tenhamos desperdiçado um incrível caviar iraniano, nem nos recusamos a comer os biscoitos da sorte cuja mensagem dizia "Você vai aceitar Bella Wong", a filha do dono do restaurante chinês local). Mamãe também era imune a ameaças. Uma vez uma pessoa apareceu na sala dela com uma arma e ameaçou matá-la caso o filho não fosse aceito. Ele não foi aceito. Bella foi.

Papai trabalhava. Mamãe trabalhava. Muitas décadas antes da safra atual de crianças com o cronograma lotado, éramos deixados mais ou menos por conta própria, levemente supervisionados por uma série de estudantes de intercâmbio e universitários recém-formados. É verdade que tínhamos aulas de piano, futebol e teatro. Mas também tínhamos bicicletas. Era nossa responsabilidade estar no lugar certo na hora certa. Éramos crianças soltas, de certa forma — fazíamos um lanche corrido depois da escola e depois nos perdíamos por aí, muitas vezes literalmente, até o jantar. Nos fins de semana, depois que meus pais haviam se instalado na sala de estar, cada um com uma pilha de livros, tínhamos duas opções: podíamos sentar e ler, ou podíamos sumir até a hora de comer.

Quanto à televisão, podíamos, em tese, assistir o quanto quiséssemos. Mas só havia três canais, e nunca muita coisa a que valesse a pena assistir durante o dia — exceto *Pinos por dinheiro*, um programa exclusivo da Nova Inglaterra, em que as pessoas tentavam derrubar pinos de boliche anoréxicos com uma bola muito pequena; *Estrela do dia,* um precursor do *American Idol*, produção de qualidade muito duvidosa; e filmes antigos, quase sempre com Shirley Temple, ou pelo menos era o que parecia. Há um limite para o número de filmes de Shirley Temple que mesmo eu, que a adorava, conseguia suportar.

Então, quando não estávamos correndo por aí, líamos.

Eu não sabia que era uma das poucas crianças da minha classe cuja mãe trabalhava fora — e acho que isso era em parte porque, naquela época, mesmo as mães que ficavam em casa sujeitavam seus filhos a uma espécie de negligência benéfica. Também era porque minha mãe nunca se referia a si mesma como uma mãe que trabalhava. Ela era mãe. E ela trabalhava. "As pessoas não falam de um pai que trabalha", ela me disse uma vez. Ela comparecia a nossas peças de escola e a nossos eventos esportivos tanto quanto podia. "Acho que os pais deveriam fazer o melhor possível para não ser infelizes. Essa é a pior coisa para uma criança — ter pais infelizes. Se você quer trabalhar fora, deve. Se tem condições de não trabalhar e não quer trabalhar, então não deve."

"Então você nunca se sentiu culpada?"

"Nem por um segundo."

Muito antes da era do "leve seu filho para o trabalho", minha mãe tinha sua própria versão — leve o trabalho para os seus filhos. Frequentemente éramos recrutados para ajudar — reorganizar as pastas dos candidatos, por exemplo, de modo que minha mãe visse a redação pessoal antes de tudo. Minha mãe queria ler a redação livre de cada candidato antes de ver qualquer outra coisa, para ter uma noção do candidato como pessoa antes que olhasse as notas, pontuação no SAT, ou mesmo o sexo.

"Mas as outras mães aprovavam a ideia de você trabalhar?"

"Bom, sei que algumas delas achavam que eu devia estar descuidando de todos vocês. Lembra quando seu irmão decidiu que queria levar biscoitos para cachorro na lancheira? E você e sua irmã fizeram a mesma coisa? Acho que uma das outras mães mandou a escola me telefonar a respeito disso. Eu disse para eles que tinha falado com seu pediatra — e que disse que os biscoitos para cachorro não fariam mal nenhum, e provavelmente seriam bons para os dentes. Mas não, não acho que a maioria delas me julgava. Além disso, muitas pessoas estavam fazendo coisas interessantes. Eram os anos 1960, afinal."

Quando penso naquela época, de fato lembro que muitos dos pais dos meus amigos tinham vidas fascinantes. Morávamos numa comunidade isolada, onde quase todas as famílias tinham alguma ligação com Harvard ou o MIT ou Brandeis — então, quando pensávamos nos nossos pais, e não sei bem se pensávamos tanto assim neles, sabíamos mais sobre suas ligações com universidades do que qual emprego tinham ou não tinham. E sabíamos muito bem sobre seus hobbies e paixões também: aquela pintava; aquele fazia iogurte.

Também víamos muitas comoções: a guerra no Vietnã na televisão toda noite; protestos violentos em Harvard Square; os assassinatos de Bobby Kennedy e do dr. Martin Luther King Jr. As crianças com irmãos muito mais velhos nos contavam a maior parte do que sabíamos sobre o alistamento, o movimento pelos direitos civis e outros assuntos da época, e nos apresentavam a música de Woodstock. O resto aprendíamos em conversas no jantar e na revista *Life*.

Os livros assomavam por toda parte. Toda família que conhecíamos tinha estantes de livros na sala. Amigos de pais e pais de amigos escreviam livros. E todo mundo lia os mesmos, muitas vezes ditados pelo Book of the Month Club. *A família do homem*, de Edward Steichen, um livro de fotografia do mundo todo, com um prólogo de Carl Sandburg, enfeitava quase toda mesinha de centro. O escandaloso *Ca-*

sais, de John Updike, um romance literário sobre adultério, estava presente no quarto de todos os pais. Todo mundo tinha *Perfis de coragem*, de John F. Kennedy. Romances de mistério de Ngaio Marsh, Agatha Christie e Erle Stanley Gardner estavam nas estantes de todo mundo que adorava mistérios. Leon Uris era indispensável. Talvez Michener. E quando *O arquipélago de Gulag*, de Solzhenitsyn, e *O tambor*, de Günter Grass, foram publicados, apareceram instantaneamente na prateleira de Livros que Têm que Ser Lidos de todas as casas.

Às vezes acho que mamãe tinha um plano secreto para nos incentivar a ler além do nosso nível. Ela anunciava que certos livros eram um pouco adultos demais para nós. Nada nos fazia ler mais rápido. Li *A autobiografia de Malcolm X* quando tinha 10 anos. Ela tinha razão — era adulto demais para mim, e quando voltei a ele depois, fiquei espantando ao descobrir quanta coisa tinha deixado passar. Os *zoot suits,* aqueles ternos que ele usava, foram mais ou menos a única imagem que ficou em minha mente. Descobrimos por conta própria outros livros que eram adultos demais para nós. *Medo de voar*, de Erica Jong, foi publicado quando eu tinha 11 anos e me deixou tanto chocado quanto fascinado com suas descrições de transas anônimas. Assim como *Tudo o que você sempre quis saber sobre sexo mas tinha medo de perguntar*, um livro que meus pais não tinham, até onde conseguimos descobrir. Mas outros pais tinham e os guardavam escondidos em segurança, apenas para serem desenterrados e folheados por seus monstrinhos sem pescoço e por nós.

Na mesa do jantar, sempre podíamos falar sobre um livro que estávamos lendo. Passei por uma bizarra fase Paul Revere. Após ler e adorar *Filho da liberdade*, de Esther Forbes, um romance sobre um menino que trabalha como aprendiz de ourives para Paul Revere e queima a mão num acidente horrível, descobri então a biografia do próprio Paul Revere pela mesma autora, *Paul Revere e o mundo onde ele vivia*, vencedor do prêmio Pulitzer de 1942. Li esse livro 11 vezes seguidas, marcando cada vez que terminava com um risco na parte de dentro da capa, como um prisioneiro mantendo a conta dos anos de cativeiro.

"Vamos, me perguntem qualquer coisa sobre Paul Revere, qualquer coisa!", eu implorava aos meus irmãos durante as refeições. Quando eles não queriam, mamãe me perguntava algo num tom brincalhão.

Infelizmente, esqueci quase tudo o que sabia sobre Revere, a não ser os fatos mais básicos e um terço do poema de Longfellow com uma versão fictícia de sua famosa viagem. (Eu agora sugeri à mamãe que relêssemos a biografia de Esther Forbes em nosso clube do livro, para que eu pudesse dizer que a lera 12 vezes. Mamãe vetou, dizendo num tom afetuoso, porém firme, que, durante minha infância, já ouvira falar sobre Revere o suficiente para várias reencarnações.)

Quando criança, também passei por uma fase Alistair MacLean: *O desafio das águias, Os canhões de Navarone, Bonecas acorrentadas.* Geralmente não lembro de orelhas de livros que li quando criança, mas nunca vou esquecer uma frase que descrevia esse último título: "No instante em que chegou aos Países Baixos, ele percebeu que tudo tinha ido por água abaixo."

Meus livros favoritos de MacLean eram aqueles onde qualquer coisa era possível se você reunisse a equipe certa. Alguém da equipe ia te trair, é claro. Mas você descobriria isso a tempo e venceria contratempos insuperáveis — incluindo tempestades horrendas ou algum pavoroso acidente no mar — para atingir seu objetivo. Haveria um custo terrível. Alguém, geralmente um membro da irmandade, teria que morrer. Você ficaria de luto — e depois seguiria adiante. Porque aquilo não girava em torno de você — mas sim de algo muito maior, como enfrentar os nazistas. MacLean servira de 1941 a 1946 na Marinha Real Britânica — e suas histórias da Segunda Guerra Mundial são de longe suas melhores.

Eu ficava acordado durante horas depois das nove da noite, meu horário de dormir, relendo com a lanterna o livro sobre Revere ou lendo MacLean. Minha mãe sabia, mas nunca me pegou no flagra nem me deu bronca. Agora me dou conta de que ela devia ficar exausta, fazendo malabarismo com todas as suas atividades: três filhos, um marido, uma casa grande demais e com corrente de ar, e um emprego importante que exigia viajar pelo país inteiro para encontrar orientadores vocacionais do ensino médio e comparecer a conferências. Era verdade que recebia alguma ajuda — principalmente da sra. Murphy, uma avó irlandesa que tomava conta da minha irmã à tarde e fazia um delicioso bolo de carne, uma vez por semana. (A pobre sra. Murphy depois teria um derrame, mas continuaria cuidando da minha irmã. Eu costumava dizer às pessoas que a mudança da minha família de volta a Nova York em 1979, após quase 14 anos em Cambridge, foi porque mamãe não tinha coragem de dizer à sra. Murphy que ela perdera a capacidade de fazer bolo de carne, mas também não aguentava o desperdício de jogar um intragável bolo de carne inteiro no lixo toda semana.)

Lembro-me de um dia em que os infinitos compromissos da minha mãe finalmente a fizeram perder o prumo. Meu irmão, minha irmã e eu estávamos sentados na cozinha de nossa casa em Cambridge. Eu estava comendo cereais e preocupado com o dia na escola. Doug e Nina provavelmente estavam conversando ou implicando um com o outro. Havia só uns poucos minutos antes de precisarmos vestir nossos casacos e sair no frio. Mamãe desceu a escada, parecendo meio perturbada, o que não era comum. Eu queria lhe contar algo e tentei fazer contato visual.

Observei-a ir pegar um copo d'água na torneira. Surrey, nossa setter inglesa, estava deitada no chão. Mamãe tinha um comprimido na mão, que enfiou numa bolinha de hambúrguer tirada da geladeira, e depois pôs na boca de Surrey, massageando seu pescoço para que a cachorra engolisse. Então lavou as mãos, pegou outro comprimido e engoliu.

Finalmente consegui atrair seu olhar. Agora eu podia lhe contar a coisa que queria muito contar. Mas, antes que eu conseguisse falar, mamãe arregalou os olhos e disse uma palavra que eu nunca a ouvira dizer, seguida de "Tomei o vermífugo e dei meu anticoncepcional para a cachorra".

Esta foi a única vez em que vi minha mãe entrar em pânico — embora ela logo fosse descobrir, após dar um telefonema, que a cachorra ficaria bem e ela também. Além disso, ficaria livre de vermes. A cachorra já tinha sido castrada, por isso não havia como nascerem cachorrinhos.

Mas acima de tudo, quando penso naquela época, não é de minha mãe correndo de um lado para outro que eu me lembro: lembro-me dela sentada em silêncio no centro da casa, na sala de estar, sob as cores retorcidas de um quadro de Paul Jenkins; havia fogo na lareira e uma manta cobrindo seu colo, suas mãos despontando para fora para segurar o livro. E todos queríamos estar ali com ela e papai, lendo em silêncio também.

RELEMBRANDO DIAS DE Ação de Graças passados, e com esta primeira Ação de Graças após o diagnóstico da minha mãe se aproximando cada vez mais, nos demos conta de como nossa vida estava diferente agora, girando em torno de coisas tais como o cronograma de tratamentos dela. Ela geralmente passava bem no dia do tratamento e por um ou dois dias depois disso; então tinha dias "não tão bons". Seu novo mantra era uma pérola de sabedoria que recebera de um amigo da minha irmã, especializado em cuidados paliativos: "Faça planos e os cancele." Porém minha mãe quase sempre se sentia obrigada a levar a cabo qualquer plano que tivesse feito, quer estivesse se sentindo em condições quer não.

Ela não passava 24 horas sem manter em dia seus e-mails e telefonemas — para seus amigos e seu irmão. Falava com Doug, com Nina e comigo quase diariamente — sempre com relatórios sobre cada um de nós, e muitas vezes sobre o andamento da biblioteca no Afeganistão. Ficou contentíssima porque um brilhante e encantador jovem repórter do *New York Times*, chamado David Rohde, tinha concordado em embarcar no projeto. E a ocasião era perfeita — ele estava prestes a tirar uma licença para escrever um livro sobre a região e, portanto, passaria algum tempo ali.

Um dos aspectos mais cruéis do câncer são os efeitos colaterais dos tratamentos. Rodger a advertira de que seu mal-estar seria tão grande que ela não conseguiria se levantar do chão do banheiro e ficaria ali deitada, agonizando. Isso não chegou a acontecer. Porém, as feridas na boca significavam que ela não podia comer, beber nem falar sem sentir uma dor real. Então vieram a diarreia, a prisão de ventre e a exaustão. Quando se descobriu que sua contagem de glóbulos vermelhos estava baixa, uma transfusão ajudou. Mas muitas vezes ela estava simplesmente cansada. E foi uma luta constante para não perder peso — ela não tinha fome, e a quimioterapia deixava tudo com um gosto horrível.

Felizmente, a dra. O'Reilly estava bem atenta a isso. Entendia, de um modo como muitos médicos não entendem, que uma ferida horrorosa na boca ou precisar ir ao banheiro cinco ou dez vezes toda manhã são problemas que também precisam de tratamento, assim como o próprio câncer. Tratar uma doença incurável é, essencialmente, uma medida paliativa — o objetivo é tanto refrear o avanço dos tumores quanto fazer com que a vida valha a pena enquanto isso. Por isso cada visita à médica envolvia um interrogatório, em que a dra. O'Reilly tentava fazer com que mamãe fosse sincera sobre o grau de dor que estava sentindo (e mamãe se recusava mesmo a usar a palavra *dor*, preferindo falar sobre o nível de seu desconforto), e ajustava os remédios de acordo com isso.

Mamãe sempre fizera uma grande e festiva celebração de Ação de Graças, e sempre convidávamos todos os nossos conhecidos que moravam longe e não podiam passar o feriado em casa. Nos anos de Cambridge, muitas vezes convidávamos estudantes iranianos e paquistaneses — não só para o jantar de Ação de Graças, mas para passar a semana inteira. Talvez tenha sido ali que teve início o interesse da minha mãe por essa região. Depois que ela começou a trabalhar com refugiados, podíamos receber uma família da Bósnia recém-instalada em Nova York ou alguns estudantes da Libéria, a milhares de quilômetros de suas famílias e apenas começando a vivenciar o frio de Nova York.

Mas, naquele ano, a ideia de mamãe organizar a Ação de Graças, mesmo para nossa família mais próxima, estava fora de questão. Então meus amigos Tom e Andy disseram que dariam um jantar de Ação de Graças na casa deles. Só o que meus pais precisariam fazer era comparecer.

Mamãe me telefonou na manhã de Ação de Graças. Não estava passando muito bem.

"Hoje não estou tão legal", ela disse. Tentaria dar um jeito, mas achava que talvez não estivesse em condições de ir ao jantar de Ação de Graças. O mais frustrante daquilo era que, apenas uma semana antes, ela tivera dias ótimos. Tinha estado em dois concertos, ido de metrô para o trabalho alguns dias seguidos, visto amigos, colocado os e-mails em dia. Até recuperara parte de seu apetite.

Agora fazia dois meses do diagnóstico, e era quase impossível dizer como as coisas estavam indo. Era como seguir a bolsa de valores. Quando o índice Dow Jones cai, isso pode ser uma pequena correção antes de uma disparada ou o começo de uma grande queda. Então, se mamãe se sentia pior num determinado dia, talvez fosse a quimioterapia — ou talvez o câncer. Mesmo quando as coisas pareciam estar melhorando, não tínhamos como saber ao certo o que estava acontecendo. Podia ser uma legítima boa notícia (os tumores estavam diminuindo) ou podia ser o que os investidores chamam de "pulo do gato morto" (uma metáfora vívida, mas pavorosa, para o aspecto da esperança quando não há esperança alguma). Correção ou queda? Disparada ou pulo? Só o que podíamos fazer era adivinhar alguns dias por vez até o próximo exame dela.

A imprevisibilidade a deixava maluca. Ela tinha muito mais do que chamava de "dias bons" do que tinha "dias não tão bons", e era muito grata por isso: apenas gostaria de poder acertar mais vezes qual dia seria qual. Ela atualizava o blog *Notícias de Will sobre Mary Anne Schwalbe* o melhor que podia, tentando não ser esperançosa demais quando as coisas iam bem, e sempre amenizando os relatórios ruins com um senso de esperança. Continuávamos a fingir que era eu quem estava escrevendo os posts sobre ela, quando na verdade ela estava escrevendo sobre si mesma na minha voz ("Hoje, mamãe...") e então mandando-os por e--mail para que eu postasse.

Por motivos óbvios, eu evitava me referir à mamãe como minha ghost-writer quando falava sobre o blog com ela ou com outras pessoas da família. Na verdade, evitava qualquer referência ao nosso combinado, por medo de deixá-la constrangida. Ela me mandava um e-mail dizendo "Por que você não diz algo mais ou menos assim?", e seguiam-se uns poucos parágrafos que eu postava sem mudar nada, como se os tivesse escrito sobre ela, quando era ela quem os escrevera sobre si mesma a partir da minha perspectiva.

Naquela manhã de Ação de Graças, mamãe também estava chateada porque deixara de escrever uma mensagem de condolências para uma amiga da igreja cujo pai tinha morrido.

"Mãe, tenho certeza de que ela vai entender. Ela sabe que você não está bem."

"Bom, escrevi agora há pouco. Não estar passando bem não é desculpa para esquecer que há outras pessoas no mundo."

Ela piorou durante o dia de Ação de Graças — mas insistiu para que papai fosse comigo e com David comemorar na casa dos nossos amigos Andy e Tom. Ela ficaria em casa e tomaria sopa. Aqueles eram outros sinais sutis que precisávamos interpretar — quando é que seu *vão* significava "vão", e quando significava "fiquem"? No dia de Ação de Graças, seu *vão* significava "vão".

Ao fim de uma noite muito agradável no apartamento dos nossos amigos — em que todos exageramos na comida e na bebida, talvez exagerando um pouco mais que de costume —, David e eu pusemos meu pai num táxi de volta para a casa, e então caminhamos os poucos quarteirões até a nossa. A refeição inteira durara menos de duas horas, e papai voltou para mamãe com um banquete de sobras. Ainda assim, todos estavam tentando negar que aquilo parecia um ensaio para a primeira noite de Ação de Graças em que minha mãe não estaria mais viva. Quando chegamos em casa, David foi dormir e eu fiquei um tempo sentado na sala com as luzes apagadas.

Eu não tinha, de fato, me concedido tempo para ficar triste. Me mantivera ocupado com meu trabalho, e também com as contas e a lavanderia e os e-mails, todas as tarefas mundanas que preenchem minha vida. Por isso tentei apenas ficar parado e triste — mas não consegui. Consegui ficar parado. E sabia que estava triste. Mas enquanto esperava amanhecer, me descobri incapaz de me concentrar na minha tristeza durante mais de um ou dois minutos por vez, por mais que achasse que queria aquilo. Eu chorara muito mais com a morte de David Halberstam do que com a doença terminal da mamãe. Chorara mais com a comédia romântica *Simplesmente amor*, com Hugh Grant. Chorara mais com a morte de um personagem querido num livro de ação de Alistair MacLean.

Para passar o tempo até amanhecer, até eu ouvir o baque familiar do *New York Times* sendo jogado na porta do apartamento pelo entregador local, até David acordar e fazermos café, acendi uma luz solitária e fui procurar meu exemplar de *O hobbit*. Queria ver se o livro ainda me punha em transe — se eu podia me perder nele outra vez.

Logo encontrei meu exemplar — e comecei a ler ao acaso. Fazia quase quarenta anos que eu mal passava os olhos nele, porém tudo ganhou vida novamente, como que por mágica: casas de *hobbits*, colheres de prata, runas, *orcs*, anões, aranhas. Depois de uns vinte minutos, me deparei com a parte do livro, mais ou menos na metade, em que Bilbo, nosso herói *hobbit*, e seus amigos anões de repente se veem num bosque escuro, espalhados e separados uns dos outros.

Bilbo sai correndo em círculos, chamando desesperadamente os nomes dos amigos. Sente e ouve os amigos fazendo a mesma coisa.

"Mas os gritos dos outros foram ficando cada vez mais distantes e fracos, e, embora depois de um tempo lhe parecesse que eles mudaram para berros e pedidos de socorro ao longe, todo o barulho por fim se desfez, e ele foi deixado sozinho em completo silêncio e escuridão."

Tolkien continua: "Aquele foi um de seus momentos mais infelizes. Mas ele logo se convenceu de que não adiantava tentar fazer nada até que o dia chegasse com um pouco de luz."

No DIA SEGUINTE, mamãe disse que se sentia um pouco melhor.

Enquanto estávamos sentados na sala de espera antes da quimioterapia, em nossas cadeiras de sempre, falei sobre o jantar e como todos tínhamos sentido sua falta, e que eu estava pensando nela. Não mencionei que fiquei um tempo sentado no escuro — esse parecia um detalhe um tanto gótico. Mas contei que acabara relendo *O hobbit* e que o livro ainda exercia o mesmo poder sobre mim.

"Por que você acha que é assim?", mamãe perguntou.

"Acho que é porque ele mostra que as pessoas — ou os hobbits, no caso — podem encontrar forças que não sabiam que tinham. Nesse aspecto, não é tão diferente dos livros de Alistair MacLean, eu acho."

"Também passei um tempo pensando", mamãe disse. "E fiquei muito grata por seu pai ter conseguido sair de casa. Não pode ser divertido para ele passar tanto tempo sentado comigo quando não estou me sentindo legal. Consegui ler algumas páginas de um livro que também é sobre como as pessoas podem encontrar forças que não sabiam que tinham."

"Que livro é?"

"O Livro de oração comum",* respondeu minha mãe.

"Joan Didion?"

"Não, Will." A voz da minha mãe era algo entre achando graça e exasperada. "O outro." E então ela acrescentou, sorrindo: "Além disso, acho que o romance de Didion se chama Um livro de oração comum, não 'O livro'."

---

* *Book of Common Prayer*, livro de orações das igrejas anglicanas. (N. do T.)

Refrigério para a alma

As consultas da mamãe geralmente eram de manhã cedinho — ela gostava de terminá-las logo para dar prosseguimento ao resto do seu dia. Mesmo quando estava se sentindo "realmente não muito legal", mamãe sempre cuidava de sua aparência. Eu, por outro lado, em geral saía da cama direto para dentro de um táxi para não perder a hora, e muitas vezes chegava sem me barbear, usando os jeans do dia anterior e o suéter puído que estivesse mais à mão. Mamãe nunca parecia notar, mas quando meu pai estava presente, às vezes fazia um comentário do tipo: "Dormiu tarde ontem, filho?" Papai é um homem muito alinhado, conhecido por suas gravatas-borboleta.

Como posso descrever a aparência da mamãe? Ela tinha talvez pouco mais de 1,60 metro de altura. Tinha cabelos grisalhos fazia décadas, e jamais os tingira. Adorava o sol, mas tinha uma pele clara, que era bonita e limpa quando ela era mais nova, porém sardenta e manchada conforme foi envelhecendo. Alguns a descreviam como parecida com um passarinho — os olhos escuros eram firmemente assentados no fundo do rosto e ficavam cravados nos seus enquanto você falava. Não era de ficar se mexendo enquanto os outros conversavam com ela; ficava muito quieta, com os pés aninhados embaixo do corpo quando estava em casa no sofá; ou debruçada na sua direção se você estivesse numa refeição ou reunião, às vezes encostando nas pérolas que adorava usar. As pessoas sempre comentavam os olhos da mamãe, sua energia e seu brilho, e o sorriso dela. Ela sorria quase sempre — mas quando estava mais feliz que de costume, seu sorriso era radiante. Suas bochechas, logo abaixo dos olhos, ficavam franzidas, e o sorriso abarcava todo o seu ser.

Antes de adoecer, mamãe às vezes sentia que podia perder uns 5 quilos, mas não era obcecada por isso. Não era de comer muito — saladas e iogurte eram seus alimentos favoritos. Nunca a vi comer em excesso — ela era aquela rara pessoa capaz de se contentar com uma única amêndoa, mesmo que houvesse uma tigela cheia transbordando bem na sua frente e ela estivesse sem comer havia horas; podia pegar um único cookie de um prato (ou meio cookie, aliás), uma bola pequena de sorvete, um único copo de vinho. Acho que ela se orgulhava de seu autocontrole, uma forma suave de ascetismo; além disso, não se interessava loucamente por comida. Quando éramos crianças, cozinhava o mesmo que todo mundo: cozidos de panela e costeletas de porco, uma receita de ensopado de atum com macarrão (onipresente nos anos 1960), que incluía batatas chips esmagadas e espalhadas por cima, e torta-merengue de limão. Esse era meu prato favorito, e eu era capaz de devorar fatias enormes. Porém qualquer guloseima que estivéssemos comendo tinha que ser alegremente compartilhada com os outros, senão minha mãe fazia a redistribuição, dando a porção menor para a criança que tentara monopolizar o doce.

Ela também tinha uma tendência levemente socialista no que dizia respeito a nossas posses — novamente, compartilhar era obrigatório. Papai era mais dado a expurgos stalinistas, nos quais qualquer brinquedo que não fosse devidamente guardado ia para o lixo na mesma hora. Se a lição que mamãe estava tentando nos ensinar era dar mais valor às pessoas do que às coisas, papai estava meramente preocupado com a arrumação da casa.

Quando eu tinha uns 6 anos, era obcecado por minha grande coleção de bichos de pelúcia e podia passar horas brincando feliz com eles. Havia um lado negativo nesta superabundância, no entanto. Prenunciando minhas manias adultas, eu entrava em pânico ao pensar que não tinha partilhado igualmente meu amor entre eles, e às vezes passava a noite acordado, receando ter dedicado mais tempo e atenção ao Coala naquele dia do que ao meu ursinho de pelúcia mais velho, ou ao Basil Brush. Jurava que, no dia seguinte, agiria melhor e seria um amigo mais justo, mais gentil e responsável para com meus companheiros de pelúcia. Mas um bicho de pelúcia que eu raramente negligenciava era minha tartaruga — acima de tudo porque eu tropeçava nela quando ia deitar ou sair da cama. Era o maior bicho de pelúcia que eu tinha — do tamanho de uma verdadeira tartaruga centenária dos Galápagos, embora um pouco mais achatada.

E então alguém, talvez um parente, me levou para passar uma semana fora. Fiquei empolgado, arrumei minha mala mais ou menos sozinho e tive a difícil tarefa de escolher quais bichos de pelúcia iriam comigo. Era uma chance de compensar parte do desequilíbrio, e levei junto vários bichos menores que eu vinha basicamente ignorando nos últimos tempos.

Lembro-me de voltar para casa depois e ver que minha grande tartaruga de pelúcia havia sumido. Tenho certeza de que a procurei em cada canto antes de correr para minha mãe em pânico.

"Cadê a Tartaruga? Não estou achando a Tartaruga."

"Oh, meu bem. Sinto muito. A Tartaruga morreu enquanto você estava fora", ela respondeu.

Não lembro quanto tempo fiquei de luto pela Tartaruga, ou o quanto eu sabia sobre mortalidade, que um bicho de pelúcia não podia morrer de verdade assim como as pessoas morrem. Agora, quase quarenta anos depois, me ocorre que, se a Tartaruga fosse uma tartaruga real, talvez ainda estivesse viva.

Quem sabe foi este pensamento que me levou, um dia no começo de dezembro de 2007, durante uma pausa em nossa conversa enquanto esperávamos mamãe ser chamada para a quimioterapia, a perguntar se ela se lembrava da morte da Tartaruga. Ela lembrava.

"Mãe, eu sempre fiquei curioso: por que você falou para um menino de 6 anos que o bicho de pelúcia dele tinha morrido? E o que foi que aconteceu com a Tartaruga?"

"Uma das minhas alunas estava recolhendo brinquedos e bichos de pelúcia para um orfanato, e eu dei sua tartaruga para ela. Você tinha tantos bichos diferentes! Nem pensei nisso direito. Mas também nem pensei no que íamos dizer a você. Quando chegou a hora, simplesmente disse a primeira coisa que me passou pela cabeça."

"E você estava tentando me ensinar a não me apegar demais às coisas?"

"Quisera eu ter pensado nisso! Na verdade eu só estava pensando nos órfãos."

Não posso evitar uma certa tristeza quando penso na Tartaruga, mesmo me lembrando de pensar nos órfãos em vez disso.

"Acho que fiquei bem bravo com você", eu disse para mamãe, sentado ali com ela.

"Eu fiquei bem brava comigo mesma", mamãe disse. "Você ainda está bravo?"

"Talvez um pouquinho", eu disse. Então ambos demos risada. Mas eu estava mesmo... só um pouquinho.

AOS 14 ANOS, deixei para trás a maioria dos meus bichos de pelúcia e parti alegremente para o colégio interno da St. Paul's School, em New Hampshire; meu irmão, no ano anterior, tinha ido para a Milton Academy, no Massachusetts. Meus pais e minha irmã embarcaram em sua própria aventura, mudando-se de Cambridge de volta a Nova York. Meu pai ficou sócio de uma pequena agência de produção de concertos, apaixonando-se pelo movimento musical que começava a desabrochar. Mamãe não sabia ao certo o que faria outra vez em Manhattan, e foi difícil largar um emprego que ela adorava, isso sem falar que era um cargo vitalício. Mas papai estava cansado de Harvard e Cambridge, e ambos eram nova-iorquinos de nascença e de coração, e sempre haviam pretendido voltar. Além disso, mamãe queria que Nina fosse para a Brearley School, em Nova York, onde ela própria estudara. Depois que eles voltaram, mamãe logo arranjou emprego como orientadora universitária numa escola chamada Dalton, e depois como diretora do ensino médio em Nightingale-Bamford.

"Você ficou triste de ir embora de Cambridge?", perguntei.

Ela disse que sim. Muito triste. Mas também estava ansiosa para voltar a Nova York. "O mundo é complicado", ela acrescentou. "Nem sempre a gente tem uma emoção por vez."

MINHA MÃE RECENTEMENTE retomara contato com um velho amigo de Harvard. Ele acabaria lhe dando dois presentes que mudariam o que restava de sua vida. O primeiro foi um livro chamado *Refrigério para a alma*, de Mary Wilder Tileston. Fora publicado originalmente pela Little, Brown em 1884. O amigo achou um exemplar surrado deste livrinho e o enviou para ela. A sobrecapa, se é que algum dia existira uma, já tinha sumido havia muito tempo. O livro estava manchado e amarelado, e sua capa verde-oliva forrada de linho assumira um tom bege enfermiço e sem graça.

A introdução à edição de 1934 que mamãe ganhara, publicada logo após a morte de Mary Wilder Tileston, era escrita por William Lawrence, bispo do Massachusetts, e explica bem o livro. O bispo escreve:

> Há cinquenta anos, desde sua primeira publicação, venho usando *Refrigério para a alma* de tempos em tempos, e já dei vários exemplares para jovens que estavam recebendo a Crisma e para outras pessoas; agora que a mão da sra. Tileston jaz em repouso, considero um privilégio, como gesto de gratidão, recomendar esta Edição Comemorativa à geração mais nova, sabendo que, por mais que eles tenham se afastado dos hábitos de vida e pensamento dos mais velhos, ainda têm a mesma necessidade de um chamado à coragem, fé e alegria.
>
> Desde que este livrinho foi publicado, impérios caíram por terra, teologias foram reescritas, guerras foram travadas e padrões de vida mudaram, porém os homens ainda são homens, seu anseio por conforto em tempos de desastre ainda é acentuado, e a necessidade de coragem é forte. (...)
>
> Se você possui um amigo desmotivado, carregado de preocupações pesadas ou fraco de corpo ou de fé, dê-lhe um exemplar de *Refrigério para a alma*; dois minutos de leitura, um minuto de pensamento ou oração, e seu dia terá um tom mais viçoso.
>
> Os grandes inventores de uma época são aqueles que aliam poderosos recursos físicos às necessidades dos homens; Mary W. Tileston, através de seu amor pela literatura espiritual, sua hábil seleção e seu conhecimento das necessidades espirituais dos homens e mulheres, trouxe-os em contato com a verdade eterna e os recursos espirituais. Admira-me a influência incalculável de

uma mulher quieta e modesta, cuja habilidade deu um novo impulso a milhões de homens e mulheres por meio deste pequeno livro.

Refrigério para a alma não é pensado para o leitor secular. Cada dia oferece uma ou duas citações da Bíblia, tiradas quase inteiramente do Novo Testamento; o livro quase sempre inclui também um trecho de poesia, geralmente religiosa. E cada página tem uma ou duas citações adicionais — também geralmente de natureza teológica, mas nem sempre. O tema do dia refere-se às passagens da Bíblia selecionadas. Mesmo assim, a ideia principal é a brevidade. Mesmo lendo devagar, seria difícil passar mais de um ou dois minutos na página de um dia.

Da primeira vez em que examinei o livro, achei um tanto ridículo: parecia austero e carola, e certamente datado. Não consegui imaginar que minha mãe fosse dar mais que uma breve passada de olhos nele. Mas o livro tornou-se seu companheiro constante. Estava quase sempre ou na sua mesa de cabeceira ou na sua bolsa. Quando precisava ir ao hospital, como muitas vezes acontecia por causa das febres ou reações adversas à quimioterapia, o livro ia junto com ela. Ela assinalava a página com um marcador bordado colorido, que trouxera de um dos acampamentos de refugiados que visitara.

O mero aspecto físico daquele livrinho proporcionava parte do conforto. Acho que minha mãe apreciava o fato de que seu exemplar era pelo menos de segunda mão, se não de terceira ou quarta. O texto vinha fornecendo sabedoria e consolo para as pessoas havia bem mais de cem anos, e aquele livro em particular vinha fazendo o mesmo durante 73 destes anos. Foi impresso no mesmo ano em que minha mãe nasceu. Outras pessoas tinham virado as páginas, tinham colocado e retirado seus próprios marcadores. Era loucura pensar que todas elas tinham, de algum modo, deixado nas páginas alguns vestígios de suas próprias esperanças e medos?

Alguém (não minha mãe, pois perguntei a ela) havia sublinhado trechos, mas só nas primeiras cinco páginas e só onde o livro falava de morte: "<u>Pois apenas este dia é nosso, estamos mortos para o ontem, e ainda não nascemos para o amanhã</u>" (Jeremy Taylor); e "<u>Pois conhe-</u>

cer-Te é a justiça perfeita; sim, <u>conhecer Teu poder é a raiz da imortalidade</u>" (Sabedoria, 15:2-3). O sublinhado era meticuloso, em caneta azul, e a pessoa omitiu cuidadosamente a palavra *e* no primeiro trecho e a palavra *sim* no segundo. Essa pessoa ou parou de sublinhar ou parou de viver após o dia 5 de janeiro. Mas deixou uma marca indelével.

Os donos do livro nasceram e morreram; o que restava era o livro físico em si. Ele precisava ser manuseado com cada vez mais delicadeza e cuidado, conforme a encadernação ficava frouxa com a idade, mas você sabia que era exatamente o mesmo livro que outros tinham lido antes de você, e que você tinha lido nos anos anteriores. Será que as palavras teriam inspirado minha mãe do mesmo modo se estivessem piscando numa tela? Ela achava que não.

Outros livros ficavam em sua mesa de cabeceira também — como *Vivendo plenamente a catástrofe,* de Jon Kabat-Zinn, e *Amor, medicina e milagres,* de Bernie Siegel, dois best-sellers de décadas anteriores sobre as relações entre mente e corpo, que nós discutiríamos e que ela também adorava. Mas parte do motivo pelo qual *Refrigério para a alma* ocupava um lugar especial em sua vida era porque o livro lhe oferecia consolo de uma perspectiva cristã.

Não sei se seria correto dizer que mamãe ficava *decepcionada* por eu não ser religioso, mas suspeito que seria. Era algo que ela desejava para mim, como se dissesse "desejo que a religião lhe proporcione o mesmo conforto que proporciona a seus irmãos e a mim". Ela já tinha desistido do meu pai, que ia à igreja conosco, mas se dedicava tanto a lembrar e inventar piadas bíblicas que chegou a ter um caderninho de couro para anotá-las.

P: "O que Eva fazia quando achava que Adão tinha uma amante?"

R: "Esperava ele dormir e contava suas costelas."

P: "Qual verso da Bíblia menciona uma raça de cachorro?"

R: "O Senhor é meu pastor, e nada me faltará."

Mamãe se mostrava imensamente ofendida com essas piadas, principalmente quando papai as falava em voz alta para nós durante o sermão, nas ocasiões em que todos íamos à igreja juntos. Mas ela também era capaz de esboçar um leve sorriso quando meu pai as contava depois da igreja. Nós, crianças, no entanto, não éramos incentivados a repeti-

-las nem a criar nossas próprias. Uma das vezes em que minha mãe ficou realmente brava comigo foi quando eu estava inventando uma história sobre aquele famoso personagem de livros bíblicos infantis, "Gladly, o urso vesgo".*

Meu irmão leciona em aulas de catecismo e sempre levou sua família à igreja; minha irmã sempre havia pertencido a uma igreja. E quando éramos pequenos, antes de meu irmão e eu irmos para o colégio interno, meu irmão e minha irmã frequentavam alegremente a aula de catecismo da Memorial Church, o lugar de culto de mamãe. Eu, entretanto, nunca queria ir, e em algum momento finquei o pé no chão. Até hoje não consigo lembrar por quê. Eu era um rapazinho bastante maleável, contente em fazer o que me mandavam, e raramente expressava uma opinião forte sobre o lugar onde deveria estar. Mas aquelas aulas de catecismo tinham começado a me incomodar. Eu não ia mais.

Por mais liberal que mamãe fosse, tinha regras. Tínhamos que comer o que fosse servido à mesa (exceto um único alimento à nossa escolha que jamais precisávamos comer, não importando quem servisse ou quando); tínhamos que estar bem-vestidos na hora do jantar, e sentar decentemente à mesa até sermos dispensados; tínhamos que escrever uma mensagem de agradecimento no mesmo dia em que ganhávamos um presente; tínhamos que arrumar a cama todos os dias (isso nós quase nunca fazíamos) e desfazer as malas no instante em que chegávamos em casa (nós enrolávamos para fazer isso também); tínhamos que olhar nos olhos das pessoas enquanto elas falavam conosco, e chamar os adultos de senhor ou senhora, a não ser que eles especificamente nos dessem permissão para usar seu primeiro nome; e tínhamos que ir à aula de catecismo e aprender sobre a Bíblia. Esse último ponto, em especial, não estava sujeito a negociações.

Para lidar com minha insubordinação iminente, mamãe bolou um plano. Pediu que diversos amigos me levassem a diferentes tipos de culto religioso, representando diferentes tradições cristãs. Eu podia ir à aula de catecismo em qualquer igreja — a escolha era minha. Mas eu tinha que escolher uma. Achei isso tanto desnorteador quanto instigan-

---

* No original, "Gladly, the Cross-Eyed-Bear", trocadilho com o verso "Gladly the cross I'd bear" ["De bom grado eu levaria a cruz"], de um hino anglicano. (N. do T.)

te — assim como eu me sentiria depois, durante as primeiras semanas de faculdade, quando é possível frequentar vários cursos e experimentar carreiras diferentes, imaginando diferentes vidas para si mesmo: geólogo, contador, historiador. Fui a uma missa católica em que eles tinham um cantor folk e pregavam algo que depois descobri ser teologia da libertação, mas na época me parecia muito com o que eu vinha ouvindo todo dia na minha escola primária bastante liberal. Fui a uma reunião Quaker, da qual gostei bastante, apesar do fato de que o suco e os cookies que serviam eram claramente de qualidade inferior — eram caseiros, e não deliciosas guloseimas compradas. A lógica diz que eu deveria ter escolhido a Unitarian Universalist Church [Igreja Unitária Universalista], pois é de fato uma igreja para pessoas que não estão comprometidas com um único caminho, mas não escolhi essa. A que escolhi foi a First Church of Christ Scientist [Primeira Igreja de Cristo Cientista]. Um faz-tudo local, que fazia serviços na nossa casa e cuidava de nós de vez em quando, foi quem me levou lá. Não acho que a Ciência Cristã era o que minha mãe tinha em mente — acho que ela pensou que eu acabaria escolhendo a igreja dela, que era da Harvard e decididamente protestante. Mas ela soube aceitar a derrota. Tinha ditado a regra; eu tinha seguido.

A escola dominical de catecismo da Ciência Cristã era um lugar simpático. Os cookies eram comprados, e da mais alta qualidade. Lá era servido Tang — a mesma bebida que os astronautas tinham no espaço, ou pelo menos era o que nos diziam. Recebíamos uma boa visão geral das histórias mais importantes da Bíblia. E quanto aos princípios da Ciência Cristã — recebíamos seus fundamentos básicos, e eles faziam um certo sentido para mim. Mas também nos diziam que éramos jovens demais para escolher uma religião, por isso já bastava, por enquanto, apenas aprendermos algumas histórias bíblicas e parar por aí. Eu gostava da minha independência. E também acho que captei o fato de que há algo um pouco ousado nessa religião — que muitas pessoas encaravam a Ciência Cristã com desconfiança. Era divertido tanto seguir as regras — eu estava indo à aula de catecismo — quanto tentar a sorte com os foras da lei. Acho que minha mãe tinha certo prazer com aquilo também, embora não tão grande quanto teria se eu tivesse escolhido a igreja dela.

Mas a religião não me impregnou, nem naquela época nem depois. Meu colégio interno era Episcopal, e tínhamos que ir à capela cinco vezes por semana. Eu gostava bastante da capela, da música de órgão e da arquitetura, porém senti, depois de formado, que ter ido à igreja cinco vezes por semana durante quatro anos significava que eu nunca mais precisava ir. Além disso, há simplesmente muitos outros lugares onde quero estar numa manhã de domingo; se não dormindo na cama, então assistindo à televisão, ou lendo, ou fazendo um brunch com amigos. Também adquiri uma aversão àquela parte do culto na qual se deve virar para os que estão à sua volta, cumprimentá-los calorosamente e desejar-lhes paz. Eu me sentia um farsante fazendo isso. Todos aqueles abraços, beijos e apertos de mão eram demais para mim.

Mamãe adorava cumprimentar calorosamente seus semelhantes e desejar-lhes paz. Adorava a Escritura, os sermões e a música. Mas acima de tudo, ela acreditava. Acreditava que Jesus Cristo era seu salvador. Acreditava na ressurreição e na vida eterna. Estas não eram meras palavras para ela. Sua religião lhe proporcionava um profundo prazer e conforto. Era isso que ela desejava para mim.

Rapidamente, minha mãe começara a conduzir nosso clube do livro para certas obras nas quais a fé cristã exercia um papel importante. *Gilead*, de Marilynne Robinson, que ganhara o prêmio Pulitzer em 2005, era um de seus livros favoritos. Robinson publicara um romance altamente elogiado de nome *Afazeres domésticos* em 1980, mas nenhum romance novo durante quase um quarto de século até aquele. Eu leria pela primeira vez. Minha mãe ia reler.

Disse que queria que eu lesse *Gilead* por causa da escrita, dos retratos vívidos dos personagens e da pequena cidade fictícia de Gilead no Iowa dos anos 1950, onde a história se passa. E talvez também, pensei, porque o romance é em forma de uma carta que um pai moribundo, o ministro congregacionalista da cidade, escreve para seu filho — embora no romance o filho só tenha uns 7 anos de idade. Mas acima de tudo, suspeitei que ela queria que eu o lesse porque é um livro que descrevia quase perfeitamente sua própria fé. Mamãe era presbiteriana, mas se casara e nos batizara numa igreja congregacionalista. Nas histórias do ministro sobre o relacionamento atribulado entre seu pai e seu avô, ambos pastores; sobre suas lutas contra a solidão; e sobre seu esforço para perdoar o comportamento do filho de seu melhor amigo, o ministro presbiteriano da cidade, ele apresenta um cristianismo que lhe oferece um grande consolo enquanto contempla sua própria morte aos 77 anos. É um livro sobre viver como um cristão numa parte dos Estados Unidos onde a injustiça e a intolerância racial ainda tinham e têm muita força; e é um livro sobre boa vontade e fé, e sobre em que consiste uma boa vida. A oração final do ministro para seu filho é simples, mas profunda: "Vou rezar para que você cresça como um homem corajoso num país corajoso. Vou rezar para que encontre uma maneira de ser útil."

Mamãe disse que tinha a mesma oração para todos nós.

Para ela, a simples beleza da prosa era como a beleza da música do coro ou da própria igreja. Ela sabia que eu apreciaria aquilo — e eu apreciei. Ler o romance, disse ela, era como rezar.

Ela recebia um grande conforto da oração — dentro da igreja e fora dela. Conversava com Deus e rezava para todos nós: para aqueles que ela amava e conhecia, e para os que não conhecia; para pessoas que não estavam bem e pessoas que a tinham decepcionado — mesmo para líderes mundiais. Sei que ela rezava por mim porque me dizia isso. E quando as pessoas diziam à minha mãe: "Vou incluir você nas minhas rezas", isso lhe dava grande consolo. Não eram palavras vazias para — quando ela sabia que as pessoas estavam rezando para ela, era algo concreto e imenso.

Um de seus trechos favoritos de *Gilead* era: "Esta é uma coisa importante, que eu disse a muitas pessoas, e que meu pai me disse, e que o pai dele lhe disse. Quando você encontra outra pessoa, quando lida com qualquer um, é como se uma pergunta estivesse sendo feita a você. Então você precisa pensar: O que o Senhor está pedindo de mim neste momento, nesta situação?"

Ela disse que pensava nesta pergunta o tanto que podia — sempre que conhecia refugiados, motoristas de ônibus ou novos colegas. Pensava nisso agora quando ia à quimioterapia e conhecia as enfermeiras, sua médica, a mulher que marcava as consultas, outras pessoas com câncer e suas famílias. A resposta era diferente para cada pessoa e cada situação. Mas a questão de *Gilead*, dizia minha mãe, era sempre aquilo que você precisava perguntar a si mesmo: "O que o Senhor está pedindo de mim neste momento, nesta situação?" Isso ajudava você a lembrar que as pessoas não estão aqui para você; todos estão aqui uns para os outros.

Minha mãe adorava a paz de *Gilead*, em harmonia com os ritmos de um culto de igreja, medido e deliberado, e, no entanto, cheio de paixão. Sentia que o livro lhe permitia ter seus próprios pensamentos e sua comunhão. Ler o livro lhe dava outra chance de conversar com Deus.

Alguns autores preenchem cada centímetro da tela — tudo é descrito e detalhado; qualquer coisa que não for mencionada não existe. Assim como um redator de anúncios imobiliários, se algo vale a pena dizer, certos autores o dizem. (Se um anúncio imobiliário não diz "ensolarado", pode apostar que o apartamento é escuro feito uma caverna; se não diz que tem elevador, é um prédio com escada; e se não diz "seco", bem, então passa um rio no meio dele.) Estes autores que "dizem tudo" geralmente são mais do meu agrado. Dickens, Thackeray e o Rohinton Mistry de *Um delicado equilíbrio*. Mamãe preferia autores que pintam com poucas pinceladas. Adorava arte abstrata, e eu adoro figurativa.

Eu tivera uns bons seis ou sete falsos começos antes de entrar em *Gilead*. Simplesmente não conseguia, a princípio, formar uma imagem suficiente na minha cabeça. Como era a aparência dos personagens? Como era a decoração da casa? Mais importante, por que não havia nenhum advérbio? Mamãe, por outro lado, não via essas omissões como defeitos. Apegara-se ao livro instantânea e apaixonadamente, e tinha muito prazer em estar outra vez imersa nele.

As partes da história de que mais gostei tinham a ver com o amigo do filho: o que ele fizera anos atrás e sua situação agora. Mas, quando falávamos do livro, não eram estas partes que minha mãe queria discutir mais.

"O livro não faz você querer ter fé?", mamãe me perguntou naquele dia de dezembro, após termos discutido a Tartaruga e ela já estar instalada em sua poltrona e ligada ao aparelho para receber a quimioterapia, depois de uma longa espera por uma baia disponível.

Em *Gilead*, o filho do amigo do narrador se descreve não como ateu, mas "num estado de descrença categórica". Ele diz: "Nem mesmo acredito que Deus não exista, se é que você me entende." Apontei este trecho para minha mãe e disse que ele expressava algo próximo de minhas próprias visões — eu simplesmente não pensava em religião. "E você não ia querer que eu mentisse sobre isso, ia?", acrescentei.

"Não seja bobo", disse minha mãe, com certa irritação. "Essa é a última coisa que eu ia querer. Mas assim como você pode ler este romance pela trama e pela linguagem, também pode ir à igreja pela música, a tranquilidade e a oportunidade de estar com outras pessoas e com seus próprios pensamentos."

Tínhamos esgotado aquele assunto, por isso minha mãe decidiu mudar de tema. "Passei momentos maravilhosos com a Nancy", ela disse. Nancy, a mulher de meu irmão, tinha ido com ela à quimioterapia da vez anterior. "A assistente social, aquela moça, apareceu de novo com a pesquisa. Aquela para pessoas com câncer de Estágio IV. Eles fizeram várias perguntas sobre fé, igreja, família. Eu disse a ela como era sortuda — de ter tudo isso. E ela perguntou se eu estava sentindo dor, e na verdade não estou. É claro que não estou confortável, e há dias bons e dias ruins. Mas não dor. Não sei bem se era isso que ela queria ouvir."

"Acho que ela só quer ouvir o que você quiser dizer."

"No fim vou ficar no grupo de controle — o que não recebe aconselhamento. Por isso estou liberada por enquanto. Mas isso me fez pensar — é hora de fazer as grandes perguntas de verdade. Quero que você e seu irmão venham comigo quando falarmos com a médica da próxima vez, depois do exame. É nessa hora que vamos saber se o tratamento está surtindo algum efeito. Se não estiver, bom, teremos algumas perguntas, e quero que vocês dois estejam lá quando ouvirmos as respostas — e então vou querer que você ligue para sua irmã em Genebra logo em seguida, e para o meu irmão, e conte a notícia para eles, seja qual for."

O único tema específico que mamãe e eu vínhamos evitando era a morte dela. Tínhamos falado da morte como uma coisa abstrata, é claro. Tínhamos falado da "morte" da minha tartaruga de pelúcia. Tínhamos falado sobre o cristianismo, uma religião imbuída em morte e ressurreição; sobre a morte iminente do ministro em *Gilead*, de como ele tem muito clara a diferença entre querer aquilo, que ele não quer, e aceitar aquilo, que ele aceita; e sobre minha amiga Siobhan Dowd, uma bela escritora que descobriu com mais de 40 anos que tinha um espantoso dom para literatura infantil, e escreveu quatro livros e meio antes de morrer de câncer aos 47 anos, havia apenas quatro meses, em agosto daquele ano. E os noticiários estavam cheios de histórias e imagens de jovens homens e mulheres morrendo no Iraque. Às vezes parecia que só falávamos de morte. Mas a morte que ainda não tínhamos discutido em momento algum era a dela.

Precisei voltar ao *A etiqueta da doença* e ver o que o livro tinha a dizer sobre esse assunto. Há um grande salto entre "Quer que eu pergunte como você está se sentindo?" e "Quer falar da sua morte?".

E mesmo que eu fosse trazer o assunto à tona, como poderia garantir que ela então falaria sobre aquilo porque achava que eu queria, mesmo se ela própria não quisesse? Porém seria pior se aquilo fosse algo de que ela queria falar, mas todos tivéssemos medo de levantar o assunto. E se o fato de não falarmos sobre aquilo a estivesse fazendo se sentir mais sozinha e privando-lhe da oportunidade de compartilhar não apenas seus medos, mas também suas esperanças — principalmente considerando que a religião dela é de esperança após a morte?

Decidi não abordar diretamente o assunto da morte naquele momento. O aniversário de 48 anos de casamento dos meus pais seria no dia seguinte. Todos participaríamos de um pequeno jantar juntos. O aniversário de 50 anos do meu companheiro seria na outra semana, e daríamos um grande banquete para David num restaurante chinês; mamãe estava decidida a comparecer. Ambos os eventos eram celebrações da passagem do tempo, é claro, mas também da vida. Ainda assim, eu não queria ignorar completamente o lugar em que estávamos ou o que estava acontecendo.

"Mãe, você está preocupada com o exame?"

O rosto dela chegou a exibir seu sorriso natural, embora levemente menor que de costume, pois acho que as feridas na boca estavam lhe causando bastante dor. Ficamos sentados em silêncio por um tempo. Ela não respondeu. Eu não sabia dizer se ela estava pensando ou apenas tentando não falar. Tínhamos conversado muito, e isso talvez tivesse agravado as feridas. Seus olhos eram os mesmos, porém apenas um pouco mais opacos. Ela ainda tinha aquele brilho maravilhoso que atraía as pessoas, só que mais fraco, mais difuso. O cabelo estava rareando, e sua pele estava mais fina, com mais manchas, mais linhas. Ela vestia uma camisa com gola mandarim, uma das muitas que David, que é estilista, fizera para ela, mas agora a camisa lhe caía como uma túnica numa pintura de cortesãos de Goya, cheia de pregas.

O que eu queria dizer? Será que queria dizer que estava desesperado de preocupação com o exame, que temia que fosse uma notícia terrível, que precisaríamos parar de falar de livros e personagens que morriam em livros e passar a discutir a morte dela?

E então tive um breve momento de clareza enquanto olhava para ela.

"Estou com a sensação de que vai ser uma boa notícia, mãe", eu menti. "Mas sabe o que vou fazer para garantir?"

Ela me lançou um olhar inquisitivo.

"Vou rezar", eu disse. "Bom, não numa igreja. Mas vou rezar."

Não sei se ela acreditou em mim, mas abriu um sorriso radiante. Ficara muito contente ao saber que meus primos não religiosos haviam rezado por ela. E se as rezas pagãs de fato eram as melhores de todas, então a minha deveria ter um peso enorme.

Naquela noite e em outras que estavam por vir, rezei de verdade. Como texto, usei algo que lera em *Bênçãos ambulantes: alguns pensamentos sobre fé*, de Anne Lamott, um livro de ensaios autobiográficos que é engraçado e de partir o coração, seja você um fiel ou não. Tanto mamãe quanto eu o tínhamos lido quando ele foi publicado em 1999, e o tínhamos recomendado um ao outro ao mesmo tempo. No livro, Lamott diz que as duas melhores orações são "Me ajude, Me ajude, Me ajude" e "Obrigado, Obrigado, Obrigado". Às vezes eu alterno. Em geral, uso as duas. Mas também não me acanho de pedir coisas específicas — como um exame bom e mais tempo com minha mãe — haja ou não haja alguém escutando.

As memórias do livro

Pouco mais de dois meses haviam se passado desde o diagnóstico da minha mãe, e estávamos sentados esperando o resultado do primeiro exame que ela fizera desde o início da quimioterapia, e eu não conseguia nem começar a pensar num jeito de vivenciar sua morte. Ela de fato comparecera ao jantar de aniversário de casamento com meu pai, e ficara felicíssima de ir ao banquete de 50 anos de David, embora estivesse se sentindo "não muito legal" naquele dia e tivesse precisado partir antes do brinde. Ainda assim, não sabíamos se ela teria três ou seis meses ou um ano ou, se tivéssemos uma sorte incrível, dois anos, ou se tivéssemos uma sorte milagrosa, cinco.

Imagine se você tivesse um livro separado para uma longa viagem de avião, mas não soubesse quantas páginas tinha. Talvez fosse tão pequeno quanto *A morte em Veneza*, de Thomas Mann, ou talvez tão grande quanto *A montanha mágica*, e você não saberia enquanto não chegasse ao fim. Se fosse *A morte em Veneza*, talvez descobrisse que o lera com pressa e agora não tinha nada para ler durante o resto do voo. Mas se fosse *A montanha mágica* e você tivesse lido com parcimônia para o livro durar a viagem inteira, talvez descobrisse que mal tinha arranhado a superfície — e quem sabe quando teria tempo para escalá-lo de novo?

Teríamos que aprender a controlar nosso ritmo — quais rotinas podíamos manter e quais tínhamos que jogar ao mar; o que podíamos tentar encaixar e o que precisávamos abrir mão; quais ocasiões nós comemoraríamos apesar de tudo e quais iríamos ignorar; quais livros ainda leríamos e quais abandonaríamos; e mesmo quando iríamos nos focar na morte dela e quando falaríamos sobre qualquer outro assunto.

É claro que estamos todos morrendo e nenhum de nós sabe a hora, que pode ser daqui a décadas ou amanhã; e sabemos que precisamos viver nossa vida da maneira mais plena todos os dias. Mas, francamente, falando sério — quem consegue jogar esse jogo mental ou viver desse jeito? E há um mundo inteiro de diferença entre saber que você pode morrer nos próximos dois anos e saber que você vai morrer.

ANDANDO PARA BUSCAR um segundo *mocha*, passando pela televisão que vibrava baixinho com as últimas notícias da CNN, percebo que vamos precisar de algumas regras — ou pelo menos eu vou, para ajudar a me orientar. Quando volto para o meu assento, pego meu iPhone e mando um recado para mim mesmo por e-mail: "Comemore sempre que possível." Logo o meu irmão Doug, que acabou de voltar da ioga, junta-se a nós. Está segurando o chapéu de feltro que é sua marca registrada, e que ele passa nervosamente de uma mão para a outra.

"Saudações, sr. Will", ele diz, que é como ele quase sempre me cumprimenta.

"Saudações, sr. Doug", eu respondo. "Como tem passado?"

"Excelente", ele diz. "E o senhor?"

Doug e eu, especialmente perto dos meus pais, tendemos a nos dirigir um ao outro menos como irmãos e mais como dois professores de colégio interno que trabalharam juntos por décadas: um misto caloroso de afeto e formalidade. Minha mãe sorri. Acho que há algo de reconfortante em qualquer dinâmica familiar que não foi afetada pela mudança de circunstâncias.

Doug, ao longo dos anos, transformou-se de uma criança facilmente excitável em um adulto muito mais calmo. Mas como meu pai, minha irmã e eu, ele é especialmente falante quando está nervoso. É só mamãe que fica quieta em momentos de tensão. Por isso Doug e eu batemos papo, falando principalmente bobagens, preenchendo o tempo, e ela fica ouvindo.

Então chega a hora de ir ver a dra. O'Reilly e receber os resultados do exame.

SAÍMOS DA ACONCHEGANTE sala de espera e passamos pelas portas brancas para dentro de um universo alternativo, um mundo estéril onde as cadeiras e os sofás confortáveis dão lugar a plástico e metal, onde o pinho quente cede a vez a polímeros e laminados e aço, e onde há uma transição sutil da iluminação incandescente para a fluorescente.

"Esquerda ou direita?", mamãe pergunta, como sempre faz.

"É por aqui, mãe, à direita." Ela costumava ter um senso de direção muito bom, mas esta curva é sempre para a direita, e ela sempre precisa me perguntar.

Um enfermeiro, um dos favoritos dela, nos conduz para dentro de uma sala de exame e nos diz que a dra. O'Reilly virá falar conosco em breve. Geralmente "em breve" é um minuto. Às vezes é mais, como dez ou 15. Embora a dra. O'Reilly seja uma médica que raramente deixa alguém esperando por muito tempo — visivelmente faz o possível para chamar a pessoa do mundo da madeira castanha e do estofado só quando está pronta —, qualquer atraso é sempre penoso. Em nenhum outro lugar mamãe parece tão velha, cansada ou doente como quando está esperando aqui. A luz realça brutalmente as linhas em seu rosto e suas mãos manchadas. Olho para baixo; seus tornozelos estão inchados de novo. Ela esfrega os polegares nas pontas dos outros dedos.

Ela tem uma lista de coisas que quer perguntar e me deu uma cópia. Também vai dar uma cópia para a médica. Nós ensaiamos as perguntas.

"Então você vai perguntar para ela sobre a dormência, certo?"

"Sim, a dormência. E os problemas no estômago."

"Sim, vamos com certeza perguntar sobre isso."

"E se tem ou não tem problema eu planejar uma viagem a Genebra", minha mãe acrescenta.

"Sim, isso também", responde Doug.

"E sobre ir a Vero Beach e fazer quimioterapia lá. Realmente quero pular uma parte do inverno e passar um tempo lá quando aqui estiver horrível."

"Vamos perguntar com certeza", digo.

O último item da lista são só duas palavras simples: "Outras perguntas."

"E você tem outras perguntas, certo?", eu digo. Mamãe dissera que queria perguntar quanto tempo ainda lhe resta.

"Sim, tenho uma grande pergunta."

E então a dra. O'Reilly entra. Ela é irlandesa e de fato é minúscula, como minha mãe prometera — cerca de 1,60 ou 1,62 metro, e muito magra. Sua cor é clara, beirando o transparente. Fico impressionado com seu aperto de mão — é o mais veloz e mais firme que já presenciei. Ela fala em golpes brandos, pontuados, e fixa em você um olhar intenso. Ela me deixa nervoso, mas transmite uma tremenda autoridade.

A notícia é boa. Alguns dos tumores diminuíram drasticamente, e não há tumores novos. A quimioterapia está funcionando.

Antes que qualquer um de nós possa de fato assimilar essa grande reviravolta, há o exame físico da minha mãe (ela fica atrás de uma cortina fechada no outro canto da sala; Doug e eu ficamos sentados do lado oposto) e então as perguntas, tanto da dra. O'Reilly para mamãe (cansaço?, enjoo?, dormência?) quanto da mamãe para a dra. O'Reilly. Mas minha mãe se detém antes de fazer a última.

"Tem alguma outra pergunta que você queira fazer à dra. O'Reilly, mãe?", eu dou a deixa.

Olho para mamãe. Ela parece perdida em pensamentos. Tudo fica em silêncio enquanto todos aguardamos a última pergunta.

"Tem sim", responde ela. "Você vai tirar férias este ano, dra. O'Reilly? Espero que possa ir à Irlanda para ver sua família."

Os tumores diminuíram. Os tumores estão diminuindo. Incrível. Estas substâncias químicas extraordinárias, com seus nomes curiosos, agora parecem totalmente diferentes: Gemcitabina. Xeloda. Antes pareciam detergentes brutos. Agora soam como algo legal e mágico, como uma nova banda de rock que você passou a adorar. Então há mais tempo para mamãe e para todos nós junto com ela, e mais tempo antes de ela querer perguntar quanto tempo ainda lhe resta. Posso continuar com minha vida ocupada de reuniões, drinques e jantares. Ela pode continuar fazendo planos para a dela: concertos, visitas, filmes e viagens.

E agora precisamos de um livro para nosso clube do livro. Sendo um otimista, trouxe comigo um novo livro de Geraldine Brooks, a autora de *O senhor March*, um romance vencedor do prêmio Pulitzer — que inventa uma vida para o pai ausente do livro *Pequenas mulheres*, de Louisa May Alcott. Era um dos favoritos recentes da minha mãe. O novo romance de Brooks se chama *As memórias do livro*, e consegui descolar dois exemplares de divulgação com um amigo que trabalha para a editora dela. Minha mãe me trouxe um livro também: *A gaiola de lagartos*, de Karen Connelly. Com a boa notícia da médica, trocamos livros. Tudo está de volta ao normal outra vez. Haverá mais reuniões do clube do livro.

Logo após nossa visita à dra. O'Reilly, mamãe me enviou um novo texto para postar no blog, escrito como sempre por ela na terceira pessoa, como se fosse eu. Acrescentei o último parágrafo.

> Após dois dias ótimos na sexta e no sábado, mamãe teve dois dias ruins no domingo e na segunda. Hoje as coisas parecem melhores.
>
> Ela leu um livro incrível sobre a vida na prisão em Burma chamado *A gaiola de lagartos*, de Karen Connelly, que, segundo minha mãe, faz a pessoa esquecer de quaisquer problemas aqui. Ela está ansiosa para ir ver *O messias*. O maestro do meu pai, Nic McGegan, está regendo a Filarmônica de Nova York no Avery Fisher Hall.
>
> Eu (Will) estou prestes a me aventurar e tentar começar e terminar minhas compras de Natal. Felizmente, o dia está lindo lá fora.

Eu tinha lido *As memórias do livro*, mas ficara tão ocupado fazendo compras que não tivera tempo de começar *A gaiola de lagartos*. Então o Natal, repleto de festas e obrigações, tinha chegado com tudo. Logo era véspera de Ano-Novo. E embora a notícia tivesse sido boa e houvesse tantos motivos para ter esperança, não havia como ignorar o fato de que mamãe estava gravemente doente. Suas mãos estavam dormentes; ela estava fraca, enjoada e exausta por causa da quimioterapia; e pior, tinha mais daquelas horríveis feridas na boca, que faziam com que fosse doloroso falar e difícil comer.

O feriado piorou as coisas. É claro, você pode dizer a si mesmo que a véspera de Ano-Novo é apenas um dia como qualquer outro. Mas tem a bola de luzes na Times Square e o falatório incansável nos jornais e na tevê, e todos perguntando o que você vai fazer, onde vai passar e quais são suas resoluções para o ano seguinte.

O plano era passar na casa dos meus pais no começo da noite para tomar uma taça de champanhe. Quando David e eu chegamos, mamãe estava em seu lugar de costume no sofá. Na mesinha de centro chinesa à sua frente estava *As memórias do livro*, de Geraldine Brooks. Ela tinha acabado de terminar.

"Acho o livro da Brooks incrível", ela disse. "Me lembra tanto a época em que fui monitora eleitoral na Bósnia." Brooks, que nasceu na Austrália, fora correspondente do *Wall Street Journal* na Bósnia, junto com outros grandes figurões mundiais. "Mas é tão rico — é como vários livros em um. Você sabe que eu geralmente não leio livros de suspense. Mas a história que Brooks inventa sobre a criação do livro — o Haggadah de Sarajevo — e como as pessoas arriscam suas vidas para protegê-lo é realmente um suspense. Adorei Hanna, a perita em livros raros. E tantos outros personagens. Mas o próprio Haggadah é um personagem, o personagem principal. Você sentiu o mesmo?"

Sentei no sofá ao lado dela. "Sei exatamente o que você quer dizer com isso de o Haggadah ser um personagem. Comecei pensando: Bem, é só um livro. Mas conforme vai conhecendo sua história — todos os sacrifícios que as pessoas fizeram por ele —, começa a se importar com ele a ponto de se desesperar. As manchas de vinho, a asa de inseto, a água salgada — foi tão legal ver como cada uma dessas coisas é uma pista de como o livro sobreviveu, porém cada uma conta a história de algum personagem histórico que se importava o bastante para salvá-lo."

"Não se esqueça do cabelo branco", acrescentou minha mãe, referindo-se à pista sobre a criação do livro. Seus próprios cabelos, grisalhos e brancos, certamente continuavam a rarear — mas ainda estavam bem ali. Ela colocou alguns fios errantes atrás das orelhas. "Mas achei mesmo a mãe da Hanna simplesmente horrenda."

A mãe da protagonista é uma médica ilustre, e quando não está ignorando a filha, as duas têm um convívio pavoroso. Parte do mistério do livro é a paternidade de Hanna — algo que a mãe só lhe revela quase no fim do livro. E parte do suspense gira em torno de se Hanna e a mãe algum dia encontrarão um ponto em comum.

"Não sei. Quer dizer... me compadeci bastante da mãe da Hanna."

"Eu não", disse minha mãe.

"Mas ela era uma mãe que trabalhava fora, numa época em que isso era muito incomum." De repente me senti constrangido por estar apontando aquilo para mamãe.

"Essa não é uma boa desculpa de verdade, Will, para não ser gentil."

"Mas você acha que as pessoas perdoam mais os médicos homens quando eles não são simpáticos? Que elas esperam que médicas mulheres sejam mais... acolhedoras?"

"Não sei o que os outros pensam — mas sei o que eu penso", mamãe respondeu. "Acho que todo mundo precisa ser gentil — principalmente os médicos. Você pode ser um médico excelente e mesmo assim ser gentil. Em parte é por isso que gosto muito mais da dra. O'Reilly que do primeiro oncologista que consultei — não porque ela é mulher, mas porque ela é gentil."

"Mas você sempre nos ensinou que às vezes as pessoas não são simpáticas porque não são felizes."

"É, mas talvez essas pessoas não devessem estar cuidando de outras pessoas. E também estou falando de gentileza, não só de ser simpático. Você pode ser brusco ou abrupto e mesmo assim ser gentil. Gentileza tem muito mais a ver com aquilo que você faz do que com o jeito como faz. E é por isso que não senti compaixão pela mãe da Hanna em *As memórias do livro*. Ela era médica e mãe, e não era gentil."

"Mas isso fez você gostar menos do livro?", eu perguntei.

"Claro que não! Essa é uma das coisas que deixaram o livro interessante. Mas o que o deixou mais interessante é o que ele tinha a dizer sobre livros e religião. Adoro o jeito como Brooks mostra que todas as grandes religiões têm em comum um amor pelos livros, pela leitura, pelo conhecimento. Os livros individuais podem ser diferentes, mas o respeito pelos livros é o que todos temos em comum. Os livros são o que aproxima todas as pessoas diferentes no romance, muçulmanos, judeus e cristãos. É por isso que todo mundo na história chega a tantos extremos para salvar esse livro específico — um único livro representa todos os livros. Quando penso em todos os acampamentos de refugiados que visitei, no mundo inteiro, as pessoas sempre pediam a mesma coisa: livros. Às vezes mesmo antes de remédios ou abrigo — elas queriam livros para os seus filhos."

Neste exato instante, papai, que estava conversando com David, nos interrompeu. Já que era véspera de Ano-Novo, embora ainda fosse o começo da noite e faltassem horas para 2007 acabar, ele queria criar um clima mais de festa, então colocou um CD animado de um dos artistas que representa. O volume estava meio fora de controle, e as primeiras notas fizeram um estrondo na sala de estar. Isso assustou minha mãe, e um impulso de pânico cruzou o rosto de meu pai. Antes da doença dela, os dois tinham desenvolvido a habilidade de seletivamente ignorar um ao outro, um hábito que já presenciei na maioria dos casais de longa data. Mas depois que minha mãe adoeceu papai se tornou vigilante, com um senso aguçado de como tudo a afetava: se o ar-condicionado estava frio demais, o sol, direto demais, o chá, fora de seu alcance, ele se esforçava para resolver. Quando exagerava nos cuidados, mamãe parecia meio ficar irritada. Mas também ficava claramente tocada com suas atenções.

Enquanto ouvia a música, agora num volume agradável, notei outra coisa na mesa: o exemplar da mamãe de *Refrigério para a alma*, com o marcador na última página.

Mamãe logo pediu licença por um minuto. (Quanta dor estava sentindo? Ela se recusava a dizer.) Meu pai foi buscar champanhe para nós e para outros parentes e amigos que iam passar lá em casa, mas não para minha mãe e ele. Havia parado de beber, temendo que o álcool o deixasse menos alerta às necessidades dela. Para eles dois, meu pai comprara cidra de maçã espumante — não era algo de que nenhum deles gostasse, mas que tinha as bolhas necessárias. Abri para ler o trecho marcado em *Refrigério para a alma*:

Não é nos arrependendo do que não tem conserto que vamos realizar uma verdadeira obra, mas sim fazendo o melhor possível com o que somos. Não é reclamando que não possuímos as ferramentas certas, mas usando bem as ferramentas que temos. O que somos, e onde estamos, é o arranjo providencial de Deus — é obra da graça divina, embora possa ser a desgraça humana; e o jeito viril e sábio é encarar as desvantagens de frente, e ver o que pode ser feito com elas. — F. W. Robertson

Quando mamãe voltou, eu ainda estava lendo. A passagem fica mais religiosa depois disso. Mamãe me viu lendo e sorriu. Ela não disse nada. Eu não disse nada. Mas acho que ela sabia que eu achava que ela tinha deixado o livro ali para eu ler. A mesinha de centro era como um palco de coisas a serem discutidas. Só então notei outra coisa ali, uma carta impressa. Mamãe me viu olhando para ela. "É a carta que mandamos para as pessoas em prol da biblioteca no Afeganistão."

"E qual foi o resultado?"

"Recebemos algumas contribuições — mas não tantas quantas eu gostaria. Finalmente recebemos uma carta de apoio do presidente Karzai. Isso foi incrível. Mas ainda tem tanta coisa que precisa ser feita. E estou tão preocupada com isso tudo." Depois de uma pausa, ela acrescentou: "Se o Afeganistão não tiver livros, as pessoas ali não têm muita chance. Então essa é minha resolução de Ano-Novo. Fazer com que essa biblioteca seja construída."

"Tem certeza de que você está com energia para isso?", perguntei.

Mamãe franziu o rosto. "Se eu não tiver, eu paro." Era um lembrete — ainda não estou morta. Não estava se sentindo bem naquele dia, mas o exame tinha sido uma notícia muito boa. Não devíamos parar de contar com ela. Ela então voltou sua atenção outra vez para a minha vida.

"E tenho uma resolução de Ano-Novo para você, Will", ela disse. "Você precisa parar de reclamar do seu emprego e pedir demissão. Já te disse isso antes. Nem todo mundo tem a sorte de poder fazer isso."

Peguei mais champanhe e olhei em volta, para todas as coisas ao redor de meus pais. A música era *Exsultate, jubilate*, de Mozart. Havia pinturas e desenhos em todas as paredes. Também havia a coleção de vasos dos meus pais, de ceramistas ingleses e japoneses. Os vasos, agrupados por ceramista e por cor, ocupavam algumas das prateleiras que percorriam a parede mais próxima. Na maioria do resto das prateleiras havia livros. Ela também tinha, logo à sua esquerda, uma elegante mesa de mogno que herdara de seu avô, e que estava abarrotada de fotos emolduradas de parentes, amigos e alunos: nós em todas as idades e em diversos grupos; inúmeros bebês e casais sorridentes; imagens em sépia de seus avós; fotos em preto e branco da infância dela e do meu pai; e um universo em explosão de fotos dos seus netos. Do lugar onde mamãe adorava sentar, podia olhar seus vasos, seus livros, seus quadros e suas fotos.

No entanto, ela raramente ficava sentada quieta: o sofá também era seu centro de comando, com a mesa de centro servindo de escrivaninha e o telefone a fácil alcance. Naquela noite queria que eu visse algumas fotos novas que recebera — de três refugiados da Libéria que ela ajudara a vir estudar nos Estados Unidos, e de um refugiado do Laos que se instalara em Minneapolis, era casado e trabalhava com medicina. Todos tinham virado parte da família, e todos tinham viajado especialmente para visitá-la quando ficaram sabendo que ela estava doente. Mamãe queria que eu visse as fotos mais recentes deles e de seus filhos, e me contar como eles tinham passado.

Pensei então se ia mesmo me demitir. Olhando as novas fotos que minha mãe me mostrava com tanto orgulho, me lembrei do quanto ela própria ganhara por largar um dos seus empregos.

"Eu sou a dor"

Quase vinte anos antes, na primavera de 1988, quando minha mãe era diretora do ensino médio em Nightingale, um dia chegou um cartão-postal pelo correio. Dizia apenas: "Cara Mary Anne Schwalbe. Sou uma freira das Filipinas trabalhando num acampamento de refugiados na Tailândia e preciso da sua ajuda." Estava assinado como "Irmã Mater, Filha da Caridade".

Levaria anos até mamãe descobrir como a Irmã Mater conseguira seu nome e endereço. No fim tinha sido ou por um puro golpe de sorte ou por um ato de Deus, dependendo de quais fossem suas crenças religiosas. O que aconteceu foi o seguinte: Um aluno da minha mãe estivera peregrinando pelo norte da Tailândia. Tinha uma pilha de cartões-postais e um bolo de notas pequenas, não conseguia achar uma agência de correios e não falava tailandês — por isso, quando literalmente esbarrou numa freira na rua, imaginou que podia confiar nela para postar os cartões. Ela era não só uma boa Filha da Caridade, mas também, como minha mãe gostava de falar quando contava esta história, uma grande arrecadadora de verbas. A freira enviou os cartões — mas copiou os endereços primeiro.

Mamãe respondeu para a Irmã Mater do Cartão-Postal Misterioso, e a Irmã Mater então lhe escreveu uma longa carta. Elas acabaram se correspondendo durante anos. Em suas cartas, a Irmã Mater incluía fotos das crianças Hmong deficientes com quem trabalhava em Ban Vinai, o maior acampamento na Tailândia para refugiados do Laos. Havia 45 mil refugiados em Ban Vinai, e 80 por cento deles eram mulheres e crianças. Centenas das crianças tinham deficiências graves.

Pouco após o início da correspondência, a Irmã Mater começou a mandar para mamãe páginas de diversos catálogos assinaladas. Mamãe comprava os itens e pedia que fossem enviados para o acampamento. Eram vinte dólares aqui e trinta ali. Um livro ou dois. Uma assinatura de revista. Mamãe recrutou seus alunos para arrecadar livros, papel e gizes de cera para enviar às crianças de Ban Vinai. Então um dia a Irmã Mater escreveu uma carta mais ou menos igual a todas as outras — a não ser por um único aspecto. Em vez de lhe pedir uma pequena quantia, pediu milhares de dólares. Mamãe escreveu de volta logo em seguida e disse que não podia desembolsar uma soma daquelas. Sua carta deve ter soado um pouco irritada, pois a freira respondeu imediatamente pedindo desculpas, dizendo que, como freira, não tinha a mínima noção de dinheiro.

Continuaram como antes, mas então a Irmã Mater mencionou numa carta que uma de suas amigas das Filipinas estava vindo trabalhar como voluntária no acampamento. Já que minha mãe não tinha condições de dar mais dinheiro e queria ajudar mais, quem sabe pudesse vir trabalhar no acampamento também?

Minha mãe era uma pessoa incrivelmente organizada e cuidadosa, mas também tinha uma veia impulsiva. Então, quando a sugestão da Irmã Mater chegou, decidiu tirar um semestre de licença de sua escola e se mudar para o acampamento de refugiados.

Era exatamente nessa época que Nina estava se preparando para se formar na faculdade.

Mamãe e Nina sempre foram incrivelmente próximas uma da outra, mas estavam, naquele momento, passando por alguns pequenos atritos de mãe e filha e não conseguiam concordar sobre uma variedade de coisas. De algum modo, numa coisa ambas concordaram: Nina deveria ir trabalhar no acampamento de refugiados com minha mãe. Lembro-me de pensar: *Esta é a melhor ideia do mundo ou a pior*. Apostei na segunda opção. Assim como papai e meu irmão.

Mas lá se foram elas. De avião até Bangcoc. Depois uma viagem apavorante, sinuosa, na traseira de um caminhão por estradas enlameadas à noite, durante 12 horas. *Onde eu fui meter a Nina?*, mamãe pensava. Só então ela se deu conta de que nunca tinha nem se dado ao trabalho de conferir se as freiras e o acampamento eram reais. E então elas chegaram — no lugar mais sombrio que já tinham visto.

Eis aqui, do diário da minha mãe, algumas de suas primeiras impressões de Ban Vinai: "Tudo encoberto em nuvens de pó — milhares de crianças quase nuas que gritavam e/ou corriam quando viam estrangeiros — centenas de cachorros com sarna — narizes escorrendo por toda parte — couros cabeludos que pareciam chamuscados — feridas em todos os corpos."

As primeiras crianças que mamãe e Nina conheceram no Centro de Reabilitação, o lugar onde iam trabalhar, foram quatro meninas surdas-mudas, que preparavam toda a comida e que imediatamente adotaram mamãe e minha irmã. As meninas ficaram contentíssimas por receber mais ajuda, e tinham personalidades naturalmente solares. Muitas das crianças no Centro de Reabilitação não sabiam engatinhar; algumas mal conseguiam se mexer. Várias tinham graves deficiências de desenvolvimento. Na primeira manhã, mamãe passou um tempo com uma moça chamada Mang Quan, que tinha 20 anos, mas parecia ter 12, e sofria de dezenas de problemas de saúde, incluindo incontinência. Mang Quan pareceu se apegar a minha mãe logo de cara. Conseguia se alimentar com sua única mão que funcionava; a outra ela não tirava do pescoço da minha mãe. Não conseguia andar, era pesada, e tinha que ser carregada para todos os lugares. Ela e mamãe formaram um laço estreito. Ou pelo menos foi o que mamãe achou.

Mas Mang Quan não veio no dia seguinte, nem no outro. Então mamãe foi visitar sua barraca após ter se passado quase outro dia inteiro. Ela logo descobriu por que Mang Quan não havia voltado ao centro. Os pais de Mang Quan a amavam — mas eram velhos e incapazes de cuidar dela. Por isso a abrigavam fora de seu barraco, numa cabaninha mal iluminada, na qual ela ficava deitada nua numa tábua de madeira com um prato de arroz ao lado. Os pais tinham estado doentes e não conseguiram levá-la ao centro. Ela agora estava imunda e envergonhada. Não queria que minha mãe a visse daquele jeito. Jogou pedras na minha mãe para afugentá-la.

Este foi o quarto dia.

Mamãe e Nina foram perseverantes e passaram a se orgulhar de sua capacidade para suportar as condições atrozes. As latrinas eram um show de horrores, mas que em pouco tempo as fizeram dar risada.

Cem crianças entre 3 e 18 anos apareciam no centro todos os dias. Ela e Nina lhes davam café da manhã, ajudavam-nas a escovar os dentes, davam banho nas que tinham se sujado, e tentavam estimulá-las e entretê-las. Com o passar do tempo, as duas começaram a fazer avanços. Os recursos eram extremamente escassos. Elas ensinavam jogos para as crianças — no começo, com pedrinhas. Então Nina achou macarrão na vendinha tailandesa local e ensinou os mais novos a fazerem colares. Minha mãe dava mais banhos; Nina jogava mais jogos.

Mang Quan acabou voltando. Mamãe depois escreveu em seu diário:

> Duas semanas depois. Desorganização total na nossa unidade hoje. Uma das minhas garotinhas — uma criança com síndrome de Down que chamei de A Menina Dançante, Chong Thao, tinha caído e mordido a língua. Enquanto eu estava limpando o sangue, Mang Quan, que sentia ciúme quando eu estava com outras crianças, fez uma sujeira enorme no chão de concreto. Nina e eu ficamos tão desesperadas que decidimos ensinar uma música às crianças. A mais fácil que conseguimos pensar foi "Se você está feliz, bata palmas" — e as crianças que conseguiam bater palmas batiam, e colocamos algumas delas com os braços em volta de crianças que não podiam bater palmas. E cantávamos isto todos os dias até partirmos.

Toda tarde, minha mãe e Nina ensinavam inglês para um grupo de nove rapazes que as tinham procurado. Eram adolescentes mais velhos que não tinham nada para fazer o dia inteiro e estavam desesperados para aprender alguma coisa. Não tinham livros, mas minha mãe e Nina acharam uma pilha de antigas revistas *Reader's Digest* na cidade. Foi entre esse grupo que as duas fizeram um grande amigo, chamado Ly Kham.

Logo no dia em que as conheceu, Ly Kham lhes deu uma redação que escrevera, que começava assim: "Não tem ninguém no mundo como ser um refugiado. Eles precisam se mudar de um lugar para outro lugar. O refugiado é odiado por todas as pessoas do mundo." Porém, Kham nascera com um otimismo que nunca ficava adormecido por muito tempo.

À noite, mamãe e Nina voltavam para o quarto que compartilhavam numa vila tailandesa, a uma hora de distância do acampamento. Nina costumava sair à noite para beber cerveja com amigos do lugar ou outros assistentes, enquanto minha mãe costumava ficar em casa para ler livros à luz da lanterna.

Quando os três meses chegaram ao fim, Nina sabia o que queria fazer da vida e continuou no acampamento. Mamãe também tinha um novo rumo. Trabalharia mais um ano em sua escola antes de largar o emprego para aceitar um novo, como primeira diretora da Comissão Feminina para Mulheres e Crianças Refugiadas, administrando a organização em seus primeiros anos e dedicando-se à causa dos refugiados. Quanto a Kham, que aos 5 anos de idade caminhara durante dias de sua casa no Laos até a Tailândia e vira muitos membros de sua família serem mortos, mamãe o ajudaria a ir para os Estados Unidos, onde ele ganharia uma bolsa para a faculdade e depois teria uma carreira e uma família. Bom, duas famílias — a dele e a nossa. Ele era um dos ex-refugiados que tinham recentemente visitado minha mãe, e cujas fotos ela nos mostrara com orgulho.

Sempre adorei contar esta história, e faço isso mediante o menor estímulo. Muitas pessoas me disseram que ela as inspirou a achar um jeito inusitado de estabelecer contato com um filho adulto, ou com um pai ou uma mãe. Aquilo mudou mamãe e Nina, mas também mudou o resto de nós. Foi uma espécie de desafio — e acho que todos somos um pouco mais destemidos e, gosto de pensar, tentamos ser um pouco menos egoístas graças ao exemplo delas.

Mamãe foi muitas vezes convidada a dar palestras sobre por que se sentiu tão comprometida com a causa dos refugiados. Ela dizia: "Apenas imagine que você é acordado hoje à noite por alguém da sua família que lhe diz: 'Coloque suas coisas mais valiosas numa única mala pequena que consiga carregar. E esteja pronto em uns poucos minutos. Temos que abandonar nossa casa, e teremos que chegar até a fronteira mais próxima.' Que montanhas você precisaria cruzar? Como se sentiria? Como iria se virar? Principalmente se do outro lado da fronteira houvesse um país onde eles não falassem sua língua, onde não quisessem você, onde não houvesse trabalho, e onde você ficasse confinado a acampamentos durante meses ou anos."

E ela também explicaria aquilo com um poema chamado "Eu sou a dor", escrito em 1989 por uma menina vietnamita de 16 anos chamada Sindy Cheung, que estava vivendo cercada de arame farpado, num acampamento de refugiados em Hong Kong. Em certo encontro do nosso clube do livro — não lembro exatamente quando, mas foi enquanto mamãe fazendo quimioterapia, e no inverno —, pedi que ela mencionasse alguns dos escritores que tinham mudado o rumo da sua vida. "Há tantos", ela disse na hora. "Não saberia por onde começar. Na verdade, sempre que você lê algo maravilhoso, isso muda sua vida, mesmo se você não estiver ciente." Ela fez uma pausa de alguns segundos e então acrescentou: "Mas eu certamente colocaria Sindy Cheung perto do topo da lista."

EU SOU A DOR

Quem vai ouvir meu sentimento?
Quem vai ouvir minha terra inútil?
Depois da guerra, minha pele tinha sido ferida,
Há crateras no meu corpo.
Embora eu estivesse triste, sentida e sofrendo,
Quem vai ouvir meu sentimento?
Estou triste, sentida e sofrendo,
Quem vai conhecer meu sentimento?
Não estou triste por meu corpo maltratado,
Eu sou a dor por causa das pessoas que não
   podem me tratar direito.
Quem vai conhecer meu sentimento?

Uma real leitora

No começo de janeiro de 2008, mamãe estava ansiosa para ir a Londres, sua primeira viagem ao exterior desde que ficara sabendo de seu diagnóstico. Ela teve uma semana péssima antes de ir, mas enfrentou bravamente e sentiu-se forte o bastante para pegar o avião. Não vinha passando bem, por isso a dra. O'Reilly precisou remarcar uma sessão de quimioterapia agendada para sexta, uma semana inteira antes da viagem, para a terça-feira anterior à sua partida. Isso deixou mamãe apreensiva, pensando se ia se sentir bem na semana em que estivesse lá. Mas, no fim das contas, não sei ao certo se algo seria capaz de impedi-la de ir.

Minha mãe se apaixonara por Londres quando era estudante de artes dramáticas em 1955. Acho que foi o primeiro lugar onde ela realmente se sentiu adulta. Mary Anne tinha 21 anos, faltando ainda sete para ser minha mãe. Escreveu para uma amiga, que me mostrou a carta: "Estou mesmo totalmente feliz aqui, e nunca mais quero abrir mão da minha felicidade. É maravilhoso estar totalmente por conta própria, principalmente para o meu tipo de garota protegida e mimada. Mas eu bem que gostaria que alguns dos meus amigos estivessem aqui também. Quando se vê algo especialmente maravilhoso, sempre é bom ter alguém com quem compartilhar."

Em outra carta: "Londres é um tipo mágico de cidade, pelo menos eu acho. A gente não se importa com o frio nem com o tempo horrível, e as pessoas sempre sorriem para você nas ruas, e quando você pede indicações para alguém, eles não só te dizem aonde ir, mas, se puderem, te levam até lá, e ninguém está com pressa, e todo mundo é fantasticamente educado, e há tantos lugares fascinantes para ir, e concertos que você adoraria, e tantas exposições de arte toda semana, e tenho ido à igreja regularmente aos domingos, pois os cultos são tão bonitos, e os coros são tão bem treinados, e há uma verdadeira paz e tranquilidade nisso."

Há algo de extraordinário sobre a primeira cidade que você ama, e muitas coisas trouxeram mamãe de volta a Londres diversas vezes. O fato de que papai também amava a cidade certamente ajudou. Passamos um ano lá quando eu tinha 9 anos e meus pais estavam tirando um ano sabático, e a família passava férias em algum lugar das Ilhas Britânicas quase todo verão, sempre incluindo algum tempo em Londres.

Além dos prazeres do lugar, era em parte a nostalgia que atraía mamãe de volta para lá. Havia, pelo jeito, algo um tanto romântico envolvido em sua visita inicial — e sua sensação de que todos eram simpáticos talvez se devesse ao bom humor por parte dos londrinos, mas também era graças ao fato de que Mary Anne era uma bela mulher de 21 anos.

Esta viagem, mais de cinquenta anos depois da primeira, teve um começo atribulado. No minuto em que pisou em Londres, ela teve uma febre violenta. Papai a levou direto para um hospital, mas assim que ela chegou lá, a febre sumiu. Ela ficava contente, mas também frustrada, quando uma febre desaparecia antes que os médicos pudessem medir sua temperatura. Mesmo que isso não seja incomum para pessoas que estão passando por uma quimioterapia, mamãe temia que as pessoas achassem que ela era hipocondríaca. Discutimos isso uma vez, e tentei dizer a ela que ter uma doença terminal deixa a pessoa meio que imune a acusações de hipocondria. Mas havia tanto tempo que ela fazia questão de não reclamar, que ainda ficava exasperada quando existia qualquer chance de alguém pensar que as poucas coisas de que ela de fato se queixava não fossem reais, mas sim da sua cabeça.

O resto da viagem a Londres correu melhor. Nina, Sally e os meninos vieram de Genebra. Mamãe também pôde comparecer à festa de aniversário de 70 anos de um amigo, e lá ver dezenas de pessoas que amava. Ela me mandou dois posts entusiasmados para o blog — comentando com alegria que estava encontrando uma colega do Comitê

Internacional de Resgate (IRC) em Londres. Ela fundara o IRC do Reino Unido uma década antes, e a filial agora contribuía com mais de 30 milhões de libras por ano para o orçamento geral do IRC, além de possuir seus próprios programas.

QUANDO MINHA MÃE voltou para Nova York, era hora de escolher um novo livro para o clube. Decidimos que deveria ser ambientado nas Ilhas Britânicas. Fechamos em *A jornada de Felicia*, do contista e romancista irlandês William Trevor. Nesse perturbador romance de 1994, uma jovem, grávida e sem dinheiro, foge de sua cidadezinha em busca do homem bonito que a engravidou. Ela se vê peregrinando pelas Midlands da Inglaterra, procurando em desespero a fábrica de cortadores de grama onde ele disse que trabalhava, e insensatamente confiando na bondade de um estranho, um cinquentão obeso, pedante e solitário cuja mente sempre acaba voltando para uma série de mulheres de quem foi amigo e que agora moram só na sua Rua da Memória.

Ambos lemos o livro numa sentada só.

"Quando você vai a cidades pequenas, vê pessoas o tempo todo", disse mamãe, quando nos encontramos no hospital, uns poucos dias depois de ela voltar de Londres. "E você não pensa nelas duas vezes: talvez uma sem-teto, ou pessoas indo de porta em porta para tentar converter as outras para sua religião, ou um homem tomando chá com uma mulher mais nova. O que acho tão notável neste livro é que Trevor não só apresenta você a essas pessoas, ele explica exatamente como elas vieram a estar onde estão."

Mamãe me mostrou uma página cujo canto ela tinha dobrado: "Escondidas, as pessoas das ruas transitam para o sono induzidas pelo álcool ou agitadas pelo desespero, entrando em sonhos que as carregam de volta às vidas que uma vez foram suas."

"Achei o livro apavorante", eu disse. Então, esquecendo brevemente seus estranhos hábitos de leitura, perguntei: "E fiquei muito surpreso com o final. Você não?"

"É claro que não — eu já tinha lido primeiro. Não acho que conseguiria ter aguentado o suspense se não soubesse o que ia acontecer. Teria ficado preocupada demais."

Por motivos óbvios, mamãe não era uma grande leitora de livros de mistério — mas as séries de que ela gostava eram aquelas ambientadas num único lugar. Amava a Veneza de Donna Leon, a Boston de Dennis Lehane, a Vientiane de Colin Cotterill, e o Botsuana e a Edimburgo de Alexander McCall Smith. (Queria que ele tivesse escrito sua série sobre Londres alguns anos antes.) Em cada um dos casos, o lugar se torna um participante ativo tanto do crime quanto de sua solução e, portanto, exige que o escritor tenha um conhecimento profundo de suas surpresas e idiossincrasias. Mamãe se deliciava com os jeitos como os grandes escritores de mistério conseguiam transformar uma cidade num personagem e revelar seus cantos ocultos — onde você pode se esconder, onde vai quando tem dinheiro, onde você se esgueira quando não tem, onde uma certa pessoa se misturaria à multidão, e onde ela chamaria atenção feito um dedo sangrando.

Mantendo nosso tema britânico, em seguida escolhemos *Uma real leitora*, uma novela de Alan Bennett que fora publicada seis meses antes. Mamãe estava predestinada a se apaixonar por este livro. Como não se apaixonaria? Era escrito por um de seus autores favoritos. (Bennett nasceu dois meses depois de minha mãe — e ela acompanhara avidamente sua carreira como dramaturgo, romancista, roteirista e memorialista desde que o vira fazer comédia nos palcos de Londres no começo dos anos 1960.) A história se passava em Londres. Envolvia inclusive a rainha da Inglaterra. Mas o que realmente cativou minha mãe foi o elenco de personagens coadjuvantes: principalmente o jovem pajem, um "menino de cabelos castanho-avermelhados vestindo um macacão", que faz a rainha começar a ler, e sir Claude, que põe em movimento a nova vida da rainha, cuja revelação gera um final muito inesperado (caso você não tenha pulado as páginas) e encantador para o livro.

Além disso, como alguém que ama os livros pode não amar um livro que, ele próprio, é tão apaixonado por livros? Um dia depois de ambos termos terminado a novela, fui visitar mamãe em sua casa e ela me apontou seus três trechos favoritos. Sempre que estávamos juntos e ela chegava a um trecho de um livro de que gostava, não o lia para mim — me entregava o livro inteiro, com o dedo indicando uma linha e instruções de onde eu devia começar e onde parar. Era um procedimento um tanto desajeitado. Como sempre, ela só levantou o dedo quando tinha certeza de que meus olhos haviam encontrado a parte certa. Era como passar um bastão numa corrida de revezamento:

"É claro", disse a rainha, "mas resumir não é ler. Na verdade é a antítese de ler. Resumir é conciso, fatual e direto ao ponto. Ler é algo desorganizado, discursivo e perpetuamente convidativo".

"Passar o tempo?", disse a rainha. "Os livros não são para passar o tempo. São sobre outras vidas. Outros mundos. Longe de querer que o tempo passe, sir Kevin, a pessoa apenas deseja que tivesse mais tempo. Se alguém quisesse passar o tempo, poderia ir à Nova Zelândia."

O apelo da leitura, pensou ela, estava em sua indiferença: havia algo de insubmisso na literatura. Os livros não se importavam com quem os estava lendo, ou se alguém os lia ou não. Todos os leitores eram iguais, inclusive ela própria.

No livro de Bennett, um personagem de muito prestígio acaba largando um trabalho de muito prestígio. Fazia meses que eu queria criar um site, e tinha, nos primeiros dias de janeiro, logo antes de mamãe ir para Londres, finalmente tomado coragem de largar meu emprego diário, embora não tivesse certeza de que tipo de site queria criar. Até o último minuto, debati se devia dizer a meu chefe que estava pensando em sair, ou dizer que estava saindo de fato. Acabei escolhendo a segunda opção.

"Essa é a melhor notícia de todas", mamãe dissera, quando lhe contei.

"Sim", eu disse. "Estou com medo, mas animado. E o lado irônico de deixar o trabalho de editor é que agora vou ter mais tempo para ler."

"E talvez até para escrever?", sugeriu minha mãe.

"Acho que não", eu disse.

DIAS DEPOIS DE conversar com mamãe sobre o livro de Alan Bennett, eu a encontrei outra vez no aniversário de 4 anos da minha sobrinha.

Na hora em que David e eu chegamos, reinava um caos feliz de plenas proporções. Havia um jogo cubista de pregar o rabo no burro — o que foi especialmente bem pensado, pois as crianças nunca sabiam direito qual era o lugar certo, e morriam de rir onde quer que o rabo fosse parar. Havia bastante bebida alcoólica para os adultos. Havia atividades manuais e o costumeiro complemento de pais de Nova York convivendo, bebericando vinho ou café da Dunkin' Donuts, ou incentivando os filhos a participar da brincadeira ou deixando que ficassem de pé, chupando o dedão, agarrados às pernas das mães.

No meio disso tudo estava minha mãe. Os cabelos certamente estavam mais ralos. E embora o apartamento estivesse quente, ela vestia duas camadas de suéteres. Lucy, a aniversariante, estava meio febril — mas tentando com todo o empenho se divertir na festa. E sua avó estava fazendo exatamente o mesmo. Todo mundo tinha advertido mamãe de que, por estar fazendo quimioterapia, não devia ficar perto de pessoas resfriadas, não beijar ou abraçar pessoas ao cumprimentá-las, nem andar de metrô ou de ônibus. Mas ela não ia viver desse jeito. Então ali estava ela, completamente ambientada no meio de um monte de crianças — das quais cerca de metade tinha nariz escorrendo e uma tosse brava.

Depois de um tempo, no entanto, percebi que ela estava ficando cansada. Tinha me falado por telefone sobre as feridas nos pés, e como não era muito bom ficar de pé e andar. Ela se libertou do bando de crianças e veio se juntar a meu pai, David e a mim.

Nós falamos de planos, como sempre. Ela estava se preparando para sua viagem a Vero Beach e mal podia esperar. Eu ia acompanhá-la na quimioterapia e na consulta médica na sexta-feira seguinte. Também falamos mais sobre Londres.

Ela disse que andara com meu pai o máximo que conseguira para visitar lugares que adorava. Chegou a ir ver a casa onde morara nos anos 1950, Courtfield Gardens 20. Tinha visto o afilhado mais velho e sua família, e os pais dele, amigos daquele primeiro ano em que ela morou lá. A mãe de seu afilhado estava num estágio avançado de Alzheimer, e mamãe disse que ficou impressionada com o amor e atenção que sua família estava lhe dedicando — por mais difícil que devesse ser.

"Me sinto tão sortuda", mamãe me disse. "Não consigo imaginar como seria não conseguir reconhecer as pessoas que eu amo, nem ler, nem lembrar de livros que já li, nem visitar meus lugares favoritos e lembrar de tudo o que aconteceu lá, todos os momentos maravilhosos."

Observamos Lucy brincar por um tempo e também conversamos com seu irmão de 7 anos, Adrian, que estava tirando uma breve folga de seus deveres como diretor de entretenimento da festa.

"A única coisa que me deixa realmente triste", disse mamãe, depois que Adrian voltou para o grupo de crianças, "é que não vou ver os pequenos crescerem. Eu realmente queria levar todos eles para musicais da Broadway, em viagens especiais e para Londres".

Ela recentemente vira na televisão o filme *A mulher do século*, estrelando sua antiga chefe Rosalind Russell e sua amiga de toda uma vida, Pippa Scott, que bancava a ingênua no final. Acho que isso reavivara nela a fantasia de ser a tia Mame, a mulher que levava o sobrinho numa viagem gloriosa pelo mundo e lhe ensinava que "a vida é um banquete, e a maioria dos pobres otários está morrendo de fome".

Percebi naquele momento que, para todos nós, parte do processo da morte da mamãe era lamentar não apenas a morte dela, mas também a morte de nossos sonhos de coisas por vir. Você não perde de fato a pessoa que já existiu; você tem todas essas memórias. Eu sempre teria o verão em Godalming quando tinha 6 anos e aprendi a amarrar meu sapato; e o ano na Inglaterra em que Nina bebeu tanto xarope de groselha e amora Ribena que nós a apelidamos de Nina Ribena; e a apresentação de *Giselle* em Londres que eu tinha visto com mamãe, o primeiro balé da minha vida, quando Baryshnikov e Gelsey Kirkland dançaram de forma tão brilhante que foram aplaudidos de pé 17 vezes, e mamãe e eu ficamos lado a lado, com lágrimas escorrendo no rosto de tão emocionante que era; e todas as peças a que assistimos juntos — Janet Sussman em *Hedda Gabler* e Paul Scofield em *Volpone*. Eu também ainda teria aqueles momentos que na época pareceram horríveis, mas agora pareciam hilários: quando chegamos ao País de Gales sem reserva em hotel e foi impossível conseguir um quarto, e rodamos de carro durante horas, comigo vomitando prodigamente nos meus irmãos no banco de trás; a viagem de carro pelo Ring of Kerry com minha irmã vertendo em cima do meu irmão e de mim tudo o que tinha no estômago.

Mas todos teríamos que dar adeus à ideia de minha mãe levando seus netos mais novos a um show da Broadway, ou à Tate Modern ou à Harrods, ou para se deslumbrar no Food Hall e visitar os cachorrinhos das pet shops. Teríamos que dar adeus à ideia de os pequenos lembrando da avó além de uma imagem fugaz, ou uma lembrança imaginária estimulada por uma foto. Teríamos que dar adeus à ideia de ver mamãe na formatura deles, e comprando roupa para eles, e eles trazendo os namorados e as namoradas para conhecê-la.

Também teríamos que dar adeus à alegria de ver esta próxima geração absorver as enormes quantidades de amor que sua avó lhes teria dado, e vê-los aprender que havia alguém no mundo que os amava tanto quanto seus pais: uma avó que ficava encantada com todos os seus trejeitos e achava que eles eram as criaturas mais incríveis da terra. Era uma visão idealizada do futuro — mas era a que eu trazia na cabeça, e não acho que estava distante da que meus irmãos e meus pais tinham.

Eu estava aprendendo que, quando você está com alguém que está morrendo, talvez precise celebrar o passado, viver o presente e lamentar o futuro, tudo ao mesmo tempo.

No entanto, pensei uma coisa naquele momento que me fez sorrir. Eu lembraria dos livros que mamãe adorava, e, quando as crianças tivessem idade suficiente, eu poderia dar esses livros a elas e dizer-lhes que eram livros que sua avó adorava. Os menores jamais veriam as Ilhas Britânicas através dos olhos dela, mas podiam vê-las através dos olhos dos escritores que ela admirava; logo teriam idade bastante para ler *As crianças da ferrovia*, de Evelyn Nesbit, e *Andorinhas e amazonas*, de Arthur Ransome, e algum dia Iris Murdoch e Alan Bennett. Eles todos podiam ser leitores, quem sabe até reais leitores.

A gaiola de lagartos

A montanha-russa continuou, com dias bons desaguando em dias ruins, dias ruins em bons. Em cada consulta, ficávamos sabendo quando seria a próxima. E um livro dava lugar a outro.

Toda vez que eu falava com mamãe, ela me perguntava se eu já tinha lido *A gaiola de lagartos*, de Karen Connelly, o romance que ela adorava sobre Burma, que fora publicado no ano anterior.

Num dia frio e úmido no finalzinho de janeiro de 2008, finalmente pude dizer que sim, tinha lido.

"Não consigo tirar esse livro da cabeça", eu disse.

O livro começa com um menininho, um órfão, e conta a história de sua interação com um prisioneiro político, um compositor chamado Teza. O romance tem cenas perturbadoras na prisão. Teza, um budista, é obrigado a capturar e comer lagartos crus, violando sua fé por matar e consumir uma coisa viva para sua própria sobrevivência; esta é apenas parte de seu tormento, embora seja um potente símbolo dele. É um livro de um poder tremendo, que também fala à nossa necessidade de conexão uns com os outros, de contar histórias e passá-las adiante, especialmente através da escrita.

Logo no começo, há um trecho em que o menininho fala de seus amigos na prisão. Ele cita seus nomes e então diz: "E livros... Meus amigos eram livros." Embora ele ainda não pudesse lê-los, pois ainda não tinha aprendido, sua mera existência lhe dava conforto.

Em pouco tempo você descobre que Teza está estocando cigarros porque são enrolados com jornal, e por isso contêm pedaços de texto, estranhos poeminhas modernistas acidentais, que são uma linha vital que o liga à civilização. Em pouco tempo, também, uma única caneta entra na vida de Teza e depois parece ter sumido. A busca por esta caneta é o que conduz o enredo, trazendo tanto um desastre quanto uma espécie de salvação — para Teza, para o órfão e para um guarda da prisão que fica amigo deles. Quanto à vida fora da prisão, onde toda dissidência é proibida, Connelly escreve: "Contanto que haja papel, as pessoas vão escrever, secretamente, em quartos pequenos, nas câmeras ocultas de suas mentes, assim como sussurram as palavras que são proibidas de dizer em voz alta."

Numa era de computadores, há algo profundamente pungente num prisioneiro político com seus pedaços de papel, numa prisão virada do avesso com a busca por uma caneta, e no modo como Connelly reconhece a importância da palavra escrita e impressa. É fácil esquecer, em nosso mundo conectado, que não há apenas lugares como prisões onde o texto eletrônico é proibido, mas sim países inteiros, como Burma, onde um modem não registrado pode levar você para a prisão, ou algo pior. A liberdade ainda pode depender de tinta, como sempre dependeu.

"O que você achou da oração maravilhosa que Teza diz para si mesmo depois daquela surra horrível?", mamãe me perguntou quando estávamos sentados, com a quimioterapia correndo para dentro de seu braço. "Eu a xeroquei e pus dentro do meu exemplar de *Refrigério para a alma*. Está na minha bolsa."

Entreguei à mamãe a bolsa que estava apoiada na cadeira ao meu lado. Com cautela, usando sua mão livre, ela pegou o livro e o entregou para mim. Caprichosamente dobrado dentro dele havia uma cópia da página de *A gaiola de lagartos* com o cântico que causou uma impressão tão forte nela. É uma meditação budista que Teza usa para acalmar sua mente, para pôr de lado não só a dor física, mas a tristeza e a raiva que está sentindo:

> Ele começa a sussurrar uma oração. "Quaisquer que sejam os seres que existam, que estejam livres de sofrimento. Quaisquer que sejam os seres que existam, que estejam livres de inimizade. Quaisquer que sejam os seres que existam, que estejam livres de más intenções.

Quaisquer que sejam os seres que existam, que estejam livres de doença. Quaisquer que sejam os seres que existam, que sejam capazes de proteger sua própria felicidade."

"Gosto especialmente dessa última frase", disse mamãe. "Sobre proteger sua própria felicidade."

"Mas como você pode proteger sua própria felicidade quando não pode controlar as surras?", perguntei.

"A questão é essa, Will. Você não pode controlar as surras. Mas talvez possa ter algum controle sobre sua felicidade. Enquanto ainda conseguir, bem, então ele ainda tem alguma coisa pela qual vale a pena viver. E quando ele não consegue mais, sabe que fez tudo aquilo que pôde." Na minha mente, substituí a palavra *surras* por *câncer*.

"É muito inspirador", eu disse.

"Sim, mas *A gaiola de lagartos* não devia apenas inspirar você. Devia também deixar você furioso."

Muitas vezes sentimos a necessidade de dizer que um livro não é apenas sobre um momento ou lugar específico, mas sobre o espírito humano. As pessoas dizem isso do *Diário de Anne Frank*, ou *Noite*, de Elie Wiesel, ou *Muito longe de casa: memórias de um menino soldado*, de Ishmael Beah. Mas uma coisa é sentir que um livro pode falar para além de seu tempo e lugar específicos rumo a algo universal, e outra é ignorar as circunstâncias e a época na qual ou sobre a qual ele foi escrito. Minha mãe sentia que todos fazíamos isso rápido demais — com esses livros e com *A gaiola de lagartos*. É claro que é sobre coragem humana. Mas também é sobre os direitos humanos em Burma. E no momento de nossa leitura e no momento em que estou escrevendo isto, a situação em Burma era e é de fato algo que deveria inspirar fúria e ação. Connelly, uma poetisa e escritora de não ficção canadense, tinha estado em Burma diversas vezes até que lhe foi negado um visto pelo regime militar; ela também vivera durante quase dois anos na fronteira entre a Tailândia e Burma. Não apenas conhecia a situação de perto; tinha se comprometido a fazer alguma coisa a respeito.

Quando fui visitar a casa dos meus pais uma semana depois da minha conversa com ela sobre *A gaiola de lagartos*, notei um envelope esperando para ser posto no correio. Era para a Campanha dos Estados

Unidos por Burma. Este não era o primeiro engajamento dela com aquele país. Viajara para lá em 1993 numa missão para a Comissão Feminina. Chegou a se encontrar com Aung San Suu Kyi, o líder legalmente eleito de Burma, em um dos breves períodos em que Suu Kyi estava livre da prisão domiciliar. Eles tinham falado sobre direitos da mulher, questões de saúde e refugiados. Sempre refugiados.

SE *A GAIOLA DE LAGARTOS* lembrou mamãe de mandar um cheque para a campanha por Burma, também a inspirou a redobrar seus esforços pelo Afeganistão. Afinal, era um livro sobre a importância dos livros, da leitura e da escrita. A biblioteca afegã acrescentara um sexto membro da diretoria em janeiro, um diplomata afegão de destaque. As coisas estavam avançando. O que era preciso agora era dinheiro — e muito. Não milhares, mas milhões. Sem isso, eles nunca ocupariam um espaço em Kabul; os livros ficariam guardados; nenhuma biblioteca ambulante alcançaria as crianças das vilas do Afeganistão.

Ela estava sempre divulgando a biblioteca para qualquer pessoa que estivesse disposta a ouvir.

Esta foi outra lição que aprendi com mamãe ao longo do nosso clube do livro: Nunca assuma coisas sobre as pessoas. Você nunca sabe quem pode e quer ajudar, até o momento em que você pede. Por isso não deve assumir que alguém não pode ou não quer ajudar por causa da sua idade, ou emprego, ou outros interesses, ou situação financeira.

"Uma vez eu estava dando uma palestra para uns alunos de ensino médio durante a guerra na Bósnia", ela me disse. "E no dia seguinte uma aluna me ligou. Por acaso ela era filha de um grande executivo e, ao longo do jantar da noite anterior, convencera seu pai a fazer com que sua empresa não só doasse uma enorme quantidade de provisões, mas também pagasse para que fossem enviadas de avião à Bósnia. É por isso que eu falo para todo mundo sobre a biblioteca. Você nunca sabe quem vai ajudar."

Até mesmo os médicos do Memorial Sloan-Kettering que estavam tratando da minha mãe ouviram falar, em meio aos tratamentos, sobre a biblioteca no Afeganistão — assim como os enfermeiros, taxistas, amigos em jantares e desconhecidos em mercadinhos.

Eu a provoquei um dia. "Mãe, às vezes acho que se seu apartamento estivesse pegando fogo e os bombeiros entrassem correndo, você falaria a eles sobre a biblioteca no Afeganistão antes de deixá-los apagar o incêndio."

"Não sou tão malvada assim", respondeu ela. "Mas talvez falasse a eles depois que tivessem apagado."

Brat Farrar

Logo antes de eu largar meu emprego no ramo editorial, surgira uma oportunidade incrível para que a editora publicasse um livro chamado *A lição final*, de Randy Pausch, um cientista da computação e professor universitário de 47 anos que também estava morrendo de câncer no pâncreas. Tudo começou com um artigo escrito por Jeffrey Zaslow, redator interno do *Wall Street Journal*, sobre Pausch, que fora convidado por sua universidade, a Carnegie Mellon, a dar o que costumava ser chamado de "Última Palestra", sendo que a ideia era você falar das coisas de que falaria se estivesse dando a última palestra de sua vida. A ironia, no caso de Randy Pausch, era que ele sabia que seria isso de fato — e usou o discurso para compartilhar lições que aprendera, não apenas para os ouvintes, mas para uma plateia extremamente importante para ele: seus filhos pequenos. Eu contara a meus ex-colegas sobre a doença da minha mãe, e eles me deram uma cópia do manuscrito para ler assim que foi escrito, o que foi bem antes de eu partir para passar duas semanas com minha mãe na Flórida. Eu levei a cópia comigo.

Mamãe ficaria na Flórida durante todo o mês de fevereiro. Papai ficou com ela nas primeiras duas semanas, mas estava voltando para Nova York a fim de cuidar de sua empresa. Meus irmãos e suas famílias também tinham passado por lá. Por isso agora fui de avião a West Palm Beach no mesmo dia em que meu pai voltou a Nova York. Mamãe contratou um motorista para me buscar e me levar a Vero Beach — para me deslocar, eu usaria o carro que ela e meu pai alugaram.

Mamãe adorava quase tudo em Vero — o tempo, a praia, a casa que ela alugava de um amigo, os rituais e ritmos, o pequeno mas excelente museu, as palestras na biblioteca, e mesmo o supermercado, com seus corredores exuberantemente vastos. A cidade também possui uma das grandes livrarias independentes dos Estados Unidos, o Vero Beach Book Center. Imediatamente após deixar minha mala naquele que seria o meu quarto, sentei-me com mamãe enquanto ela repassava o cronograma.

"Primeiro de tudo, quero comprar uns livros novos para lermos. Também quero passar algum tempo relendo autores que adorei — mais Jane Austen — e também poesia — T. S. Eliot, Wallace Stevens e Elizabeth Bishop." Novos e velhos. Ela sempre os mantinha em equilíbrio, constantemente apresentando seus amigos de infância a pessoas que acabara de conhecer, sempre acrescentando uma parada num lugar novo a uma viagem para uma cidade mais conhecida, relendo os autores mais recentes como contraponto a seus favoritos.

Enquanto minha mãe falava, olhei para ela de perto. Seus cabelos estavam muito mais escassos, finos, sem volume, da cor branco-acinzentada de ossos de frango deixados ao sol. E ela continuava perdendo peso, algo que não se podia deixar de notar, embora estivesse sempre envolta em diversas camadas — para se proteger do sol e do violento ar-condicionado das lojas, casas e restaurantes da Flórida. E, no entanto, parecia bem, principalmente em comparação com seu aspecto cansado e abatido da última vez em que eu a vira, umas poucas semanas antes, num gélido dia em Nova York.

Ela me contou sobre um almoço que os funcionários da Comissão Feminina tinham lhe oferecido logo antes de sua partida para Vero Beach. Ela fora para falar a todos sobre o projeto do Afeganistão, mas os funcionários transformaram o evento numa celebração das suas contribuições, desde os anos em que ela dirigia a organização e depois disso. Tinham lhe dado de presente um álbum com fotos de suas diversas missões para acampamentos de refugiados, e de todos os seus amigos na comissão. Tinha ficado muito emocionada.

Ah, e ela tinha mais uma coisa para me mostrar. Mandou que eu ficasse esperando ali. Era uma surpresa.

Fiquei sentado à mesa da cozinha em sua casa em Vero Beach, esperando. Mamãe saíra da cozinha para seu quarto. Muitos minutos se passaram. E depois mais.

"Mãe, você está bem? Está tudo bem?"

"Sim, espere aí. Eu já saio."

Ela em geral não era fã de surpresas, por isso não consegui imaginar o que seria aquela. E então ela finalmente surgiu, e eu vi. Ela estava usando uma peruca — grande e armada, quase no estilo Jacqueline Kennedy, em vários tons de cinza diferentes e também com mechas pretas. A peruca estava empoleirada de um modo canhestro em sua cabeça; ficou tentando acertá-la, mas o objeto ficava desajeitado, mais parecendo um chapéu.

"Nada mau, não é?", disse mamãe.

Eu estava decidido a não chorar.

"Nada mau mesmo", eu disse.

"Talvez precise mexer um pouco mais no penteado — é grande demais —, mas acho que essa vai ser a diferença entre eu parecer doente e parecer bem. Sinto-me muito sortuda por ainda ter um pouco de cabelo, mas está ficando cada vez mais ralo — por isso tenho isto agora. Mesmo assim, continuar com cabelo por seis meses depois de começar a quimioterapia foi mais do que eu estava esperando. Então não estou reclamando. Sua irmã acha que a cor não está muito certa, mas tenho certeza de que eles podem dar um jeito nisso."

"Está meio escuro. Mas parece ótimo. Você parece ótima, mãe."

"Vou guardá-la. Depois vamos fazer as tarefas e nos divertir juntos."

Um dos problemas de mentir para mamãe quando pequeno, era que eu quase sempre era desmascarado. Isto devia-se em parte à memória formidável que ela tinha. "Aonde você está indo?", ela me perguntou quando eu saía discretamente de casa, aos 12 anos, para uma viagem proibida de metrô, de um subúrbio de Cambridge até o mal-frequentado centro de Boston para visitar a Jack's Joke Shop, onde podia comprar vômito falso, moedas que dão choque e outras coisas do gênero. "Na casa do Jim", eu menti, talvez. "Mas achei que você tinha mencionado, uns meses atrás, que o Jim e os pais dele iam visitar a avó do Jim em Asheville este fim de semana." Arrrgh.

Passariam meses até que minha mãe voltasse a experimentar a peruca.

* * *

Naquela tarde, de acordo com o plano, de fato fomos ao Vero Beach Book Center. Sempre que eu ia a uma livraria com mamãe, primeiro nos separávamos — duplicando nossa capacidade de reconhecimento de terreno. Esperávamos talvez 15 minutos antes de nos encontrarmos — e então um levava o outro num pequeno passeio guiado do que tínhamos descoberto. Assim como alguém talvez perambule um pouco sozinho ao visitar o jardim de uma casa histórica, mas depois sinta a necessidade de mostrar a seus companheiros os tesouros que encontrou — *Olha esses lilases, as hortênsias, o roseiral* —, também apontávamos um para o outro as coisas com que tínhamos nos deparado.

"Você sabia que esse autor tem um livro novo? O que você acha?", ela talvez perguntasse.

"Não cheguei a amar os últimos quatro ou cinco livros dele", eu talvez respondesse.

"Bom, mas então por que você continuou lendo?"

"Eu editei esses livros."

Ou: "Você já ouviu alguma coisa sobre este?"

"Já. Tenho certeza de que li algo, mas não consigo lembrar o quê — supostamente ele é excelente ou horrível."

Há todo tipo de descobertas imprevistas em livrarias, começando com a alfabética: enquanto procura um certo romance, você talvez lembre que sempre pretendeu ler alguma coisa de outro autor cujo sobrenome começa com as mesmas duas letras. A visual: a sobrecapa brilhante deste livro talvez chame sua atenção. A acidental: por superstição, quase sempre sinto a necessidade de comprar qualquer livro que derrubo. E a sugestionada: tanto minha mãe quanto eu considerávamos muito seriamente qualquer livro colocado na seção "recomendação dos funcionários", principalmente se ostentasse um papelzinho amarelo (o vulgo Post-it) ou um *shelf talker** escrito à mão — um neologismo de livrarias que adoro, pois suscita uma imagem muito vívida de uma prateleira falando com você, ou de alguém que fala com as prateleiras.

Desta vez eu acabaria comprando *Brat Farrar*, de Josephine Tey (um favorito dos funcionários do Vero Beach Book Center), e o se-

---

* Literalmente "falador de prateleira", pequeno sinalizador de produto acoplado a prateleiras de lojas. (N. do T.)

gundo volume dos *Contos reunidos*, de W. Somerset Maugham, que eu derrubara de uma prateleira por descuido. Mamãe comprou *Três garotos num barco*, de Jerome K. Jerome, um relato de 1889 sobre uma cômica viagem de barco que um de nossos amigos insistiu para que ela lesse. (Tenho quase certeza de que ela leu, mas nunca discutimos esse livro.)

"Mãe, tem um livro que eu trouxe comigo de Nova York", eu disse enquanto saíamos e andávamos até o carro. O tempo estava bem fresco para a Flórida. Sou péssimo em estacionar, por isso tinha evitado vagas perto da livraria onde um motorista normal poderia ter se enfiado, preferindo uma vaga longe, onde um motorista de caminhão poderia ter entrado bêbado. "Na verdade é o manuscrito do livro que mencionei a você — *A lição final* —, aquele do professor de Carnegie Mellon, que tem câncer no pâncreas."

"Como ele tem passado?", mamãe perguntou.

"Acho que está aguentando firme. Falei com ele por telefone uma vez, umas semanas atrás, logo antes de pedir demissão. Ele é incrivelmente simpático."

"É isso que meus amigos da Lustgarten dizem. Eles o adoram." Mamãe estivera em contato recentemente com pessoas da Lustgarten Foundation, uma organização dedicada a financiar pesquisas relacionadas a câncer de pâncreas e conscientizar a população sobre sintomas e tratamentos, fundada em memória de um executivo da Cablevision que morrera da doença aos 52 anos.

Não tinha certeza se ela queria ler um livro que afirmava tão cruamente, desde o início, que o autor sabia que só lhe restavam uns poucos meses de vida. Assim que voltamos à casa dela, decidi que apenas deixaria o livro na mesa do café da manhã — minha própria pequena seção de "recomendação dos funcionários". Assim ela podia se deparar com ele e decidir se queria ler ou não.

"Por que você não dá um passeio na praia?", mamãe sugeriu. "Vou ficar com os pés para cima por um instante."

Então a deixei sentada no sofá e saí com o livro de Tey na mão.

Fiquei fora por muito mais tempo do que pretendia, sentado num banco com vista para o mar. Geralmente, ler em bancos é melhor em tese do que na prática. O sol é forte demais e meus óculos de sol não são progressivos, então preciso tirá-los para ler; as pessoas passam andando e provocam minitempestades de areia; fico com muito calor; preciso beber alguma coisa; devia mesmo era nadar, pois a água está ótima. Às vezes simplesmente estou com o livro errado — algo sério demais para competir com os gritos histéricos das crianças à minha volta, ou bobo demais para combinar com um humor mais sombrio.

Mas hoje era um dia perfeito para ler num banco, e *Brat Farrar* me prendeu desde o começo. Escrito em 1949, me lembrou bastante do primeiro sucesso de Patricia Highsmith, *O talentoso sr. Ripley*, publicado seis anos depois: em ambos há assassinatos, mentiras e um impostor. A jogada inteligente de Tey é que o assassino é a única pessoa que sabe com certeza que o impostor não pode, em hipótese alguma, ser quem diz que é, e, no entanto, ele não pode revelar esse fato sem incriminar a si próprio. Além do enredo, há a pura diversão da vida numa residência campestre britânica — de cujas descrições você nunca se cansa, caso nunca se canse desse tipo de descrição: as baixelas de prata, os cavalos, os drinques na sala de visitas, as pessoas se vestindo para o jantar.

Tey morrera em 1952 de câncer, aos 55 anos. Seu nome verdadeiro era Elizabeth MacKintosh, e ela nasceu em Inverness, na Escócia, filha de um comerciante de frutas e uma ex-professora. Nunca dava entrevistas e, até onde se sabe, não tinha amigos próximos. Não só eu jamais a lera, como jamais ouvira falar dela. Mas me vi devorando avidamente *Brat Farrar*. Estava entusiasmado para dá-lo à mamãe.

De quando em quando eu me obrigava a fazer uma pausa, baixar o livro e pensar. Minha mente não parava de se focar em mentiras. Eu teria ajudado mais minha mãe se lhe dissesse que a peruca não era tão legal? Provavelmente não. No entanto, tive dificuldade de lembrar uma única vez em que mamãe tivesse mentido para mim. Havia, é claro, minha tartaruga de pelúcia que ela dera para os órfãos, embora nenhuma tartaruga impostora no estilo Brat Farrar tivesse aparecido em seu lugar. E havia as mentiras em que ela dizia que algo de fato não era um problema, e é claro que era. Será que estava mentindo agora? Dizia não sentir dores, porém, todos a flagrávamos, em momentos de privacidade, fazendo caretas, ou respirando fundo, ou mordendo o lábio.

Por fim chegou a hora de sair da praia e voltar para a casa. Mamãe ainda estava no sofá, de costas para mim, quando entrei pela porta.

Havia uma pilha de papéis na mesinha de centro à sua frente. Era *A lição final.*

"O que você achou?", perguntei.

"Isso me fez sentir tão, mas tão sortuda."

"É mesmo?" Senti então necessidade de afirmar o óbvio. "Mas você tem exatamente o mesmo que ele."

"É claro. Mas ele tem três filhos pequenos e nunca vai poder vê-los crescerem, e nunca vai saber como é ter netos."

Perdidos na América

Muitas pessoas estão dispostas a falar sobre a morte, mas muito poucas sobre morrer. Mamãe, por outro lado, deixava claro, a todos que lhe perguntavam, que sabia que tinha uma doença incurável que acabaria por matá-la. Qualquer menção a algo que aconteceria dali a um ano — o casamento do filho de um amigo, por exemplo — trazia o assunto à tona. Mamãe geralmente dizia que adoraria comparecer, se ainda estivesse aqui e tivesse condições. Às vezes dizia francamente que não achava provável que ainda estivesse aqui.

Algumas pessoas continuavam a ignorar o modo como ela falava sobre seu câncer. "Tenho certeza de que você vai melhorar", elas diziam. Ou: "Você vai vencer essa doença." Ou contavam a história de um amigo, parente ou artista que teve uma recuperação milagrosa de algo que todos tinham considerado incurável e fatal.

Quando falávamos disso, ela de vez em quando expressava frustração. As pessoas não estavam ouvindo. Ela não ia melhorar. Mas às vezes acho que ficava genuinamente reconfortada, e de fato considerava que pudesse acontecer um milagre. Havia dias em que ela queria falar sobre sua morte, e dias em que não queria. Isso podia até mudar de um minuto para o outro. A sensação era como estar dentro de um carro com um motorista que abruptamente muda de pista sem dar nenhum sinal. Num minuto estávamos discutindo aspectos do seu funeral, então de repente ela começava a falar do filme para tevê de *Agência nº 1 de mulheres detetives*, a série de Alexander McCall Smith, e então, mal parando para respirar, voltava a falar do funeral — não queria flores na igreja.

Doug ficaria encarregado de todos os aspectos do ofício (eles tinham tido longas discussões sobre quais preces seriam lidas e quais hinos seriam cantados); a cerimônia certamente não devia passar de uma hora, nem um minuto a mais.

Anos antes de mamãe ser diagnosticada, depois que ela e papai tinham descoberto o movimento e o conceito de cuidados paliativos, eles tinham falado conosco de seus pedidos de "Não Ressuscitar", seus testamentos em vida e outras burocracias legais de que haviam cuidado. Enfatizaram que queriam morrer em casa; que não fossem tomadas medidas heroicas para salvar suas vidas uma vez que seus corpos começassem a falhar, caso fosse claro que eles de fato tinham uma doença terminal. Talvez isso ajudasse a explicar por que mamãe ficava tão à vontade para discutir todos os aspectos de sua morte, e o que precisava ser feito.

Uma amiga de um amigo meu de Londres uma vez visitara Nova York e ficara doente. Passou toda a sua estadia em Nova York enfurnada no apartamento do nosso amigo. Ao fim de uma semana assistindo à tevê americana dia e noite, anunciou que finalmente compreendera os ianques a fundo. "O lance dos americanos", ela disse, "é que vocês se preocupam muito com tudo o tempo todo".

Mamãe não era assim. Parte do que a tornava eficaz era que ela se preocupava com as coisas de modo sequencial. Fazia o que podia por tudo o que lhe dizia respeito, mas dedicava a maior parte de sua atenção a um único grande projeto por vez. Em seus últimos anos, essa coisa única seria a biblioteca no Afeganistão. Por isso, todos os dias eram cheios de telefonemas e reuniões para promover essa causa. Era preciso criar e distribuir folhetos, e convidar pessoas para eventos beneficentes. Era preciso estudar propostas, avaliar conceitos arquitetônicos para o prédio da biblioteca e pensar em questões de gerenciamento e logística das bibliotecas ambulantes. A segurança também era uma prioridade. Mamãe me disse que estava especialmente preocupada com seu amigo e colega de diretoria David Rohde, o redator do *New York Times*, pois ele estava fazendo reportagens em Kandahar para seu livro, e não estava instalado junto com as tropas americanas. "Mãe", eu disse num dia em que ela parecia especialmente cansada. "Todo mundo disse que não tem problema se você quiser relaxar, ficar em casa e ouvir música."

"Eu sei disso", mamãe disse. "E realmente vou desacelerar — assim que tudo estiver fechado em relação à biblioteca. Só vou trabalhar mais um pouco para tentar levantar verba, e então vou passar tudo adiante."

Em 16 de março de 2008, agora de volta a Nova York, fomos buscar os resultados do segundo exame desde que ela fora diagnosticada. Ela começara a reagir mal ao Xeloda, uma das drogas da quimioterapia, e seu uso tinha sido interrompido. Portanto, os resultados deste exame, como fomos advertidos, talvez não fossem tão bons quanto o primeiro.

Mamãe estava se sentindo melhor, ganhara algum peso e estava com mais energia. Por isso disse que não achava que pudesse ser uma notícia terrível, mas estava pronta para ouvir qualquer coisa. Lembrei de uma história dramática que ouvira na faculdade, contada por um homem que passara mais de vinte anos numa prisão na China. Eu sempre refletia sobre essa história (ou melhor, sobre minha lembrança não totalmente precisa dela) quando tinha que lembrar a mim mesmo que as boas e as más notícias muitas vezes são relativas às próprias expectativas da pessoa, e não algo absoluto.

Esse homem entrara para a CIA recém-saído de Yale, durante a Guerra da Coreia, e então seu avião fora abatido ao sobrevoar a China durante sua primeira missão e ele fora capturado. Ele se resignara totalmente ao fato de que talvez fosse condenado a vários anos de prisão e estava rezando para que sua sentença fosse menor que cinco anos. Isso ele era capaz de aguentar. Mas ficaria devastado caso fosse maior. Depois de dois anos em confinamento solitário, ele foi chamado para um tribunal junto com um monte de outros prisioneiros. A sentença de cada um deles seria lida, um após o outro. Contou ter ouvido a primeira sentença: morte. Depois a segunda: morte. Depois a terceira: morte. E, de repente, se viu rezando para passar o resto da vida na prisão. Isso ele era capaz de aguentar. Passar a vida na prisão foi de fato a sentença que ele recebeu — e ele ficou extasiado.

Contei esta história para mamãe e ela sorriu.

"Não ter nenhum novo tumor seria uma notícia ótima", ela disse.

Logo papai chegou, e então fomos chamados à sala de exames para esperar a dra. O'Reilly, que se juntou a nós depois de alguns minutos. Vestia seu avental médico de sempre — mas desta vez notei que estava usando um delicado colar de ouro. Seus olhos brilhavam mais que de costume — azuis quase turquesa, como joias em contraste com sua pele clara. Seus cabelos, como sempre, estavam penteados numa franja lisa e comprida, no estilo dos ídolos adolescentes. Talvez fosse imaginação minha, mas seus passos pareciam mais leves, como se ela estivesse explodindo de vontade de nos contar alguma coisa, e ela pareceu passar com pressa pelas perguntas iniciais. (*Como foi na Flórida? Como foram os tratamentos lá? As bolhas e feridas na boca — melhoraram bem? A prisão de ventre e a diarreia?*) Agora era hora dos resultados do exame.

"Bem, devo lhe dizer", a dra. O'Reilly começou a falar, "que as notícias são muito boas. Não há novos tumores, e os que existem diminuíram. É uma melhora significativa. E você recuperou peso. E sua energia?"

"Muito melhor", disse mamãe.

"É difícil acreditar que você é a mesma pessoa", disse a dra. O'Reilly.

"Quão menores estão os tumores da minha mãe?", eu perguntei.

"Bem, cerca de 30 por cento do fígado estava envolvido da primeira vez em que vocês vieram", ela disse, como sempre dirigindo-se a minha mãe, não importando quem tivesse feito a pergunta. "Agora está muito mais perto dos 15 por cento."

Pensei no agente da CIA, extasiado com a sentença de passar a vida na prisão. Só quando você já teve 30 por cento do seu fígado repleto de tumores cancerosos é que qualifica como ótima notícia você estar em 15 por cento. No entanto, se o número continuasse baixando, é claro, seria uma ótima notícia de qualquer ponto de vista. Quando olhei para mamãe, vi que a cor voltara ao seu rosto. Papai abrira um vasto sorriso, enquanto minutos atrás estava sorrindo de nervoso. Assim que voltamos à sala de espera, liguei para meus irmãos e meu tio para lhes dar o relatório.

Haveria mais tempo.

PAPAI FOI EMBORA, e mamãe e eu fomos para a quimioterapia. "Pelo jeito, as preces de todo mundo realmente fizeram diferença", ela disse, instalando-se na poltrona em uma das salas com cortina. "Vou ter que contar para o Fred." Fred era seu ministro na igreja presbiteriana da Madison Avenue.

"Você está com o livro de Wodehouse?", ela então me perguntou, sem perder o compasso.

"Sim, está bem aqui na minha bolsa. É tão divertido."

Os romances de P. G. Wodehouse com o mordomo Jeeves estavam se revelando uma alegria: histórias de um serviçal com habilidades insólitas e seu patrão adorável, porém, desafortunado. Meu afilhado mais velho, um classicista que virou advogado, é um enorme fã dos romances de Jeeves; seus pais, grandes amigos meus e dos meus pais, tinham insistido para que ambos déssemos outra chance a Wodehouse.

"Eu nunca tinha tido muita paciência para ler Wodehouse", disse minha mãe, "até agora. Mas acho as histórias maravilhosas. E mais meigas do que bobas. Certamente não tão bobas quanto *Brat Farrar*. Ainda não entendo por que você gostou tanto desse." O livro de Josephine Tey que eu lera na Flórida era um dos poucos livros sobre os quais mamãe e eu discordávamos. Ela argumentara que o final surpresa teria sido totalmente previsível mesmo que ela já não tivesse lido o final, e que ela não achava os personagens muito interessantes. Fiquei meio melindrado com isso.

"Eu simplesmente gostei", eu disse, percebendo que não estava apresentando um argumento muito bom. "E você às vezes não tem vontade de ler alguma coisa boba, só para se distrair, para tirar as coisas da cabeça?"

"Acho que para mim agora é muito mais difícil ler coisas muito bobas, quando há tantas coisas maravilhosas para ler e reler. E se o livro é bobo demais, acho que frequentemente é porque o escritor não tem nada a dizer de verdade — ou porque não há valores. Ou porque o livro inteiro é só uma preparação para um truque no final. Se você lê os finais primeiro, tem muito menos paciência para perder tempo com esse tipo de livro. Mesmo um livro bem escrito pode ser bobo e uma perda de tempo. Mas a maioria dos livros de Wodehouse é diferente. Não acho as histórias bobas. Gosto dos personagens dele — Bertie, Jeeves e Psmith. São levemente ridículos, mas também cativantes. E gosto das coisas estranhas que os personagens de Wodehouse colecionam, meias, prata, monóculos. Isso me lembra tanto dos nossos amigos que colecionam coisas esquisitas, como joias feitas com peças de *mahjong* ou cartões--postais de bandas marciais femininas. Ele claramente está se divertindo com esse mundo de jantares, compromissos e tias viúvas endinheiradas. É isso que quero dizer, Will. Os livros são divertidos, não são bobos. Há uma diferença."

"Mas e quanto a um livro como *Alice no país das maravilhas*? Esse livro é bobo?"

"Lewis Carroll definitivamente não é bobo. Tem bobagens, mas é um livro maravilhoso, fascinante e complexo. Estou falando desses romances em que os personagens não são interessantes de fato, e você não se importa com eles nem com nada daquilo com que eles se importam. São esses livros que não vou mais ler. Há tantas outras coisas para ler — livros sobre pessoas e coisas que importam, livros sobre a vida e a morte."

"Mas...", eu olhei para o chão, pois estava prestes a trazer à tona um assunto que não pretendera discutir ali nem naquele momento, "... não é difícil ler livros sobre a morte?" Fiz uma pausa. "Principalmente livros em que um personagem tem câncer?"

Ela fez que não com a cabeça. "Não é difícil ler sobre a morte como uma coisa abstrata. De fato acho difícil quando um personagem que eu amo morre, é claro. É possível sentir uma saudade verdadeira de um personagem. Não como você sente saudade de uma pessoa, mas ainda assim é possível sentir saudade deles. Acho que nunca vou superar a morte da Melanie em *E o vento levou*. Mas mesmo assim fico muito feliz por ter chegado a conhecê-la. Quanto a livros sobre câncer..." Ela fez uma pausa para refletir sobre a pergunta. "Bem, não acho que seja mais triste morrer de câncer que de um ataque cardíaco, ou de outra doença, ou num acidente ou qualquer outra coisa. Tudo é apenas parte da vida, da vida real. Se excluíssemos os livros onde há morte, não teríamos muito o que ler."

"Então você não se incomoda se lermos livros deprimentes?", perguntei.

"Não, de modo algum. É a crueldade que me afeta. Mesmo assim, é importante ler sobre a crueldade."

"Por que é importante?"

"Porque quando você lê sobre ela, fica mais fácil reconhecê-la. Essa sempre foi a coisa mais difícil nos acampamentos de refugiados — ouvir as histórias das pessoas que tinham sido estupradas, mutiladas ou obrigadas a ver a mãe, pai, irmã ou filho ser estuprado ou morto. É muito difícil encarar nos olhos esse tipo de crueldade. Mas as pessoas podem ser cruéis de várias maneiras, algumas muito sutis. Acho que é por isso que todos precisamos ler sobre isso. Acho que essa é uma das coisas incríveis nas peças de Tennessee Williams. Ele estava tão em sintonia com a crueldade — o modo como Stanley trata Blanche em *Um bonde chamado desejo*. Começa com olhares, frases sussurradas e comentários degradantes. Há tantos grandes exemplos em Shakespeare — quando Goneril atormenta o rei Lear, ou o modo como Iago fala com Otelo. E o que adoro em Dickens é o modo como ele apresenta todos os tipos de crueldade. É preciso aprender a reconhecer essas coisas desde o início. A maldade quase sempre começa com pequenas crueldades."

Isso me lembrou de que minha mãe passara anos lecionando inglês no ensino médio antes de voltar a Nova York. Perguntei se houvera livros deprimentes demais para ela ler ou dar em aula.

"Acho que não."

"Mesmo livros em que os personagens não só estão morrendo como também sentindo dor?"

"Mesmo esses."

"E mesmo aqueles onde coisas realmente ruins acontecem com as pessoas?"

"Sim."

"Certo. Bem, então eis nosso próximo livro." Fazia anos que eu ouvia coisas ótimas sobre *Perdidos na América*, de Russell Banks, e o livro estava havia séculos na minha prateleira. Também ouvira falar que era deprimente num nível brutal. Dei meu exemplar para mamãe e depois comprei outro.

O CLUBE DO LIVRO DO FIM DA VIDA

* * *

AO LONGO DAS páginas de *Perdidos na América*, você vê uma vida cair aos pedaços. Há algo no livro muito semelhante a *Encontro em Samarra*, pois uma decisão ruim começa a fazer tudo desmoronar. Como no livro de O'Hara, não é só a decisão ruim; a fraqueza e a teimosia também contribuem. O destino às vezes mora no caráter da pessoa — há pessoas que não podem mudar quem são, assim como não podem mudar o que acontece com elas. Banks faz uma crônica da degradação de um homem com defeitos, porém, compassivo, um jogador de hóquei, que se muda de New Hampshire para a Flórida com a mulher e os filhos para seguir o clássico sonho americano — criar uma vida melhor para si mesmo e sua família. O livro conta em paralelo a história de uma jovem haitiana, seu filho pequeno e seu sobrinho, e a jornada deles como refugiados — também para a Flórida — enquanto ela tenta construir uma vida nova para os três. As coisas dão errado de uma maneira horrível — tanto num barco ilegal quanto muito antes, em sua jornada até ele. Há uma violência sexual escabrosa, do tipo usado como arma de guerra contra tantas pessoas no mundo todo. Há outras formas de violência também. E fúria e crueldade. É um livro cheio de oportunidades perdidas, retratando vidas em que as pessoas poderiam ter tido uma chance, mas não tiveram; em que tudo o que podia dar errado deu.

Banks nasceu em 1940 no Massachusetts, sendo assim seis anos mais novo que minha mãe. Entrou para a faculdade com uma bolsa, mas abandonou o curso e começou a viajar em direção a Cuba, parando em St. Petersburg, na Flórida, onde se casou aos 19 anos, teve um filho e depois se divorciou em 1962, o ano em que nasci. *Perdidos na América*, publicado em 1985, foi seu segundo livro e um grande sucesso de crítica.

Ambos lemos *Perdidos na América* imediatamente — mas não tivemos oportunidade de discuti-lo. Faltavam algumas semanas para a próxima sessão de quimioterapia da minha mãe. Seu aniversário vinha logo em seguida, por isso nossa tarefa imediata era pensar em como iríamos comemorá-lo, e isto, junto com as atualizações de sempre sobre os netos, ocupava todos os nossos telefonemas. O exame mudara nossas vidas outra vez. Mamãe ainda estava morrendo, mas, felizmente, não tão rápido quanto temíamos. Ela ainda estaria morrendo durante algum tempo por vir. Ou, colocando em termos mais positivos, estaria vivendo. Apesar de tudo, comemoraríamos seu aniversário; o que mudara era o jeito como iríamos comemorar.

Para alguém com pouco apetite por comida, minha mãe expressara um desejo muito insólito para aquele aniversário. Cerca de um ano antes, descobrira um restaurante chamado Daisy May's que entregava um churrasco delicioso. O restaurante de verdade fica no que então era uma área desolada de Manhattan, um trecho da Eleventh Avenue que abriga concessionárias e funilarias, um ou outro bar, estacionamentos e prédios industriais. Não era um lugar perigoso, apenas degradado. Era ali que minha mãe queria comemorar seu aniversário de 74 anos. Não queria nada chique, formal ou caro, e queria comer no próprio restaurante — para que nenhum de nós tivesse que limpar nada.

O grupo seria pequeno — a família próxima, as duas irmãs do meu pai, e uns poucos amigos. Eu tinha encomendado um porco de 13 quilos e um monte de acompanhamentos: macarrão com queijo, batatas-doces, milho verde com cheddar, pêssegos bourbon, salada de repolho, cozido de feijão, couve-manteiga, torrada texana. Se o negócio é churrasco, ou você pensa grande ou é melhor nem pensar, como se diz. O porco foi encomendado com dois dias de antecedência. Eu mantinha minha mãe atualizada sobre vários detalhes durante nossas ligações matinais e pedia sua opinião: Quem deveria sentar onde? Era preciso ter purê de batata além das batatas-doces? A que horas deveria começar o jantar?

Conforme o dia da festa foi se aproximando, no entanto, percebi que mamãe estava se sentindo cada vez pior. Depois que acabou a euforia dos resultados do exame, passamos de "muito melhor" para "não muito legal". Ela faria um tratamento quatro dias antes de seu aniversário, acompanhada de uma amiga. Tinha esperança de que os esteroides que eles lhe deram junto com a quimioterapia a fariam aguentar as pontas. Eles geralmente lhe davam uma levantada. Mas desta vez não deram.

Na manhã da festa, telefonei para mamãe para consultá-la sobre os detalhes finais. Se parece que eu estava sendo meio louco com esse monte de perguntas, bem, eu estava. Mas só queria que o jantar fosse impecável. Queria que o porco e os acompanhamentos estivessem deliciosos, que a distribuição dos assentos fosse perfeita, que tudo acontecesse na hora certa. Queria que o tempo estivesse bom e que as pessoas conseguissem arranjar táxis depois. (Não há nenhuma estação de metrô por perto.) Queria que o lugar não fosse barulhento nem silencioso demais. O que eu realmente queria era que mamãe não estivesse morrendo para que eu não precisasse sentir que só tinha mais uma ou duas chances de organizar uma festa de aniversário para ela. Mas essa não era uma opção. Senti que precisava acertar com perfeição em cada detalhe.

Mas fazer isso é como estar numa corda bamba. Quem consegue aguentar a pressão? Mesmo assim, não consegui me impedir. Lembrei de quando visitei a Disneylândia, o Lugar Mais Feliz da Terra, e vi algumas famílias com pessoas prestes a arrancar os olhos umas das outras — as crianças choramingando sem parar de cobiça e exaustão, com todo o estresse daquilo, os pais apunhalando um ao outro com o olhar, as crianças mais velhas revirando os olhos ou claramente drogadas e ausentes. De vez em quando até se ouvia alguém dizer uma variação do seguinte discurso: "Viemos lá de longe, gastamos todo esse dinheiro e vocês vão se divertir, estão me ouvindo? Vão se divertir agora mesmo, caramba, senão eu arrumo as malas da família inteira e levo todo mundo para casa neste exato instante, e não voltamos nunca mais."

Então fiz minhas perguntas malucas, tentei planejar cada detalhe, e rezei para que não chovesse e para que o deus dos táxis sorrisse para nós.

Não choveu. E todos os detalhes estavam se encaixando. Exceto um. No dia do seu aniversário, mamãe estava se sentindo pior que "não muito legal". Estava se sentindo "abatida".

CHEGUEI CEDO AO Daisy May's. Mamãe já estava lá. Parecia pequena, frágil e cansada. Nos minutos antes de todo mundo chegar, eu a atualizei sobre como seria a noite e o esquema. Ela então foi conhecer Junior e seu pai, ambos parte essencial da equipe Daisy May's. Enquanto fuçava nos refrigeradores de vinho e cerveja, observei-a fazer o que sempre fazia. Ela se apresentou para eles e então fez perguntas sobre o lugar de onde vinham, e diante dos meus olhos eu a vi ficar um pouco melhor, um pouco mais forte. Por isso, quando todos chegaram, ela parecia ter voltado a ser quem era — ou então a uma imitação muito boa de quem ela era.

MAMÃE FICOU SENTADA na borda da cadeira, indisposta demais para comer, com um porco enorme colocado na sua frente. Minha função era usar as luvas grossas de borracha fornecidas pelo restaurante para aguentar o calor da carne do porco enquanto arrancava grandes pedaços dela com os dedos — o bacon, o pernil, o ombro — e depositava carne nos pratos de todo mundo. Muito primal.

A conversa, como talvez não fosse surpresa, voltou-se rapidamente para *O senhor das moscas*, o romance de 1954 escrito por William Golding, sobre crianças lutando pela própria sobrevivência numa ilha. No romance, aparece de forma marcante um porco que é alvo da ferocidade dos meninos, assim como um personagem com o maldoso apelido de Piggy [Porquinho]. No decorrer da refeição, porém, a conversa voltou-se para outros livros.

Mamãe e eu ainda não havíamos anunciado para ninguém da família que tínhamos um clube do livro. Era só uma coisa especial entre nós, que mal admitíamos, mesmo um para o outro. Afinal, que espécie de clube tem apenas dois membros? Ainda assim, ninguém achou estranho o fato de eu e mamãe termos ambos começado a falar, mais ou menos ao mesmo tempo, sobre *Perdidos na América*; não conseguimos mais esperar para discuti-lo. Quase todos os outros já tinham ouvido falar do livro, porém, meu irmão, que lê tanto quanto, se não mais que qualquer outra pessoa na família, era a única outra pessoa ali que o lera.

"O que vocês acharam?", perguntei tanto a Doug quanto a minha mãe.

"Brilhante", disse meu irmão.

"Sim", disse mamãe enquanto eu arrancava um suculento pedaço de bacon e o colocava, lindamente pingando de gordura, no prato da minha cunhada Nancy bem ao seu lado. "Brilhante. Mas tão deprimente. Acho que talvez seja a coisa mais deprimente que eu já li."

A coisa mais deprimente que ela já lera? Fiquei chocado. Será que eu tinha sido maluco de incluir *Perdidos na América* em nosso clube do livro improvisado? Talvez eu tivesse cometido um erro terrível.

Enquanto isso, à minha volta, a festa continuava — muita risada, muito mais porco. Uma das coisas ótimas no Daisy May's é que só pode haver um único porco por noite, e você não come num salão particular — não há salões particulares. Você come numa grande mesa de piquenique coberta com uma toalha xadrez, na outra ponta de um salão com duas outras mesas de piquenique gigantes, ambas cheias de uma variedade de pessoas comendo comida no estilo lanchonete, que compram no balcão da frente. É um lugar popular entre policiais e bombeiros, e o porco é um evento que envolve o restaurante inteiro. Todo mundo que é novo ali quer parar perto do porco, dar uma olhada e descobrir como se faz para conseguir um daqueles.

Por isso, ao longo de toda a noite, um pequeno desfile de pessoas vinha dizer "Desculpa interromper" e perguntar sobre o porco. Fiel a seus princípios, mamãe falava com todo mundo que se aproximava.

Eu via as outras pessoas do nosso grupo conferindo o estado da mamãe de vez em quando, e era óbvio que ela estava ficando cada vez menos animada. Meu irmão, quando não estava profundamente absorto numa conversa, mantinha breves conversas com um lado e outro da mesa. Doug tem uma capacidade notável de interagir totalmente nas conversas sem deixar de ficar atento ao conforto de todos à sua volta.

Comemos o resto da refeição com pressa, para garantir que ela atingisse seu desfecho antes que o tanto de adrenalina que mamãe conseguira reunir evaporasse ou fizesse o que quer que a adrenalina faz quando é gasta.

De sobremesa, comemos cupcakes veludo vermelho. Eles puseram uma vela no da minha mãe. Cantamos "Parabéns a você" num volume mais baixo — mamãe nunca gostava quando fazíamos muito barulho em restaurantes. Porém, todo mundo que estava no Daisy May's cantou junto assim mesmo. David tirou fotos. Então embrulhamos os restos e os dividimos entre as pessoas, insistindo para que os outros levassem, ou implorando com uma polidez elaborada, não porque não quiséssemos mais carne de porco nos dias seguintes, mas simplesmente porque a quantidade era enorme.

Quase num piscar de olhos, minha mãe estava num táxi a caminho de casa com meu pai. Era uma noite de céu limpo e havia muitos táxis na rua. David e eu caminhamos até em casa pela Eleventh Avenue.

Embora tivesse de fato sido uma noite divertida, de repente fui tomado por inquietação e tristeza. Sim, as pessoas tinham se divertido. Sim, o porco tinha funcionado, não só porque estava delicioso, mas também porque proporcionara a todos uma distração — algo para dar risada e discutir. Mamãe estava certa sobre o purê de batata (não era necessário) e sobre a distribuição dos assentos. E o mais importante, se sentira bem o suficiente para comparecer.

Mas o que eu estava pensando ao dar *Perdidos na América* para ela ler? Ela tinha dito que gostava de livros sérios, mesmo deprimentes, mas será que aquele era deprimente demais? Será que eu lhe dera não mais do que ela era capaz de aguentar, mas, talvez, mais do que ela quisera aguentar? Será que eu deveria ter lido o livro primeiro antes de sugeri-lo — ou apenas percebido pela descrição na contracapa que talvez fosse atroz demais, deprimente demais, para uma pessoa que está morrendo?

David e eu logo chegamos em casa, mas eu não conseguia dormir. Como podia ter sido burro a ponto de sugerir esse livro? David dormia enquanto eu andava de um lado para outro, em silêncio, pelo nosso apartamento, carregado de remorso. Não é preciso ser um gênio da psicologia para saber, e eu sabia, que eu estava agindo feito um louco. Não dera a minha mãe o remédio errado, nem a fizera ficar de pé no frio, nem a deixara com febre para se virar sozinha na beira da estrada. Certo, então eu tinha sugerido um livro que talvez fosse um pouco sombrio. Essa não era nem uma ofensa especialmente grande no panteão dos crimes de clube do livro, em que o pior pecado que alguém podia cometer era não ler o livro em questão — ou ainda pior, mentir que tinha lido o livro, quando na verdade você só viu o filme, uma mentira geralmente desmascarada quando você usa o nome do ator por engano. ("Adoro a parte em que o Daniel Day-Lewis...")

Muitas pessoas que sofrem do meu tipo de insônia têm diversas estratégias de comportamento para lidar com ela. Uma das técnicas consiste em manter um bloco de notas ao lado da cama. Anotamos nossas preocupações — para tirá-las de nossos cérebros insistentes e colocá-las no papel, para que possamos dormir sabendo que elas estarão lá, em preto e branco, para nos preocuparmos quando acordarmos, e também sabendo que provavelmente vamos achar essas mesmas preocupações irrelevantes ou mesmo ridículas quando a manhã enfim chegar. Tentei isso. Não funcionou. Eu ainda estava acordado.

Era tarde demais para tomar um Ambien. Eu tinha que acordar na manhã seguinte para minha conversa das oito da manhã com mamãe. Por isso fiz aquilo que viria a fazer ainda tantas vezes naquele ano: Fiquei sentado no escuro, me recriminando. Então vi um pouco de televisão — episódios que gravara de *Na real [The Real World]*, um reality show que eu adorava, sobre sete jovens escolhidos para morar numa casa e deixar sua vida ser filmada. Então tentei ler, sem conseguir. Por volta das quatro da manhã, finalmente adormeci por algumas horas. Quando acordei, lembrava de ter passado a maior parte da noite em claro, mas no começo só tinha as memórias mais vagas do que me mantivera acordado — talvez fosse porco demais, cerveja demais, estresse demais? Após servir de alarme humano com função soneca para David — que toda manhã é o rei do "mais cinco minutos, mais cinco minutos" —, finalmente dei uma olhada no "bloco de preocupações" que deixava ao lado da cama. Dizia:

VOCÊ PRECISA ESCOLHER LIVROS MAIS ALEGRES PARA O CLUBE DO LIVRO.

ÀS 8H15 DA manhã, telefonei para mamãe. Ela disse que se divertira muito no aniversário, e era muito grata a David e a mim e a Doug e Nancy, que tínhamos dividido a conta e sido coanfitriões.

"Já mandei vários e-mails hoje de manhã", ela acrescentou.

"Sobre o quê?", eu perguntei.

"Principalmente arranjos para a viagem que seu pai e eu vamos fazer para a Inglaterra e Genebra na primavera. E eu também queria mandar vários e-mails para pessoas sobre *Perdidos na América*. Fiquei acordando e pensando em pessoas que deveriam ler esse livro."

O véu pintado

Antes de ficar tão doente, minha mãe não era muito fã de ir ao médico. Quando seu médico anterior se aposentou, ela disse ao novo que só viria ao consultório dele se estivesse morrendo. Então de fato foi muito estranho que, da primeira vez em que marcou uma consulta após seu exame inicial, quando acabara de voltar do Afeganistão, ela realmente estivesse morrendo, embora ainda não soubesse.

Sua saúde mantivera-se relativamente boa desde a cirurgia na vesícula uns poucos anos antes, tirando o fato de que ela constantemente pegava, como escrevi, uma tosse ou alergia ou problema de estômago em suas viagens. E, embora não participasse de caminhadas pela cura, nem jamais, que eu tenha ouvido, se referisse a si mesma como uma sobrevivente de câncer de mama, ela de fato considerava aquilo uma das maiores experiências da sua vida, novamente colocando-a em termos não de azar por ter tido a doença, mas de sorte por ter sobrevivido.

Agora ela estava consultando médicos o tempo todo: a dra. O'Reilly e seu clínico geral, e o médico que colocara o *stent* e iria substituí-lo quando estivesse contaminado, e os médicos do pronto-socorro onde ia quando tinha uma febre repentina, e diversos especialistas para diversas coisas.

No começo de abril de 2008, ela faria seu único tratamento do mês, portanto essa seria nossa próxima reunião do clube do livro. Agora fazia mais de seis meses desde o diagnóstico inicial, época em que ela estava fazendo quimioterapia sem parar. Mamãe estava se sentindo cada vez mais "não muito legal", e a dra. O'Reilly decidiu dar ao corpo dela umas poucas semanas para se recuperar depois deste tratamento.

Estando no Sloan-Kettering, mamãe e eu muitas vezes nos víamos falando de médicos e livros. Mas, durante aquele encontro, falamos de médicos *nos* livros, coisa que você acaba fazendo com frequência quando fala sobre Somerset Maugham, cuja coletânea de contos eu comprara no Vero Beach Book Center. Eu lera o volume e depois dei a ela.

Os contos de Maugham haviam nos trazido de volta a seus romances. Maugham escrevia de forma brilhante sobre médicos, tendo se formado e trabalhado durante seis anos como um deles. Não relemos *Servidão humana*, seu primeiro grande sucesso, mas decidimos que era hora de revisitar *O véu pintado*, a história de um médico e sua mulher infiel, Kitty, que viajam, por motivos muito diferentes, à China rural para combater uma epidemia de cólera. Ele escreveu o livro em 1925, aos 51 anos de idade, inspirado em parte numa história que ouvira em suas viagens sobre uma mulher em Hong Kong que se envolvera num escândalo por trair o marido; mas também, dizia ele, por uma cena do Livro V do *Purgatório* de Dante, em que um homem que suspeita estar sendo enganado pela mulher a leva para seu castelo, na esperança de que os "vapores infestos" dos pântanos e lodaçais ao redor a matem.

O véu pintado é um desses livros sobre grandes temas que também contam uma ótima história. É sobre infidelidade, perdão e bondade — e também coragem. Um dos grandes prazeres do livro é observar Kitty descobrir sua coragem e vê-la perceber que isso não é algo que ou a pessoa tem ou não tem, como determinada altura, mas que pode ser desenvolvido.

"Quero te mostrar meu trecho favorito", mamãe disse, me entregando seu exemplar do livro. Ela estava em sua posição de costume numa poltrona confortável na sala de tratamento, com um travesseiro embaixo do braço, um copinho de papel com suco ao lado. Estava com o dedo na parte em que Kitty descreve as freiras para quem está trabalhando num orfanato chinês:

> Não sei como lhe dizer o quão profundamente me emocionei com tudo o que vi no convento. Elas são maravilhosas, essas freiras, e me fazem sentir que não valho absolutamente nada. Abrem mão de

tudo, seu lar, seu país, amor, ter filhos, liberdade; e todas as pequenas coisas que às vezes acho que devem ser ainda mais difíceis de abrir mão, flores e campos verdes, sair para passear num dia de outono, livros e música, conforto, de tudo elas abrem mão, de tudo. E fazem isso para poder se dedicar a uma vida de sacrifícios e pobreza, obediência, trabalho penoso e oração.

Lembrei-me de ter notado esse trecho, mas também me lembrei do que vinha em seguida. Disse a minha mãe: "Mas a Kitty também se pergunta se talvez as freiras tivessem sido enganadas. E se não houver vida eterna? Então qual foi o sentido de todo o sacrifício delas?"

Ela franziu o rosto. Assim como outro personagem corrige Kitty, ela também me corrigiu. No romance, primeiro alguém diz para Kitty considerar a beleza da vida das freiras perfeitas obras de arte, a despeito do que vier depois. Depois se pede que ela pense num concerto sinfônico, no qual cada músico toca seu próprio instrumento, contente em participar de uma sinfonia que não é menos linda pelo fato de haver ou não haver alguém para ouvi-la. E finalmente alguém diz para ela contemplar o Tao: "Poderoso é aquele que conquista a si mesmo."

Minha mãe disse: "Kitty admira a coragem das freiras — mas é tão corajosa quanto elas, ou ainda mais. As freiras fazem o que fazem sem medo; ela faz o que faz apesar do medo. Acho que é isso que o amigo dela quer dizer quando cita o Tao. E, além disso, a recompensa das freiras está nesta vida e na vida depois desta. Elas não foram enganadas de modo algum."

Graças a Maugham, ou graças a Kitty, continuamos a falar sobre coragem em geral, e a coragem da ela em particular. Isso era algo que eu queria discutir, mas mamãe costumava rejeitar instantaneamente as tentativas de qualquer pessoa de descrevê-la como uma mulher corajosa; as pessoas estavam sempre perguntando onde ela arranjara coragem para ir a Darfur ou à Bósnia enquanto o país estava sendo bombardeado, ou a uma colônia de leprosos.

"Essa última pergunta sempre me deixa irritada", disse mamãe. "Todo mundo deveria saber que a lepra é muito difícil de se contrair, e totalmente tratável. Visitar alguém que está gripado exige muito mais coragem."

"É por isso que você está sempre dando artesanato feito por leprosos de presente às pessoas — para aproveitar a oportunidade de ensinar isso a elas?", perguntei. Meu irmão e eu a provocávamos de forma sutil sobre esta propensão.

"Não, não tem nada a ver com isso", mamãe disse, só um pouco indignada. "Eu dou às pessoas artesanato feito por leprosos porque é muito bonito."

E agora as pessoas estavam o tempo todo a elogiando por sua coragem em face da doença. "Você é tão corajosa", elas lhe diziam. E diziam isso para nós, também. Essa tornou-se a segunda palavra tabu com "c". "Sua mãe tem tanta coragem."

"Bem, mas e quando as pessoas elogiam você por ser corajosa de enfrentar o câncer?"

Ela nem parou para pensar. "As pessoas corajosas são as como aquela moça que estava tentando descobrir um jeito de comprar remédios que não podia pagar — sem deixar a mãe saber o quanto estava custando." Essa, no caso, era a mulher para quem minha mãe comprara os remédios — elas tinham mantido contato. "Estou recebendo o melhor e mais caro tratamento do mundo, e simplesmente não acho que isso seja coragem. Se eu fosse corajosa de fato, dispensaria o tratamento para que o dinheiro pudesse ir para campanhas preventivas ou para pesquisa."

Por mais que tentasse naquele dia, não consegui fazer minha mãe admitir que fora corajosa em algum momento. As pessoas que ela achava corajosas eram aquelas que ela buscava ajudar e servir.

Muitas vezes falava sobre um menino refugiado que conhecera num hospital no Afeganistão. Ele fora vítima de uma mina terrestre e perdera uma perna. Ela disse que lhe trazia os cumprimentos de alunos de escolas de Nova York. "Fale para eles não se preocuparem comigo", esse menininho disse a ela de seu leito de hospital. "Ainda tenho uma perna."

Também falava de John Kermue, um refugiado liberiano que conhecera num acampamento onde o havia fotografado. Um ano depois, quando mamãe lhe avisara que voltaria à Libéria para outra viagem em busca de fatos, ele se deu conta de que ela não conseguiria localizá-lo porque ele tinha se mudado para um acampamento diferente. E, então, ele saiu escondido e viajou até Monróvia para encontrá-la no aeroporto, depois conseguiu convencer um cordão de soldados a deixá-lo furar a proteção pesada do terminal, dizendo que estava ali para encontrar sua mãe. Os soldados disseram que, se ele estivesse mentindo, iriam matá-lo. Quando minha mãe desceu do avião, ouviu uma voz gritar "mãe!" e entendeu imediatamente o que estava acontecendo. "Filho!", ela gritou, abraçando o menino. Com a ajuda dela, ele depois viria aos Estados Unidos para estudar direito criminal.

Ela me lembrou da coragem de uma família bósnia que conhecera enquanto estava no país como monitora eleitoral. Eles tinham que cruzar a pé uma área densamente tomada por minas terrestres para chegar a seu posto eleitoral, mas estavam dispostos a fazer isso, apenas para poder votar. Para acompanhá-los, mamãe formara uma dupla com um voluntário holandês muito jovem — a monitora mais velha, minha mãe, junto com o mais novo. Ela e seu colega monitor queriam andar na frente. "Não", insistiu a família. "Nós devemos ir primeiro. Vocês vieram nos ajudar, e não o contrário. Então se for para alguém explodir, que sejamos nós."

Além disso havia sua amiga Judy Mayotte, que tivera poliomielite na faculdade, precisara reaprender a andar, tinha sido freira durante uma década, e depois tornou-se perita mundial em refugiados. Ela foi presidente do conselho da Comissão Feminina durante vários dos anos em que minha mãe foi diretora.

Em 1993, Judy estava no sul do Sudão, ajudando uma comunidade que precisava desesperadamente de comida. Havia sido planejada uma distribuição aérea, e os aviões deveriam vir de uma certa direção. Eles vieram de outra. Um saco de comida de 90 quilos, lançado do céu, errou o alvo e aterrissou na perna de Judy, esmagando-a em dez pontos. Como que por milagre, havia um médico prestando assistência justamente ali; Judy estava sangrando tanto que em certo momento não tinha pulso.

Primeiro, a parte inferior da perna de Judy foi amputada na África. Depois, na clínica Mayo, a maior parte da coxa precisou ser amputada também. Mas Judy sobreviveu e continuou trabalhando com refugiados.

"Felizmente, a perna que foi esmagada era minha perna afetada pela pólio", Judy contaria a um repórter do *Chicago Tribune*. "Sempre fui sortuda."

Todas essas pessoas mamãe considerava corajosas.

"Entendo, mãe, e concordo. Estas são todas histórias incríveis de coragem. Mas você não precisou de coragem para atravessar o passo Khyber, na época em que atiraram em você, quando o Afeganistão estava quase totalmente fechado? Ou para pegar aquele helicóptero russo para sair de Darfur com todos aqueles troncos soltos rolando lá dentro?"

"Não, isso não é coragem de verdade", ela insistiu. "Eu quis ir a todos esses lugares, portanto, como isso pode ter sido um ato corajoso? As pessoas de quem estou falando, elas fizeram coisas que não queriam fazer porque sentiram que precisavam, ou porque achavam que era a coisa certa a fazer. A coragem daquele menininho, ou da família bósnia, ou de John, ou de Judy — isso é muito difícil de compreender."

"Certo, mas e quando você dividiu um albergue no Afeganistão com aqueles 23 guerreiros *mujahidin*?"

"Foi muito mais corajoso da parte deles", disse minha mãe, rindo. "Acho que eles morriam de medo de mim."

Estava ficando tarde, e meio frio. A quimioterapia estava demorando um tempão. Ambos olhamos para cima de relance, para conferir se havia soro suficiente. Como dois riachos confluindo, o soro tinha que pingar no mesmo tubo que a quimioterapia, para que ambos pudessem correr juntos para dentro do corpo da minha mãe. Se o soro acabasse antes da quimioterapia, nos advertiram os enfermeiros — bem, então o fluido talvez ardesse. Isso nunca acontecia, mas nos dava outra coisa para pensar e era uma distração muito bem-vinda. Eu sentia que estava fazendo alguma coisa, simplesmente por olhar de vez em quando para a bolsa plástica de soro. Assim como as boas professoras de jardim de infância dão a cada criança uma pequena tarefa — limpar o apagador da lousa, conferir se o coelho está com comida —, do mesmo modo, eu acho, os enfermeiros dão coisinhas para os parentes fazerem, para que possamos nos sentir úteis. Ficar de olho no soro. Conferir. Quase acabando. Mas a quimioterapia também.

"Acho que as outras pessoas que são realmente corajosas", continuou mamãe, "são pessoas que assumem posturas que não agradam muito aos outros. Coragem física é uma coisa. E às vezes, é claro, coragem física não é coragem de modo algum, mas sim pessoas sendo insensatas — principalmente quando colocam em risco outras pessoas que têm que resgatá-las. Para todo lugar aonde eu ia nas missões em prol dos refugiados, sempre conferia com a equipe local para garantir que não estávamos correndo riscos desnecessários ou forçando-os a fazer qualquer coisa que os deixasse desconfortáveis. Isso é muito importante".

Em pouco tempo, tanto o soro quanto a quimioterapia acabaram. A enfermeira veio desconectar minha mãe. Geralmente ela ficava de pé logo depois disso e recolhia suas coisas, e estávamos prontos para ir. Hoje ela ficou na poltrona.

"Você está bem, mãe?", eu perguntei. Ela parecia muito cansada.

"Estou me sentindo meio triste. Sei que existe uma vida eterna — mas eu queria fazer tantas outras coisas aqui."

Eu não sabia o que dizer. Por isso apenas disse: "Eu sei."

"Mesmo assim", disse ela, "tenho um forte pressentimento de que vou receber uma notícia muito boa em breve".

MAMÃE VINHA ESTANDO cada vez mais em contato com seu velho amigo de Harvard, aquele com quem voltara a se comunicar recentemente, o que lhe dera *Refrigério para a alma*. Este foi seu primeiro grande presente para ela. Conforme conversaram ao longo dos meses seguintes, ele ficou emocionado com as histórias dela sobre o Afeganistão e sua paixão pela educação. Ele adorava livros tanto quanto ela, talvez até mais. Então um dia, do nada, disse que odiava vê-la trabalhar tão duro. Então queria propor um acordo: Se ele contribuísse com algum dinheiro para construir a biblioteca no Afeganistão, ela prometeria pegar um pouco mais leve? Sim, ela prometeu. Pegaria mais leve.

UMAS POUCAS SEMANAS depois do encontro do clube do livro em que tínhamos discutido *O véu pintado*, meu telefone tocou. Geralmente era eu que ligava para mamãe, mas desta vez ela não conseguiu esperar: tinha algo de urgente para me contar.

"Você não vai acreditar", ela me disse ao telefone naquela manhã. "Você não vai acreditar. E não pode falar para ninguém. Mas aquele amigo que não quer que eu trabalhe tão duro pela biblioteca..."

"Sim", eu disse.

"Bem, ele acaba de me contar que vai doar um milhão de dólares para construí-la."

Assassinato na catedral

Durante dias após a notícia da doação de um milhão de dólares para a biblioteca no Afeganistão, mamãe ficou tão feliz e otimista quanto eu jamais a vira desde que adoeceu. Já em meados de maio, no entanto, ela estava sofrendo de febres altas que nem mesmo várias doses de antibióticos conseguiam domar. E uma semana antes de sua partida prevista para Genebra para ver minha irmã e sua família, um dos amigos dela morreu.

É claro que ela compareceria ao funeral e à cerimônia memorial. De pé junto com ela na sua cozinha, eu, acalentando um pequeno espresso morno, perguntei se era deprimente ir a funerais e cerimônias memoriais quando seu próprio tempo restante de vida era limitado.

"Funerais e cerimônias memoriais são apenas parte da vida. E eu sei que existe a vida eterna." Geralmente minha mãe dizia *acredito*. Nos últimos tempos, notei, ela dizia *sei*.

"E como você decide se deve ir ou não a uma cerimônia? Quer dizer, e se você não conhecesse muito bem a pessoa, ou talvez nem a conhecesse, mas conhecesse só o cônjuge ou um filho?"

"Se você precisa pensar se deve ou não deve ir, então você deve ir. Mas se não pode ir, não vai. Neste caso você escreve a nota mais simpática que pode." Minha mãe pareceu distraída por um segundo. "Droga, tinha uma coisa que eu queria te contar e agora esqueci."

Aquilo não era a quimioterapia no seu cérebro. Mamãe sempre tinha uma lista impossivelmente longa de coisas que ela queria nos contar. Não se podia esperar que alguém lembrasse todas elas. Nós conversamos por mais um tempo, e então seu rosto se iluminou — ela lembrara da coisa que queria me contar.

"Ah, sim. Deixa eu te mostrar uma coisa." Ela saiu da cozinha mas voltou quase imediatamente, com um cartão impresso na mão. Dizia: "Neste momento muito triste, nossa família agradece sua expressão gentil de simpatia." Mamãe cortara o *muito triste*, e trocara o *nossa família* por *família Schwalbe*.

"Acho que esse é um jeito delicado de agradecer às pessoas suas notas de condolências", ela disse. "Mas tirem o 'muito triste', pois soa meio funesto, e vocês também deviam deixá-lo mais pessoal com o nosso nome. Do lado de dentro da nota, vocês vão querer escrever alguma coisa que se refira a algo que eles disseram na deles. E sei que esta está em tinta preta, mas acho que vocês deviam usar tinta azul — tanto para as palavras gravadas quanto para o que vocês escreverem. O preto é muito sombrio."

Então era isso que ela tinha esquecido de me contar e depois lembrou — como responder às notas de condolências que receberíamos após sua morte.

Meus pais foram para Genebra em abril de 2008. Ela passou o voo inteiro tremendo de febre e com calafrios. Enquanto estava lá, teve que ir várias vezes ao hospital, mas estava decidida a passar um tempo com Milo e Cy — mesmo que seu corpo não estivesse em condições. Precisou antecipar a volta. Meus pais adoravam suas viagens juntos — ver lugares novos, ir a museus e concertos, encontrar amigos e amigos de amigos. Era uma das grandes paixões que tinham em comum (embora meu pai preferisse ir apenas nas viagens mais confortáveis, deixando-a viajar sozinha para os acampamentos de refugiados e para países em desenvolvimento). Por isso ambos ficaram decepcionados de voltar para casa, embora ainda não estivessem dispostos a desistir da ideia de fazer mais viagens ao exterior no futuro.

Chegando em casa, mamãe ficou imersa no planejamento de uma reunião de conselho para a biblioteca no Afeganistão. O milhão de dólares transformara o projeto, antes um sonho maluco, em algo que aconteceria quase com certeza: era um terço do dinheiro de que precisavam e permitiria que não só começassem a construção da biblioteca principal em Kabul, como também financiassem algumas das bibliotecas ambulantes. Minha mãe, é claro, não mantivera sua parte do acordo. Não ia parar de trabalhar naquilo — talvez estivesse trabalhando ainda mais do que antes.

Tínhamos escolhido, como próxima seleção do clube do livro, a nova coletânea de contos de Jhumpa Lahiri, *Terra descansada*, pois nós dois tínhamos adorado seu romance de 2003, *O xará*, e seu primeiro livro de contos, *Intérprete de males*, que ganhara o Pulitzer em 1999. Nascida em Londres em 1967, Lahiri se mudara com os pais quando criança para os Estados Unidos. Os personagens imigrantes de Lahiri muitas vezes vivenciaram os mesmos tipos de deslocamento que mamãe tinha visto em seus amigos refugiados; muitos deles penam para equilibrar duas culturas, tentando preservar o conhecido enquanto assimilam o novo.

Lahiri deixa explícita a relação entre imigrantes e refugiados quando descreve, no livro novo, certo personagem que se tornou fotógrafo de guerra: "Ele se lembrava das mudanças de sua família toda vez que visitava outro acampamento de refugiados, toda vez que observava uma família vasculhar escombros em busca de suas posses. No fim, a vida era isso: uns poucos pratos, um pente favorito, um par de chinelos, o colar de contas de uma criança."

A coletânea começa com um conto sobre um homem cuja esposa acaba de morrer, e a visita dele à sua filha adulta e à família dela. O livro termina com um ciclo de contos sobre dois personagens, a mãe de um dos quais morre de câncer. Falamos sobre esses contos, mas não mais do que sobre todos os outros e não nos focando nas mortes ou no câncer. No primeiro conto, a morte aconteceu antes de a história começar; no conto mais perto do fim, a mãe, durante muitíssimo tempo, não quer que ninguém saiba que ela está doente. Em ambos os contos, a ênfase é nos sobreviventes — um pai e sua filha; um pai e seu filho — e como as mudanças que aconteceram ou estão acontecendo em suas circunstâncias trazem ao primeiro plano sua incapacidade de se comunicar.

Mamãe e eu discutimos o imenso abismo entre gerações que existe em boa parte da obra de Lahiri, e como a vida pode ser dura para os filhos de imigrantes e refugiados. Discutimos os personagens de Lahiri como se fossem amigos nossos, ou mesmo parentes. Por que este não disse isto, ou não contou aquilo para alguém, ou não deixou ninguém saber que ele estava tão infeliz, tão sozinho, tão assustado? Os personagens de Lahiri, assim como as pessoas à nossa volta, estão o tempo todo dizendo coisas importantes uns para os outros, mas não necessariamente com palavras.

QUANDO FALAMOS SOBRE qual livro escolheríamos em seguida, minha mãe disse outra vez que queria muito voltar para algo que já tivesse lido e adorado. Após pensar um pouco, decidiu que deveria ser *Assassinato na catedral*, o drama em versos de T. S. Eliot, escrito em 1935. Ela participara do coro desta peça numa produção conjunta da Harvard e de Radcliffe, quando estava na faculdade.

Desde que tenho lembrança, meus pais mantinham um belo exemplar com um box protetor numa parte especial da estante de livros, bem no centro, junto com outros volumes preciosos, incluindo as coleções encadernadas em couro — Thoreau, Dickens — que minha mãe herdara de seu avô. O motivo de isso ter ficado na minha mente é porque me deparei com o livro pela primeira vez em Cambridge quando era criança, enquanto vasculhava as estantes deles em busca de um mistério para ler. Na época eu ainda estava obcecado por Alistair MacLean, mas já devorara tudo dele que tinha à mão. *Assassinato na catedral* soava exatamente o livro certo para ler após *Força 10 de Navarone*. Li várias páginas incompreensíveis (para mim na época) antes de colocá-lo de volta de qualquer jeito na prateleira, julgando-o uma obra de apelo muito limitado — assim como um livro intitulado *Rejuntando Eton*, sobre o restauro da argamassa das construções de pedra da cidade de Eton, livro que meu pai adorava e que ficava logo ao lado dele.

UMAS POUCAS SEMANAS depois de escolher *Assassinato na catedral*, mamãe e eu nos vimos sentados no ambiente não tão simpático da sala de espera do pronto-socorro, pois mamãe tivera uma febre repentina. Estávamos esperando para saber se ela poderia tomar antibiótico e ir para casa, ou se precisaria ficar no hospital. Ambos tínhamos terminado de ler *Assassinato na catedral*. Perguntei se tinha sido a nostalgia que a levara a querer ler a peça de Eliot outra vez. Ela disse que não era isso, de modo algum. Queria revisitar a peça por dois motivos: a beleza do texto e o personagem Thomas à Becket, um homem que prefere aceitar o martírio a ignorar sua consciência. "Acho a peça muito inspiradora", ela disse.

Enquanto esperávamos que ela fosse chamada para a sala de exame, minha mãe me disse que, quando falara recentemente da coragem de assumir uma postura que pouco agrada aos outros, era Becket que ela tinha em mente. Então, estando nós ainda sentados ali, com toda a atividade do pronto-socorro à nossa volta — pessoas andando de um lado para o outro ou gemendo em voz baixa, enfermeiros que entravam e saíam com pressa —, ela acrescentou: "Ele também é capaz de aceitar a morte. Não está feliz com isso, mas está perfeitamente calmo. Quando eu parar com todo este tratamento, será porque é hora de parar."

"Você está preocupada como vai fazer esta escolha?"

Ela fez que não com a cabeça. "De jeito nenhum. Tenho certeza de que os médicos vão nos deixar saber."

Eu não tinha tanta certeza disso. Mamãe tinha médicos fenomenais, os melhores, mas esta era a área mais delicada de todas. Como um médico diz a alguém que agora acabou, que há coisas que eles poderiam fazer, mas provavelmente não deveriam, e que se sua meta é a qualidade e não a quantidade de vida, simplesmente não existe um bom tratamento seguinte? Muitos médicos simplesmente evitam essa conversa.

Sei que os médicos têm alguns pacientes que imploram para que digam a verdade, por mais funesto que seja o prognóstico, e que garantem aos médicos ser capazes de aceitar as notícias mais duras, e afirmam não ter desejo de medidas heroicas e dolorosas que lhes permitam aguentar precariamente mais algumas semanas ou meses. Porém, muitos destes mesmos pacientes acabam sendo aqueles que não conseguem dar conta de ouvir a verdade e que, perto do fim, querem fazer todo o possível, mesmo o que for doloroso, para adiar a morte nem que seja por uma questão de dias. O que poderia ser mais humano do que querer viver?

A dra. O'Reilly jamais dera um cronograma à mamãe. Ouvia o que minha mãe queria, prescrevia os melhores tratamentos que podia e os ajustava, equilibrando sua eficácia e os efeitos colaterais de acordo com o desejo da minha mãe, que era ter o máximo possível de tempo bom, e não o máximo de tempo possível, fosse ele bom ou ruim. Nossas consultas com ela limitavam-se a discutir como minha mãe estava se sentindo e se o tratamento estava funcionando. Olhávamos para o futuro apenas o suficiente para agendar novos exames e planejar os tratamentos dela de acordo com as viagens que ela queria fazer — Londres, Genebra para ver os netos, Flórida. A dra. O'Reilly a ajudaria a fazer tantas destas viagens quantas fosse possível.

Logo era hora de mamãe falar com o médico do pronto-socorro que a examinaria; fui deixado na sala de espera, me perguntando se o médico nos diria que ela precisava ficar ou que podia ir embora. Não haveria ambiguidade. Seria uma resposta ou a outra.

Meus pensamentos voltaram para *Terra descansada* e a habilidade de Lahiri de capturar os jeitos sutis como as pessoas se comunicam ou não. Como leitor, muitas vezes você está dentro da cabeça de um ou mais personagens, por isso sabe o que eles estão sentindo, mesmo se eles não são capazes de dizê-lo exatamente, ou o dizem de forma tão indireta que os outros personagens não captam. Os leitores são frequentemente lembrados do abismo entre o que as pessoas dizem e o que querem dizer, e tais momentos nos instigam a ficar mais em sintonia com gestos, tons e expressões. Afinal, cada um de nós se revela através de um número estonteante daquilo que os jogadores de pôquer chamam de "deixas" — pistas verbais e visuais que revelam intenções verdadeiras a qualquer um que seja observador o bastante para notá-las.

Mamãe era uma leitora e uma ouvinte. Quando seria a hora de parar os tratamentos? Pensei em suas palavras exatas. Ela não me respondera dizendo que tinha certeza de que a médica nos "avisaria". O que minha mãe dissera era que tinha certeza de que a médica nos "deixariam saber". O importante era prestar atenção.

MAMÃE ACABARIA PASSANDO seis dias no hospital com uma infecção violenta. A boa notícia era que um exame recente mostrara que os tumores, embora não estivessem mais diminuindo, também não estavam crescendo. A outra boa notícia era que a primavera chegara. A volta do tempo quente surtiu um efeito salutar na minha mãe, mesmo que ela só pudesse vê-lo de longe, através de uma janela do hospital. A infecção fora causada por uma obstrução no *stent* que mantinha a bile fluindo entre o pâncreas e o fígado; para resolver o problema, eles precisaram inserir um invólucro de plástico dentro do *stent*; e foram precisos antibióticos intravenosos e duas transfusões de sangue antes que ela estivesse bem o bastante para ir para casa.

Seria uma de muitas estadias no hospital como aquela, todas assustadoras por diversos motivos. Quando você está doente, o último lugar onde quer estar é em um hospital. Tínhamos o receio constante de que ela pegaria uma infecção ali, e várias vezes pegou: uma infecção de estafilococo algumas vezes e um episódio de *C. diff.*, uma horrível infecção bacterial (nome completo: *Clostridium difficile*) que ainda voltaria a atacar.

Quando mamãe estava no hospital, papai ficava ao lado de sua cama por tanto tempo quanto o horário de visita permitia. Doug e eu (e Nina, quando estava em Nova York) a visitávamos o máximo possível, com mamãe sempre sugerindo em algum momento que levássemos nosso pai para comer um hambúrguer e tirar uma folga daquele lugar. No almoço, tínhamos conversas amenas com nosso pai sobre nosso trabalho e nossas vidas, e tentávamos prever quantos dias mamãe precisaria ficar no hospital desta vez. Seguindo a indicação da dra. O'Reilly e nossa própria inclinação, jamais chegávamos perto de discutir um cronograma que fosse além disso: quantos dias mais, ou semanas, ou meses, ou anos talvez tivéssemos com ela — não só porque era impossível saber, mas porque era doloroso demais.

Lembro-me bem desta estadia porque minha mãe estava com a ideia fixa de sair antes de uma data específica, e foi ficando cada vez mais ansiosa conforme essa data se aproximava.

Em 16 de maio, o Marymount Manhattan College, onde ela fora membro do conselho de administradores, lhe concederia um doutorado honorário em direito, junto com a historiadora da religião Elaine Pagels e a filantropa Theresa Lang. Isso aconteceria na cerimônia de formatura no Avery Fisher Hall, no Lincoln Center. Mamãe seria apresentada por um refugiado que ela ajudara a estudar em Marymount: então, faria um breve discurso. Estava emocionadíssima com essa honra e desesperada para poder estar presente.

Eu ficara apreensivo por causa da festa de aniversário, mas fiquei ainda mais por causa do título honorário. Mais uma vez, no entanto, eu não precisava ter me preocupado. Mamãe, em suas próprias palavras, deu uma sorte incrível — outra vez. Recebeu alta a tempo. Nina passara uma semana em casa com ela, e não só ajudou muito com as questões médicas como também lhe deu uma enorme injeção de ânimo. Por isso agora, embora estivesse fraca e oscilando em torno dos 45 quilos, sentiu-se forte o bastante para ficar de pé no Avery Fisher Hall e falar.

Já estive muitas vezes nesta enorme sala de concerto, mas sempre para ouvir uma ou outra orquestra. Agora o auditório estava apinhado de formandos, de beca e chapéu, e suas famílias, carregadas de câmeras. Mamãe parecia minúscula atrás do pódio no vasto palco iluminado. Começou seu discurso dizendo que Marymount era sua instituição de ensino superior favorita nos Estados Unidos, o que lhe valeu uma grande ovação da plateia, que sabia que ela ocupara cargos em Harvard e Radcliffe. Então, contou a história do menino que perdera uma perna, e da família bósnia que insistira em andar à frente dela pelo campo de minas terrestres para chegar ao posto eleitoral. E também um episódio que eu não tinha ouvido antes — sobre um menino num acampamento de refugiados que implorou a ela que abrisse uma escola ali porque disse que "os meninos arranjam encrenca quando não temos nada para fazer o dia inteiro".

Em primeiro plano na mente dela estavam as próximas eleições presidenciais dos Estados Unidos. Terminou seus comentários com uma história sobre um panfleto que recebera quando estava visitando um país africano onde as pessoas puderam votar livremente pela primeira vez. O panfleto se chamava *Os dez mandamentos dos eleitores*, e ela leu apenas alguns deles em voz alta para os formandos. Lá estava ela, quase sumindo atrás do pódio. Os cabelos pareciam mais finos, mas as túnicas que ela vestia escondiam o tanto de peso que ela perdera. Sua voz, no entanto, era alta e clara. Ela leu:

1. Você não tem nada a temer. Lembre que seu voto é secreto. Só você e seu Deus sabem como você vota.
2. Pessoas que prometem coisas que nunca cumprem são como nuvens e vento que não trazem chuva: não sejam ludibriados por promessas.
3. Seu voto é seu poder: use-o para fazer a diferença na sua vida e no seu país.

A maioria dos estudantes, como ela, apoiava fervorosamente Obama. Sabiam exatamente do que ela estava falando e aplaudiram.

Então ela continuou: "Aprendi com os refugiados que conheci ao longo dos últimos 18 anos a ter esperança no futuro — e foi isso que me ajudou em toda a minha vida, e sei que isso foi importante para a classe de 2008. Desejo tudo isso a vocês também, e muito mais."

Eu não conseguia parar de chorar, e estava cercado por mil pais e mães orgulhosos, a maioria também chorando, mas com lágrimas de alegria por ver seus filhos se formarem. Pensei nas instruções sobre os cartões de agradecimento que precisaríamos imprimir após a morte dela, olhei em volta as fileiras de parentes e amigos nossos que tinham vindo apoiar mamãe e sabia que em não muito tempo eles estariam me mandando notas e cartas de condolências, e eu lhes mandaria de volta esses cartões impressos — personalizados, é claro, assim como ela instruíra. Em tinta azul, não preta.

O curioso numa formatura é que tantas pessoas pensam nela como o fim de alguma coisa, o fim do ensino médio ou da faculdade — mas não é isso que uma formatura significa. Ela significa um começo, o início de algo novo.

Aonde você for, é lá que você está

A peruca reapareceu em agosto de 2008. Minha mãe não a usara nenhuma vez, pois ainda tinha cabelo suficiente para não se sentir muito constrangida em público, mas agora que estava fazendo mais quimioterapia, pensou em tentar melhorar a peruca para o caso de perder mais cabelo. Sua professora de ioga, que se tornara sua amiga e orientadora em diversas terapias holísticas, como biofeedback e meditação, conhecia alguém que podia melhorar a peruca, fazer com que a cor ficasse um pouco mais fiel, e que não ficasse tão grande.

Tínhamos passado o começo do verão lendo diversos livros sobre atualidades, a eleição presidencial que estava por vir, e sobre Obama, que mamãe amava e respeitava cada dia mais. Mas para o nosso encontro do clube do livro de agosto, ela queria uma mudança de ritmo, por isso decidimos discutir os livros de Jon Kabat-Zinn sobre atenção plena e meditação. O primeiro livro de Kabat-Zinn que tínhamos lido era *Vivendo plenamente a catástrofe*, que explica em detalhe como meditar e achar maneiras de lidar com o estresse na vida pode ajudar no processo de cura. Kabat-Zinn possui um doutorado em biologia molecular pelo MIT e é o fundador da Clínica de Redução de Estresse da Faculdade de Medicina da Universidade do Massachusetts. O livro, publicado originalmente em 1990, cita estudos que ele e outros cientistas tinham feito para mostrar os jeitos como a mente pode ajudar a curar o corpo. Agora lemos seu livro de 1994, *Aonde você for, é lá que você está*, que é mais como um guia de meditação e atenção plena, de como estar presente na sua vida, não só para reduzir o estresse e ajudar na cura, mas para viver mais plenamente cada minuto. "Atenção plena significa prestar atenção de um jeito especial; de propósito, no momento presente, e sem fazer julgamentos", escreve Kabat-Zinn. "Esse tipo de atenção alimenta uma maior consciência, claridade e aceitação da realidade do momento presente."

"Você devia fazer ioga e talvez até tentar meditação. Acho que isso realmente faz diferença", mamãe me disse quando nos encontramos.

"Eu sei", respondi. "Mas não tenho tempo." Assim que disse isso, me dei conta de como soava ridículo. Comparado com mamãe, eu tinha tempo de sobra. "Mesmo assim, apenas ler coisas desse tipo já ajuda, eu acho", acrescentei esperançoso. "Talvez ler esse livro seja uma forma de meditação."

"Talvez", disse mamãe. "Mas com certeza não é o mesmo que ioga."

Havia um trecho no livro mais recente de Kabat-Zinn, *Despertando a consciência*, que eu marcara para mostrar à mamãe. Infelizmente, não consegui lembrar o que tinha marcado, nem por quê, nem onde colocara o livro. Era um livro que eu ajudara a editar, por isso era especialmente irritante não poder ter meu exemplar em mãos. Eu tinha certeza de que o acabaria encontrando embaixo de uma das pilhas de papéis espalhados no nosso apartamento. Mas eu estava esgotado demais para procurar. O que talvez provava o que minha mãe dissera.

"Você parece exausto", ela dizia sempre que eu a via. Tenho certeza de que eu parecia mesmo. Tinha decidido que minha nova empreitada seria um website de culinária. Por isso estava correndo pela cidade, de uma reunião para outra, geralmente encharcado de suor por causa do calor e dos meus nervos, tentando, junto com dois sócios, fazer com que o site fosse projetado, patrocinado e montado, entrando e saindo com pressa de um escritório que alugara de uns amigos no quarto andar de um prédio sem elevador, parando na loja de vinhos deles apenas o suficiente para bater um papo rápido e pegar uma garrafa e levar para casa ou para um jantar. Eu falava com meus irmãos sobre nossas vidas ocupadas: por mais que quiséssemos, todos sentíamos que, se reduzíssemos drasticamente nosso ritmo para passar mais tempo com mamãe, lhe estaríamos comunicando que achávamos que ela ia morrer muito em breve. E também ficou claro que ela não queria a gente por perto o tempo todo. Quando estava relativamente bem, tinha pessoas para ver e coisas para fazer.

O começo do outono passou com muitos dias bons para minha mãe, mas também vários dias não tão bons. Agora fazia quase um ano inteiro desde que ela fora diagnosticada. A febre a levava para o hospital muito mais vezes, em rápida sucessão, e novamente ela às vezes precisava ficar internada. Foi durante uma noite no hospital em setembro de 2008 que vimos, pela primeira vez, mamãe sentindo algo que ela própria descreveria como dor. Foi terrível de assistir. Ela mordia o lábio inferior, fechava os olhos e dobrava o corpo para a frente. Quando o espasmo passou, ela pediu um analgésico. Até aquele dia, não tinha tomado nada mais forte que um Advil. Eles lhe deram um Percocet, e isso pareceu resolver.

"Me sinto uma reclamona e uma choramingona", disse ao tomar a pílula.

Eu estava lá com papai e não deveríamos ter feito isso, mas ambos caímos na gargalhada. Mamãe incomodada pareceu.

"Mãe. Você tem câncer. Pode pedir um analgésico de vez em quando. Não tem problema."

"Eu sei disso", ela disse, meio ríspida. "Apenas ainda não precisei." Ela fez uma pausa. "Também venho pensando muito sobre aquela primeira vez que Rodger e eu conversamos, e sobre quanta dor ele disse que eu ia sentir." Ela e Rodger tinham conversado muitas vezes desde aquela conversa e tinham se visto numa das visitas dele a Nova York. Rodger se mudara para Denver anos antes, deixando para trás seus melhores amigos e sua vida agitada em Nova York, para aceitar o trabalho desafiante de administrar uma fundação pelos direitos dos gays, depois de cuidar tanto de um irmão com Aids e do amigo com câncer no pâncreas ao longo dos últimos estágios da doença de cada um. Nem minha mãe nem eu jamais lhe contamos o quanto aquele primeiro telefonema deixara minha mãe perturbada, e, de ambas as partes, nossa amizade com ele continuara a mesma, inabalada. "Acho que aquela conversa assustadora com o Rodger na verdade foi uma bênção, e talvez algo que ele fez de propósito", ela continuou. "Por mais desconforto que eu sinta, fico pensando: *Bem, ainda está longe de ser tão ruim quanto o Rodger disse que seria.* E isso foi um verdadeiro presente. Mas estou preocupada com o Rodger — ele está sentindo dores terríveis por causa do problema nas costas, e não acho que as pessoas se dão conta de como é para ele sentir dor o tempo inteiro, não ter dias bons e dias não tão bons, como eu tenho, mas sim uma dor constante."

Quando fomos fazer o checkup seguinte na dra. O'Reilly, recebemos um relatório completo de sua última internação no hospital. O cólon estava inflamado — isso quase com certeza era devido à *C. diff.*, a bactéria difícil de tratar que ela pegara durante uma das noites anteriores no hospital. A dor vinha da infecção, não do câncer. Também conseguiu tirar uma segunda folga da quimioterapia antes de eles começarem um novo tratamento — o ciclo mais recente de quimioterapia tinha sido difícil demais de tolerar e não tão eficiente quanto haviam esperado.

Quanto aos tumores, ainda estavam menores do que um ano atrás, quando mamãe fez seu primeiro exame. Enquanto a dra. O'Reilly falava, anotei coisas e fiz perguntas. Eu fazia isso toda vez. Se eu não anotasse tudo, não lembrava de nada.

A dra. O'Reilly então tinha um assunto que queria abordar com cautela. Sentou e perguntou como ela estava lidando com todas as picadas de agulha. Minha mãe começara a ficar parecida com uma usuária de drogas intravenosas, com todas aquelas marcas de uma ponta à outra do braço. Os intermináveis exames de sangue e a quimioterapia tinham deixado um rastro pesado, e a busca por uma veia utilizável vinha se tornando um jogo cada vez mais brutal. A dra. O'Reilly dizia que queria implantar um Port-a-Cath sob a pele dela, bem no topo do esterno. Isto tornaria tudo mais fácil e permitira um novo tratamento, durante o qual mamãe ficaria conectada a uma garrafinha, parecida com uma garrafa d'água, porém cheia de quimioterapia — ela a carregaria consigo durante alguns dias até que esvaziasse. O processo se chama "infusão de Baxter"; eles ensinariam a ela e a mim como conectá-lo e desconectá-lo, embora minha mãe sempre pudesse ir à clínica e pedir que eles fizessem isso lá.

Ela achava que a melhor opção era tentar 5-FU, uma quimioterapia que é administrada dessa maneira, junto com Leucovorin, um tipo de ácido fólico que a torna mais eficaz. Ela advertiu sobre os efeitos colaterais, que incluíam a volta das temidas feridas na boca, fadiga, diarreia e sensibilidade nas mãos e nos pés. Mas achava que os efeitos colaterais seriam muito menos severos do que aqueles que a primeira quimioterapia acabara causando.

Havia literatura sobre isso, se quiséssemos.

Sempre adoro esse uso da palavra *literatura*. Então, nosso clube do livro agora incluía informações sobre drogas escritas por pessoas em empresas farmacêuticas. Mamãe aceitou a literatura, agradeceu à dra. O'Reilly profusamente como sempre e fez menção de partir.

Lembrei-lhe de que ela tinha mais uma pergunta que queria fazer.

"Está tudo bem, Will", disse mamãe.

A dra. O'Reilly queria saber o que era.

"Não amole a doutora com isso", ela disse, agora exasperada por eu ter ignorado seu toque.

"Ela tem um jantar importante no dia 12 de novembro", eu disse.

"É o jantar anual do Comitê Internacional de Resgate", disse minha mãe.

"E ela quer muito se sentir bem para comparecer", eu acrescentei. "Ouvi dizer que Ritalina pode ajudar. Isso é verdade?"

Eu tomara drogas suficientes no colegial — e tinha amigos suficientes que ainda tomavam — para saber dessas coisas. Ritalina é uma forma de *speed*. Acalma crianças, mas aumenta a energia de adultos.

"Sim, isso é uma boa ideia", disse a dra. O'Reilly. "Muitos pacientes acham que ajuda. Vou lhe dar uma receita", ela disse para minha mãe. "Você talvez queira primeiro experimentar num dia em que não tenha nada de importante para fazer — só para ver como você reage."

MAMÃE GOSTOU DA Ritalina. E descobriu que tinha um efeito colateral ótimo e inesperado — o remédio a ajudava a ler. No primeiro dia em que ela experimentou, estava cansada e desconfortável, com dificuldades de concentração. Tomou a Ritalina logo antes de sentar para ler *José e seus irmãos*, de Thomas Mann, um livro de 1.500 páginas que ela vinha tentando ler depois que um amigo lhe dera. Mann investiu ao todo uma década de trabalho no livro, em intervalos, entre 1926 e 1942, época durante a qual ele também escreveu *Morte em Veneza*, *Tonio Kröger*, *A montanha mágica* e *Mário e o feiticeiro*. Com a Ritalina, mamãe se viu num ponto bem avançado de *José e seus irmãos* antes de precisar parar para respirar. Eu, enquanto isso, ainda estava revirando meu apartamento em busca do livro de Kabat-Zinn que colocara em algum lugar. Quando ela terminou o livro de Mann, me deu seu exemplar como nossa próxima escolha do clube do livro. O que ela não me deu foi um pouco de Ritalina para acompanhar.

Tentei ler o livro de Mann diversas vezes, mas sempre desistia. Finalmente admiti isso para minha mãe.

"Não é fácil", ela disse. "Mas é incrível. É como um catálogo de cada comportamento e dilema que você pode imaginar. E é bem engraçado, também."

"É mesmo?", perguntei. Tenho certeza de que não pareci convencido.

"Mas você leu o prefácio? Porque mesmo o tradutor sugere não começar pelo começo. Ele diz que você deveria começar mais ou menos na página cem e depois voltar para o começo quando terminar o livro."

Tudo deveria ter sido ótimo durante as semanas seguintes — mamãe estava como que de férias da quimioterapia, para que estivesse mais em forma quando começasse o mais novo tratamento. No entanto, continuava tendo febres e precisando ir ao hospital. Outra infecção de estafilococo fez meu pai sair correndo pelo bairro numa noite de sexta, como ele nos contou no dia seguinte, tentando achar alguma farmácia que tivesse o antibiótico de seiscentos dólares capaz de curá-la. As febres tendiam a aparecer a altas horas, quando a farmácia do Memorial Sloan-Kettering estava fechada.

Ela vinha tentando se manter em dia com todos os amigos, por meio de uma enxurrada de e-mails e também visitas, que ela adorava e eram o centro do planejamento dos seus dias. Ajustava o horário do remédio, e de sua energia, de acordo com a chegada esperada de alguém. Já ficava pronta e sentada em seu lugar favorito do sofá; deixava alguns lanches na mesa, gelo na vasilha, café ou chá durante o dia, refrigerante e vinho à noite. Quando chegava a hora marcada, ouvia-se o tique-taque pesado do relógio até a visita chegar. Mas depois de cerca de uma hora, o convidado podia ver a energia se esvaindo do corpo da minha mãe, seu rosto ficando cada vez mais franzido enquanto ela tentava continuar concentrada na conversa.

No final de outubro, mamãe começou a se sentir melhor. O novo antibiótico finalmente estava funcionando. Meu pai foi junto com ela quando instalaram o Port-a-Cath no seu peito. Passei o dia com ela quando lhe deram o primeiro tratamento com o aparelho, conectando a garrafa. Eles me mostraram como desacoplá-la quando estivesse vazia. Não tenho muita coordenação, mas estava decidido a aprender a fazer aquilo, e aprendi.

Esse dia foi longo, com várias horas de espera. Tomei muitos copos de *mocha* ao longo de quase oito horas. E tivemos muito tempo para conversar. Ambos tínhamos acabado de ler *Em casa*, o mais recente livro de Marilynne Robinson, a autora de *Gilead*. Thomas Mann teria que esperar, principalmente porque eu ainda tinha que voltar a seu livro de 1.500 páginas. *Em casa*, uma recontagem da história do filho pródigo usando muitos dos mesmos personagens de *Gilead*, nos apresentou seus próprios desafios. A história do filho pródigo, tanto em sua versão bíblica original quanto na atualização de Robinson, é uma narrativa inquietante para qualquer filho discutir com a mãe ou o pai.

"A coisa que sempre me incomodou na história do filho pródigo", eu disse a minha mãe, "é que o filho é recebido de volta com tanto entusiasmo por causa de todos os problemas que ele causou, e não apesar dos problemas. Quer dizer, e se ele tivesse voltado próspero e bem alimentado, em vez de falido e passando fome? Será que eles teriam dado uma festa para ele e abatido o bezerro gordo? Acho que não".

"Acho que teriam", disse ela. "A mensagem da história é que ele estava perdido e então voltou. É sobre salvação, não sobre fome."

"Não estou certo disso", eu disse, não disposto a ceder o ponto.

Meu irmão estava longe de ser um filho pródigo. Sempre teve um emprego e estava criando três filhos incríveis. E, no entanto, ele é mais espontâneo e livre do que eu — demonstra mais suas emoções e provavelmente é mais sincero. Com sua espessa cabeleira preta, sempre foi um pouco mais Rhett, e eu tendia mais na direção do Ashley. (Certo, ele não é Clark Gable e eu não sou Leslie Howard, mas a ideia é o contraste.) Por isso houve ocasiões em que ele se aventurou mais que eu. De vez em quando tinha discussões e pontos de atrito com nossos pais que eu nunca tive. E, quando voltava — horas ou dias depois, afetuoso e volúvel como sempre —, havia um alívio e uma alegria que, bem, me deixavam com ciúme. Filho pródigo. Outro filho. Depois que mamãe e eu discutimos *Em casa*, falei de brincadeira para o meu irmão que gostaria de poder ser um pouco mais pródigo. Ele me garantiu que não era tão grande coisa quanto se dizia. Também me apontou algo que eu deixara de notar no clube do livro: mamãe finalmente conseguira me fazer falar sobre fé, religião e mesmo histórias bíblicas, algo que vinha tentando fazer havia anos.

AGORA QUE TINHA um *Port-a-Cath* instalado no peito, isso queria dizer que, em vez de horas de quimioterapia a cada poucas semanas, mamãe ficaria, por alguns dias a cada quinzena, andando pelo seu apartamento e pela cidade com uma garrafa presa ao abdômen. Dizia a todos, de brincadeira, que se sentia como uma terrorista suicida. "Mas não estou reclamando!", ela sempre tomava o cuidado de acrescentar.

Também estava agitada como eu jamais tinha visto — mas não era devido ao novo tratamento; era ansiedade nas últimas semanas antes da eleição presidencial. Ela estava fora de si. Um de seus amigos, um psicólogo de renome que é ativo no partido Democrata e tinha um filho trabalhando para a campanha de Obama, passava horas com ela analisando cada flutuação nas pesquisas, e geralmente conseguia tranquilizá-la quando os números não pareciam bons. Mas, se não fosse pelas doses de Ambien, acho que ela não teria dormido nunca. Dizia a todos nós que se Obama não ganhasse, iria embora do país, com ou sem câncer.

"Você já leu as memórias do Obama?", ela me perguntou durante um de nossos telefonemas matinais.

Eu ainda não tinha lido.

"Precisa ler", ela disse.

Prometi que leria.

"Sério mesmo, Will. Não acredito que você não leu. Você vai adorar."

Nos meses anteriores à eleição, num grau que admitia francamente a mim mesmo, eu passara a atribuir um significado tremendo a uma conexão entre a vitória de Obama e o prognóstico da minha mãe. Não era superstição — eu estava desesperado de preocupação com o humor dela caso ele perdesse a eleição. Pensei especialmente na pesquisa de Kabat-Zinn e nas relações comprovadas entre depressão e saúde.

Assim que fiquei sabendo que Obama ganhara, me enchi de esperanças. Sabia que mamãe não ia ficar boa, mas agora me permiti acreditar que teria meses em que estaria melhor. Talvez eu fosse supersticioso, afinal.

MAMÃE FICOU NUM incrível estado de não-preciso-de-Ritalina durante a semana seguinte. Uma ida ao hospital não chegou nem a abalar seu ânimo: estava apenas desidratada, um efeito colateral de todas as pílulas que estava tomando. Agora faltavam dias para o jantar anual do Prêmio Liberdade do Comitê Internacional de Resgate. Ela tinha certeza de que estaria bem para isso.

Um dia antes do jantar, finalmente achei, escondido embaixo da cama, o livro de Kabat-Zinn que estava tentando encontrar havia semanas: *Despertando a consciência: Curando a nós e ao mundo através da atenção plena.* É outro livro enorme.

A página que eu tinha marcado, e queria mostrar para minha mãe, era sobre interrupções. É uma seção onde Kabat-Zinn observa que todos sabemos que é errado interromper os outros. E, no entanto, constantemente interrompemos a nós mesmos. Fazemos isso quando checamos nossos e-mails sem parar — ou simplesmente não deixamos um telefonema cair na caixa postal quando estamos fazendo algo de que gostamos — ou quando não levamos um pensamento até o fim, mas permitimos que nossas mentes se fixem em preocupações ou desejos temporários.

Percebi que, durante tempo restante que tinha com minha mãe, precisava me concentrar mais — tomar o cuidado de não interromper nossas conversas com outras conversas. Todo hospital é, como notei, uma máquina de interrupção — uma enxurrada de pessoas vem cutucar você e lhe fazer perguntas. Mas a vida moderna em si é uma máquina de interrupção: telefonemas, e-mails, SMS, notícias, televisão e nossas próprias mentes inquietas. O maior presente que você pode dar a alguém é sua atenção indivisa — e, no entanto, eu vinha constantemente dividindo a minha. Ninguém estava recebendo atenção, nem mesmo eu.

Na manhã do jantar do IRC, liguei para mamãe para descobrir a que horas ela pretendia chegar. "Logo antes de eles servirem a comida", ela disse. "Para preservar minhas forças. Acho que não consigo ficar de pé durante os coquetéis." Sediados no cavernoso salão de bailes dourado do Waldorf Astoria Hotel, o jantar e a cerimônia do prêmio foram poderosos e emocionantes como sempre. Ao longo de toda a noite, vi minha mãe cumprimentar pessoas, dezenas e dezenas de pessoas.

Como alguém faz isso? Como fala com cinquenta ou cem pessoas diferentes sem interromper a elas ou a si mesmo? E de repente entendi o que Kabat-Zinn quer dizer com atenção plena — não é um truque nem um dispositivo secreto. É estar presente no momento. Quando estou com você, estou com você. Neste exato momento. É só isso. Nem mais, nem menos.

Antes da sobremesa eles mostraram um vídeo chamado *Jornadas de refugiados*, que termina com uma montagem de uma mãe refugiada abraçando os filhos ao se reencontrar com eles. Mil pessoas no salão de baile do Waldorf Astoria Hotel choraram ao assistir. Amigos na nossa mesa estavam soluçando. Foi uma noite muito emotiva.

Kabat-Zinn escreve: "Você não pode parar as ondas, mas pode aprender a surfar."

OBAMA TINHA SIDO eleito presidente. O jantar do Prêmio Liberdade fora um triunfo, e minha mãe estivera lá para apreciá-lo. A *C. diff.* parecia ter sumido de uma vez por todas. E, após meses de trabalho, e com muita ajuda, meus parceiros do website (um "guru digital" que foi meu colega na faculdade e um amigo mais recente do ramo editorial) e eu tínhamos até lançado o site de culinária, sem nenhum percalço. Agora a Ação de Graças — ainda meu feriado favorito — estava quase chegando.

As informações que meus irmãos e eu tínhamos catado na internet diziam que as pessoas com câncer pancreático metastático geralmente não passam de seis meses. Mamãe passara bem mais de um ano. Naquela sexta, eu a acompanharia numa visita à médica para outra instalação da garrafa da "terrorista suicida", e assim nosso clube do livro teria seu próximo encontro. Ela estava ansiosa para contar à médica como estava se sentindo bem — sabia que a dra. O'Reilly ficaria contente. E para lhe agradecer pela Ritalina — minha mãe achava que isso fizera diferença e a ajudara a aproveitar o jantar do IRC.

Sua consulta estava marcada para as 11h15. Cheguei às 10h45, para o caso de eles poderem atendê-la mais cedo, como às vezes acontecia. Quando cheguei à sala de espera, mamãe estava sentada em seu assento de costume. Mas tinha um aspecto terrível. Alguma coisa dera errado.

"Você ficou sabendo do David?", ela me perguntou. Eu tinha tantos Davids na minha vida que precisei perguntar qual deles. "David Rohde, o jovem repórter do *New York Times*", ela disse. "Meu amigo e colega de conselho no projeto no Afeganistão."

"Não, o que houve?"

"Ele foi sequestrado no Afeganistão. Estava lá pesquisando para o seu livro. É uma coisa horrenda e todo mundo está desesperado. Mas você não pode falar nada para ninguém. Eles precisam manter isso totalmente em segredo. Acham que essa é a única chance que têm de libertá-lo."

"Como você ficou sabendo?"

"Por outros membros do conselho que ouviram da Nancy." Minha mãe estava se referindo a Nancy Hatch Dupree, que ainda estava no Afeganistão, trabalhando nos planos para a biblioteca. "David e Nancy jantaram em Kabul umas poucas noites atrás. Ela diz que falou para ele que não achava seguro ele ir a esse lugar aonde queria ir. Mas ele disse que precisava de mais informações para o livro. E tinha muita confiança nas pessoas que o estavam ajudando. Droga", ela disse. Ela nunca dizia "droga".

Ficamos em silêncio. Ela mordeu o lábio inferior.

"Sinto muito", ela disse depois de um tempo. "Eu realmente queria falar sobre o livro de Obama e o de Mann hoje. Mas receio que agora não consigo me concentrar em mais nada. Sabe, o David se casou faz uns poucos meses — a Kristen deve estar entrando em parafuso. Vou mandar um bilhete para ela assim que chegar em casa. E vou perguntar à Nancy se tem algo que a gente possa fazer. E quando tiver feito tudo isso, vou rezar."

Mamãe tinha a oração. Eu teria que tentar me virar com a atenção plena. Não parecia que haveria qualquer outra coisa que pudéssemos fazer para ajudar. Mas não era assim que a mente dela funcionava.

"Quanto pior fica a coisa no Afeganistão", ela acrescentou, "mais me convenço de que precisamos levar esse projeto da biblioteca até o fim. Talvez não seja a maior coisa que possamos fazer, mas já é alguma coisa. E nós precisamos fazer alguma coisa."

Era assim, eu finalmente me dei conta, que ela conseguia se focar, enquanto eu era incapaz. Era assim que ela conseguia estar presente comigo, presente com as pessoas num evento beneficente ou no hospital. Ela sentia as emoções que sentia, mas o sentir nunca foi um substituto muito poderoso para o fazer, e ela jamais deixou que o primeiro atrapalhasse o segundo. Se usava suas emoções para alguma coisa, era para motivá-la e ajudá-la a se concentrar. A ênfase, para ela, era sempre em fazer o que precisava ser feito. Eu tinha que aprender essa lição enquanto ela ainda estava ali para me ensinar.

Kokoro

Naquele outono, logo depois da eleição, entre todo o resto que estávamos lendo, acabávamos voltando, de vez em quando, para contos — os publicados na revista *The New Yorker*, antologias, e os contos de Somerset Maugham que eu comprara em Vero Beach.

Havia um conto específico de Maugham que adorávamos: "O sacristão."

Como tantas das histórias de Maugham, "O sacristão" faz você sorrir. Começa com um homem humilde sendo demitido de repente do único emprego que já tivera na vida, quando um novo requisito para o trabalho é imposto de cima. Acho que parte do motivo para minha mãe adorar esse conto é que ele fala sobre o destino e as surpreendentes guinadas felizes que a vida pode dar, no aspecto financeiro e em outros; depois de perder seu emprego, as coisas dão certo de um modo fantástico para o protagonista. Devido a seu profundo envolvimento com pessoas cujas vidas tinham sido viradas de cabeça para baixo, ela via um apelo enorme em histórias de pessoas cujas vidas depois foram viradas de cabeça para cima.

"O sacristão" tinha uma ironia especial em novembro de 2008: o mundo financeiro estava desmoronando à nossa volta, o mercado de ações era um desastre, o Lehman Brothers acabara de pedir concordata, e a indústria automobilística dos Estados Unidos estava à beira da falência. No fim do conto, um banqueiro incita nosso herói agora rico a pegar todo o dinheiro depositado na conta e aplicá-lo em ações do governo britânico, o que felizmente ele não quer fazer e, numa jogada astuta do enredo, nem *pode* fazer.

Gastamos um tempo razoável do clube do livro falando sobre o mercado e o colapso financeiro global. Era difícil evitar, pois os jornais estavam cheios de notícias sobre isso todo dia, e éramos ambos leitores ávidos de jornais. O colapso também teve uma repercussão particular para mim, pois eu ainda estava tentando arranjar patrocínio para o site que fora recém-lançado, mas quase sem verba. Não é preciso dizer que na época não havia ninguém passando cheques, e comecei a duvidar de minha sensatez e sanidade conforme investia, cada vez mais, minhas próprias economias no empreendimento.

Às vezes, quando estávamos ali sentados, eu bebendo meu *mocha*, olhando para o céu cinzento de novembro, quando acabava nosso assunto para conversar, eu checava o pequeno aplicativo de ações no meu iPhone e anunciava as más notícias para mamãe (e várias outras pessoas em volta, que estavam curiosas). O mercado caía cem pontos, ou duzentos, ou trezentos. Mamãe tinha uma fascinação mórbida por aquilo. Certamente queria saber as notícias, mas não tinha como não ficar deprimida. Queria deixar dinheiro para nós, para as poupanças destinadas à faculdade dos netos, e queria que algum dinheiro fosse reservado às suas instituições de caridade favoritas. Ela me dera uma lista de instituições para receber dinheiro no lugar de flores, que eu deveria mencionar em seu obituário pago. Mas ela participara de tantos conselhos, além dos excelentes lugares onde trabalhara, que achava difícil restringir a lista, por isso periodicamente me dava uma instituição ou organização que queria acrescentar, e depois outra, e depois mais outra — e depois pensava duas vezes e voltava a reduzir o número para quatro ou cinco, mas sempre tentando fazer um misto de diferentes tipos, e incluir aquelas que não tinham recebido sua atenção total ao longo dos últimos anos.

Por meu empreendimento ser um site de culinária, eu acabava falando muito sobre cozinheiros, livros de culinária e receitas. E tudo isso perto dela, que tinha cada vez mais dificuldade de achar algo que fosse capaz de comer. Um amigo lhe trouxera chocolate quente de Veneza. Ela gostou — então vasculhamos a cidade em busca de um chocolate encorpado semelhante. Também gostava de gelatina. E sopa, contanto que fosse de caldo e não de creme. Mas continuou dando jantares, nos quais comia o quanto conseguia. E estava decidida a dar um jantar de Ação de Graças. Seria pequeno. Família e uns poucos amigos. Mas diferente do ano anterior, quando não estivera bem o bastante para ir à casa de Tom e Andy, ela seria a anfitriã. A primeira esposa do meu irmão, Fabienne, de quem todos havíamos continuado muito próximos — minha mãe até viajara à Europa para o casamento dela com o novo marido dois anos antes —, viera de Paris só para vê-la e estaria presente. (Fabienne é a mãe de Nico, o neto mais velho.) Começaríamos cedo e terminaríamos cedo. Mas haveria peru, tortas, couve-de-bruxelas e batata-doce.

"Tem certeza de que está em condições de dar este jantar, mãe?", todos perguntamos a ela.

"Se eu não me sentir bem, basta eu me recolher. Mas tenho tantas coisas para agradecer este ano. Eu não tinha certeza nenhuma de que ainda estaria aqui. E penso em outras pessoas que não podem estar aqui. Eu vinha rezando para que David Rohde estivesse em casa para a Ação de Graças, mas parece que isso não vai acontecer. Por isso agora estou rezando por algo diferente. Estou rezando para que ele esteja de volta junto da Kristen no Natal."

Ela continuara entrando em contato com Nancy Hatch Dupree a respeito de David, mas como todos ainda estavam convencidos de que o melhor para David era manter tudo em segredo, ela não podia falar com mais ninguém. Nancy recebera através de seus canais a notícia de que ele provavelmente estava, por enquanto, tão bem quanto alguém pode estar quando foi sequestrado pelo Talibã. Mas o que quer que pudesse ser feito por ele levaria muito tempo. Sempre que minha mãe mencionava David, me lembrava de que eu não podia contar para vivalma. Até começou a se referir a ele como "nosso jovem amigo" para evitar falar seu nome. Nancy tinha uma confiança notável de que ele acabaria voltando — mas disse a minha mãe que a situação na região inteira havia se agravado rapidamente. Peshawar, onde ela morara boa parte do tempo, ela chamava de capital dos sequestros — e disse que só saía de casa quando era absolutamente necessário.

O otimismo de Nancy deu a minha mãe um bom tanto de esperança — e agora ela conferia seu e-mail a cada poucas horas, esperando notícias de David. Também o acrescentara a suas orações diárias — e às orações semanais da igreja, para que toda a congregação pudesse rezar por ele, embora apenas como "David", para preservar seu anonimato. A eleição de Obama a preocupara durante a maior parte de um ano, e agora o sequestro de David começou a desempenhar, de algum modo, o mesmo tipo de papel na vida dela. Não que David e mamãe tivessem se conhecido tão bem, nem por tanto tempo. Mas ela o considerava um amigo novo e fiel e, como todos os repórteres à moda antiga, uma grande força em prol do bem no mundo.

Não me lembro muito bem do jantar de Ação de Graças. Lembro que, logo antes do jantar, mamãe me disse que tinha ido com papai ver o columbário na igreja onde queria que ficassem suas cinzas, e onde ele queria que ficassem as dele. Lembro que estava frio e que ela estava empolgada com comida pela primeira vez em muito tempo, embora fosse principalmente com as sobras — me disse que faria sopa de peru com a carcaça da ave e combinaria a carne que restasse com cogumelos, ervilhas e creme para fazer um peru à la king.

Ela parecia estar notavelmente bem no jantar, mas me lembro de olhar para ela e vê-la empalidecer, visivelmente, diversas vezes. A cor se esvaía de seu rosto, e suas pálpebras pendiam pesadas, enquanto esforçava-se para mantê-las abertas. Então, era como se um impulso elétrico atravessasse seu corpo, como se alguém ligasse um interruptor. A cor voltava, suas pálpebras se abriam, e sua postura se fortalecia. Ela estivera ausente por um segundo ou dois — mas agora estava de volta. E seu sorriso voltava também.

Depois da Ação de Graças, ela ficou ainda mais cercada de parentes e amigos que de costume, e já costumava estar cercada deles. No começo da doença, quisera ter algum tempo sozinha. Agora não estava sozinha quase nunca. Não se incomodava com isso.

Uma vez, quando tinha 14 anos, decidi ir ao Lincoln Center e ficar sentado num banco. Alguma imagem de solidão romântica estava dando voltas na minha cabeça, eu num banco ao lado da fonte silenciosa. Lembro de ter sido um dia frio, mas também ensolarado, de modo que se você ficasse sentado quieto, podia continuar aquecido com o calor do seu próprio corpo dentro das várias camadas de roupa. Lá eu fiquei sentado. Fiquei impressionadíssimo comigo mesmo. Eu estava observando pessoas. Estava gloriosamente só. Então outra pessoa sentou no meu banco, uma mulher de cabelo grisalho, talvez na casa dos 70 ou 80 anos. Seu aspecto era um tanto desgrenhado. Rezei para que não falasse comigo. Ela falou.

"Você tem algum amigo?", ela perguntou.

Eu disse que tinha, um monte.

"Bom, então o que você está fazendo sentado sozinho? Você devia estar com os seus amigos."

Pensei naquilo enquanto estava sentado com mamãe, esperando para ver a dra. O'Reilly. A maioria das pessoas à nossa volta estava ali com um filho, uma filha, um cônjuge, um amigo. Mas também havia aqueles que vinham sozinhos, que precisavam levar seu casaco consigo quando entravam para tirar sangue, ou pedir a um estranho que desse uma olhada.

Eu vinha pensando muito sobre solidão, porque agora estávamos lendo *Kokoro*, um romance notável de Natsume Soseki publicado em 1914, que foi um dos 14 romances que Soseki escreveu após se aposentar de um cargo de professor na Universidade Imperial de Tóquio. Era um livro que eu já tinha lido antes, na faculdade, quando fizera um curso com seu tradutor, Edwin McClellan. Eu ficara impressionado com o modo como Soseki explora a natureza complexa da amizade, principalmente entre pessoas de condições diferentes, no caso um estudante e seu professor. Eu queria que minha mãe o lesse, e queria relê-lo eu mesmo.

Quando falamos sobre o romance, descobrimos que ambos tínhamos nos surpreendido com a mesma citação, uma explicação sobre a solidão que o professor dá ao rapaz. O professor diz: "Solidão é o preço que temos que pagar por nascer neste mundo moderno, tão cheio de liberdade, independência e nossos próprios eus egoístas." O jovem não consegue pensar em nada para dizer em resposta. A verdade da frase é crua demais para ele.

Será que minha mãe já se sentira solitária? Perguntei a ela. Não, ela respondeu. Houve momentos como líder da Comissão Feminina em que ela enjoou de viajar e queria ficar em casa, como quando ficou presa num acampamento de refugiados remoto no Oeste da África durante semanas além do que havia planejado. Mas sentir falta das pessoas e se sentir solitária, ela observou, são duas coisas diferentes.

Contei para mamãe como me sentira solitário da primeira vez em que me mudei para Hong Kong (eu tinha ido por impulso), logo depois da faculdade, antes de conhecer David lá. E como acordei um dia e percebi que viajara ao outro lado do mundo esperando que as pessoas me encontrassem, em vez de eu tentar encontrá-las.

Como você pode se sentir solitário, disse ela, quando sempre há pessoas que querem compartilhar suas histórias com você, lhe contar sobre suas vidas, famílias, sonhos e planos? Mas agora ela não conseguia parar de pensar em David Rohde e como ele devia estar solitário, separado da mulher, de seus livros, e, temia ela, de qualquer pessoa que quisesse compartilhar suas histórias ou ouvir as dele.

O preço do sal

O preço do sal, de Patricia Highsmith, surgiu pela primeira vez em 1952 sob um pseudônimo, e venderia mais de um milhão de exemplares. Highsmith (de acordo com seu posfácio), então aos 30 anos de idade, o escreveu depois que seu primeiro romance, *Estranhos num trem*, um romance de suspense, foi comprado por Alfred Hitchcock para o cinema. Seu editor queria outro livro exatamente como o primeiro; *O preço do sal* é um romance de suspense, de certo modo, por isso ela cumpriu a tarefa essencial, mas também é uma história de amor lésbico. O livro foi rejeitado pelo editor original e aceito por outra editora. Highsmith logo viria a escrever os romances de Ripley, pelos quais agora é mais conhecida. Eu tinha visto o filme feito a partir de *O talentoso sr. Ripley*, mas jamais lera uma palavra de Patricia Highsmith. Mamãe adorava sua obra, mas nunca tinha lido aquele.

Em dezembro de 2008, eu tinha o livro comigo enquanto esperávamos pela dra. O'Reilly. Mamãe já tinha terminado. Toda vez que eu largava o livro para ir buscar um *mocha*, ou checar meu e-mail, ou dar um telefonema, voltava e a encontrava o relendo, devorando passagens sorrateiramente como se eu tivesse deixado para trás um pacote de cookies, não um livro, e ela estivesse catando migalhas pelas minhas costas.

O preço do sal começa com uma moça chamada Therese que quer ser cenógrafa de teatro, mas em vez disso está trabalhando como vendedora temporária numa loja de departamentos, na seção de bonecas — assim como a própria Highsmith trabalhara. Ela é solitária e lânguida. Tem um namorado que não ama. Passa uma noite deprimente com uma mulher mais velha que também trabalha com vendas na loja, o que lhe dá um triste vislumbre do que talvez sua vida se torne.

"Quando você anda por Nova York", mamãe disse quando começamos a discutir o livro, "ou na verdade por qualquer lugar, vê tanta gente parecida com essa moça — não desesperadas, mas ainda assim tristes e sozinhas. Essa é uma das coisas incríveis que os livros ótimos como este fazem — não só fazem você ver o mundo de um jeito diferente, eles fazem você ver as pessoas, todos os que estão à sua volta, de um jeito diferente".

No romance, os clientes vão e vêm, mas de repente uma delas diz a Therese duas palavras que vão mudar a vida de ambas: "Feliz Natal." Nenhum dos outros clientes se deu ao trabalho de lhe desejar isso: ela é só uma vendedora atrás de um balcão. No entanto, uma bela e carismática mulher casada pronuncia estas duas palavras gentis: "Feliz Natal", e coloca Therese numa jornada — uma viagem de carro — em que ela vai encontrar a si mesma e, na verdade, o amor.

Depois de ler esse trecho, larguei o livro e comecei a pensar em como mamãe era atenciosa com as pessoas. Qualquer um que entrava em sua pequena baia de quimioterapia era olhado nos olhos e recebia um cumprimento ou agradecimento caloroso — a enfermeira que trazia o suco, ou buscava um xale, ou lembrava que ela gostava de um travesseiro embaixo do braço, ou conferia a quimioterapia para garantir que os números estavam certos, ou apenas entrava para mexer bruscamente em alguma máquina; o mesmo valia para a recepcionista que agendava os horários e os senhores parados em frente ao prédio que abriam a porta para todo mundo que entrava ou saía.

Isso dos agradecimentos tinha sido incutido em nós intensamente quando éramos menores. Tínhamos três tias-avós, por parte de mãe, que acreditavam que assim que colocavam um presente na caixa de correio, seu bilhete de agradecimento devia praticamente pular para fora da caixa no mesmo instante. Se isso não acontecia, a família inteira — primos de primeiro e segundo grau e todo o resto — ficava sabendo da sua ingratidão (e, pensando agora, sua falta de bom-senso, pois a ameaça era sempre que nunca mais chegaria presente nenhum), e você ouvia isso de diversas fontes. Os bilhetes não podiam ser apenas pro forma — era preciso dedicar muito empenho a eles, escrevendo algo específico e convincente sobre cada presente. Por isso a tarde de Natal significava ficar ralando nos bilhetes de agradecimento. Quando crianças, odiávamos essa tarefa, mas ao ver mamãe abrindo um vasto sorriso quando agradecia às pessoas no hospital, me dei conta de algo que ela vinha tentando nos dizer o tempo todo. Que há uma grande alegria em agradecer aos outros.

Em *O preço do sal*, o Natal no começo do romance acaba sendo um momento crucial para Therese. Na nossa família, o Natal era sempre um grande acontecimento, com a alegria que lhe cabe, mas não sem estresse. Me lembro vividamente do ano em que quase não houve Natal.

Acho que eu tinha 8 anos, e, portanto, meu irmão tinha 9 e minha irmã 4. Estávamos morando numa vultosa casa em estilo *shingle*, numa bela rua de Cambridge. Algo muito Currier & Ives.* Tenho certeza de que estava nevando, pois parecia que jamais deixava de nevar no Massachusetts em dezembro. (A canção "I'm Dreaming of a White Christmas" ["Estou sonhando com um Natal branco"] era um mistério para mim quando criança, pois eu não conhecia nada diferente.) Quase com certeza tínhamos uma lareira. Devia ter meias penduradas em frente a ela. E devíamos estar sentados na sala de estar, cercados por livros e pela árvore, que assomava sobre os presentes que já estavam ali, com mais por vir depois do Papai Noel.

Provavelmente passávamos um pouco de frio sempre que nos afastávamos do fogo, pois meu pai acreditava em agasalhos em vez de aquecimento, e mantinha a casa num ponto entre congelando e congelado.

Todo ano, mamãe lia a história do Natal para nós logo antes da hora de dormir. Ficava sentada numa poltrona junto ao fogo, com as pernas dobradas embaixo do corpo, Nina ao seu lado, e Doug e eu num banco baixo com uma almofada bordada em meio-ponto. (Era ela quem tinha bordado.)

Naquele ano, como sempre, mamãe começou a ler: "E então aconteceu que naqueles dias foi emitido um decreto de César Augusto..."

Em minhas décadas trabalhando no ramo editorial, já fui a um monte de leituras. Detesto a maioria delas. Detesto a voz fajuta e afetada que a maioria dos escritores adota na leitura, uma espécie de tom

---

* Casa de impressão americana do século XIX, famosa por suas imagens decorativas de paisagens e casas elegantes. (N. do T.)

encantatório meio sinistro, que implica que estão lendo um texto sagrado numa língua que você não entende. (É claro que há exceções — Toni Morrison, Dave Eggers, David Sedaris, Nikki Giovanni, John Irving lendo *Uma prece para Owen Meany*, um dos meus livros favoritos e também da minha mãe, magia pura.) E o que é pior na maioria dos eventos literários — quase nenhum autor sabe a hora de parar de ler e voltar para seu assento.

Mas mamãe tinha uma voz de leitura deliciosa, tanto porque era minha mãe quanto porque ela realmente tinha, e na verdade falava quando lia. Talvez fosse sua formação como atriz em Londres. Acho que ela tinha orgulho do modo como lia. Sua voz tornava-se um pouco mais médio-atlântica.* Ela lia em voz alta e clara.

Assim, ela estava lendo: a lareira estava acesa; todos os três filhos estávamos ao seu redor. E, de repente, um de nós começou a dar risadinhas. Nem sei direito qual foi. Bem, na verdade eu sei, mas mesmo depois de todos estes anos, mencionar o nome seria como dedurar um irmão. Mamãe continuou. Nem mesmo ficou claro que ela tinha ouvido ou percebido, mas talvez tivesse e estivesse decidida a não quebrar o clima.

Então, outro de nós começou com as risadinhas, e depois o terceiro. Sabíamos que não devíamos fazer isso e achávamos que era incontrolável. Não estávamos rindo de nada específico. Estávamos apenas rindo de bom humor, bobeira, ansiedade — sabe-se lá, provavelmente os três. Quanto mais tentávamos parar, mais as risadinhas vinham. Então, estávamos rindo alto, simplesmente porque estávamos e pronto.

E então não estávamos mais. A Bíblia foi fechada com um estrondo. O ar fugiu do recinto. Era raro ver mamãe tão brava.

"Talvez não vá haver Natal este ano."

No fim houve Natal naquele ano, como sempre houvera, porém, me lembro de uma noite extremamente tensa e cheia de suspense — não só por causa dos presentes, embora eu com certeza tenha tido o receio de

---

* Região dos Estados Unidos que abrange diversos estados do Nordeste, próxima à Nova Inglaterra.

que eles sumissem todos, mas devido a um legítimo arrependimento por ter estragado a véspera de Natal, e medo da ira que havíamos despertado em nossa mãe.

"Você lembra quando demos risada da história do Natal e você mandou todo mundo para a cama?", perguntei isso a ela enquanto estávamos discutindo *O preço do sal*.

Algumas memórias evocam sorrisos. Essa não evocou.

Você reconstitui a teoria pedagógica dos seus pais analisando depois por que eles faziam o que faziam. Uma das muitas grandes vantagens de ter irmãos é que você pode fazer isso de uma maneira comunitária, talmúdica. Depois que minha irmã e eu conversamos sobre isso quando adultos, chegamos a algumas conclusões:

1. Mamãe achava que mesmo as crianças pequenas precisavam aprender a responsabilidade que a fala acarreta e aprender que palavras, risadas e mesmo olhares podem ter consequências.
2. Mamãe achava que religião não era motivo de piada, embora acreditasse que isso não deveria ser proibido.
3. Mamãe não era muito fã de bobagens.
4. A palavra escrita, fosse na página ou lida em voz alta, devia ser tratada com o máximo respeito.

Me lembro de uma das poucas outras vezes em que vi mamãe tão furiosa. Foi quando eu, aos 9 anos, instigado por uma criança mais velha mal-intencionada e sem entender o que era aquilo, tatuei com caneta hidrográfica uma suástica no braço. Ela tremia de raiva enquanto se esforçava para me fazer entender a história por trás daquele símbolo, e qual seria o efeito nos nossos amigos que haviam vivido o Holocausto, ou tinham parentes que morreram nele, caso me vissem com aquela marca maligna na pele. Esfregou meu braço até o osso, ou pelo menos foi o que senti — eu não ia sair de casa em hipótese alguma até que cada vestígio daquilo tivesse sumido.

"Vai passar as festas com a família?", me perguntavam os desconhecidos naquele mês de dezembro, como sempre fazem. As pessoas que me conheciam, naturalmente, não só faziam essa pergunta como também perguntavam como estava minha mãe. Ao ser confrontado com a questão sobre minha mãe, eu podia indicar o blog às pessoas — ainda escrito por ela na minha voz. Mas geralmente apenas dizia: "Não está nada mal, no fim das contas", ou algo desse gênero. E, então, acrescentava algo que era verdade: "E está muito animada de ter todos os netos perto dela." Se a pessoa me conhecia ainda melhor, talvez perguntasse: "E você, como tem estado?" Isso sempre me deixava confuso, por isso eu respondia como achava que mamãe gostaria que eu respondesse. "Temos muita sorte — por ter um tratamento tão ótimo, e por ter mais tempo do que qualquer outra pessoa teria ousado esperar."

De fato, comecei a notar algo, no entanto: uma diferença no tom de voz quando essa última pergunta era feita por alguém cuja mãe ou pai, ou ambos, tinham morrido havia pouco tempo, principalmente de câncer. Era como se estivéssemos lendo o mesmo livro, mas um de nós estivesse mais avançado que o outro: eles tinham chegado ao fim, e eu ainda estava em algum ponto do meio. O "Como você tem estado?" na verdade era "Acho que talvez eu saiba como você tem estado".

Na maior parte das vezes, no entanto, mesmo o diálogo mais simples acerca do tema de como eu me sentia a respeito da saúde da minha mãe parecia forçado, constrangedor e incômodo, por isso eu acabava mudando de assunto o mais rápido possível. O constrangimento tinha várias causas: Ela estava morrendo, mas não estava morta — portanto, permitir ou expressar sofrimento demais me fazia sentir e parecer que eu já a estava enterrando antes da hora e já perdera todas as esperanças de ter mais tempo. Ela não era a primeira pessoa que estava morrendo, nem eu era o primeiro adulto que estava perdendo um pai ou mãe, por isso, além de não querer parecer prematuramente mórbido, eu sentia que pegava mal se achasse que estava falando demais sobre isso. E mais que qualquer outra coisa, somos uma sociedade bastante canhestra no que diz respeito a falar sobre a morte. É algo que deve acontecer fora de cena, em hospitais, e ninguém quer se estender muito sobre isso.

Também existe ainda um estigma escolar de ser visto como alguém apegado demais à própria mãe. Acho que isso é muito menos acentuado hoje do que quando eu era criança, mas ainda existe. A maioria dos homens que conheço admitem francamente adorar livros sobre filhos que acabam acatando a vida e o legado de seu pai — livros como *Big Russ e eu*, de Tim Russert, *O duque da mentira*, de Geoffrey Wolff e *O grande Santini*, de Pat Conroy. Esses mesmos homens, porém, ficam um pouco mais constrangidos de adorar livros como *A cor da água*, de James McBride ou *Bar doce lar*, de J. R. Moehringer, talvez falando sobre o primeiro em termos do que diz sobre corrida, e o segundo por seu retrato das alegrias da vida boêmia, quando ambos os livros, na verdade, são no fundo sobre o forte elo entre uma mãe e um filho. O assunto é considerado, francamente, um pouco gay — terreno de um escritor como Colm Tóibín ou Andrew Holleran. Talvez parte disso, também, estivesse pesando e me impedisse de me sentir à vontade para discutir minhas emoções, meu sofrimento.

Por isso eu tendia a responder que sim, vou passar as festas com a família; mamãe está com uma saúde incrível, no fim das contas; e estou bem.

NA NOITE DA véspera do Natal de 2008, mamãe levou os netos à igreja dela (estavam todos na cidade para as festas), onde os mais novos ficaram sentados absortos no chão, na frente do altar, enquanto o pastor contava a história do Natal. Ninguém deu risada, graças a Deus. Meu irmão e Nancy deram o jantar da noite de Natal na casa deles. Nós tínhamos, como sempre, pudim de ameixa caseiro de sobremesa. Há mais de cem anos, todo ano sem falta, todas as mulheres da família da minha mãe se reuniam para fazer pudim de ameixa usando as instruções precisas de uma receita de família escrita à mão. Minha mãe participara mais de sessenta vezes desse ritual, e o fizera outra vez este ano, porém, com uma diferença: este ano, por sugestão dela, pela primeira vez na história, os homens tinham sido convidados. Ela queria os netos presentes, e se os meninos iam vir, então os homens podiam vir também.

A véspera de Ano-Novo foi mais calma que o Natal, celebrada no começo da noite na casa dos meus pais, com um grande frasco de caviar enviado por uma amiga que fora aluna da minha mãe; nós fomos a família que a recebeu quando ela chegou do Irã para estudar em Harvard. Mamãe sempre dissera a seus alunos que cuidaria deles no ensino médio e na faculdade — mas que eles podiam pagar refeições para ela quando fossem adultos. Eles estavam fazendo tudo isso e muito mais, e o apartamento estava cheio de cartões e presentes de ex-alunos.

Era natural, na véspera de Ano-Novo, que mamãe falasse sobre o milagre que era ela estar aqui para uma segunda véspera de Ano-Novo após diagnóstico, como ela era sortuda, e como era grata. Então, disse algo que eu não a ouvira dizer antes:

"Não quero que nenhum de vocês fique triste quando eu não estiver mais aqui. Mas quero, sim, que vocês cuidem uns dos outros. Vou ficar muito brava se descobrir que qualquer um de vocês está brigando com o outro. E se alguém causar problemas, eu volto do túmulo para puxar o pé dessa pessoa."

Como de costume, mamãe deu um monte de presentes de Natal, incluindo bolsas feitas pelos refugiados de Myanmar para os médicos, enfermeiros e funcionários do hospital. Para mim, ela e meu pai tinham escolhido um conjunto de copos baixos vintage da Steuben, para o Dewar's que gosto de beber na hora do coquetel. Quando as festas chegaram ao fim, sentei para escrever uma carta de agradecimento a eles — não na tarde de Natal, como tinha sido ensinado, mas logo em seguida. Achei isso mais difícil do que eu tinha previsto: eu queria agradecer a eles tantas outras coisas além dos copos que a carta insistia em tomar proporções incontroláveis. Cada esboço parecia cada vez mais um tributo póstumo para mamãe. Ela deixara muito claro que ainda estava vivendo enquanto estava morrendo, e que o tempo que lhe restava, fosse o quanto fosse, não deveria ser transformado numa longa cerimônia fúnebre. E, no entanto, quantas outras chances eu teria de agradecer-lhe pelo que fizera por mim, me ensinara e me dera?

O que entendi de repente foi que um bilhete de agradecimento não é o preço que se paga por receber um presente, como tantas crianças pensam que é, uma espécie de tributo mínimo ou taxa; é, antes, uma oportunidade de se dar conta das bênçãos que você tem. E gratidão não é o que você dá em troca por algo; é o que sente quando é abençoado — abençoado por ter parentes e amigos que se importam com você e que querem ver você feliz. Daí a alegria de agradecer.

O CLUBE DO LIVRO DO FIM DA VIDA

Os livros de Kabat-Zinn e o conceito de atenção plena me vieram à mente — mas também um livro de David K. Reynolds, que no começo dos anos 1980 havia criado um sistema que chamava de Vivência Construtiva, uma combinação ocidental de dois tipos diferentes de psicoterapias japonesas, uma baseada em levar as pessoas a parar de usar sentimentos como desculpa para suas ações, e a outra baseada em levá-las a praticar gratidão. Esta última terapia tem suas raízes numa filosofia chamada Naikan, desenvolvida por Ishin Yoshimoto. O Naikan lembra as pessoas de serem gratas por tudo. Se você está sentado numa cadeira, precisa se dar conta de que alguém fez essa cadeira, e alguém a vendeu, e alguém a entregou — e você é o beneficiário de tudo isso. Só porque as pessoas não fizeram isso especialmente para você, isso não quer dizer que você não seja abençoado de estar usando e desfrutando da cadeira. A ideia é que, se você pratica a parte do Naikan na Vivência Construtiva, a vida se torna uma série de pequenos milagres, e você talvez comece a notar tudo aquilo que dá certo numa vida típica, e não as poucas coisas que dão errado.

Peguei uma nova folha de papel e comecei minha carta de agradecimento outra vez com as seguintes palavras: "Querida mãe e querido pai. Tenho tanta sorte de..."

O engraçado foi que, quanto mais eu pensava em todas as bênçãos que tinha, mais grato me sentia, e menos triste. Minha mãe, assim como David K. Reynolds, era no fundo uma psicoterapeuta japonesa.

Enquanto estava escrevendo este livro, me deparei com meu exemplar de *O preço do sal*. E achei um pedaço de papel com uma carta que mamãe escrevera: "Todos nós devemos a todo mundo por tudo o que acontece em nossas vidas. Mas não é como ter uma dívida para com uma única pessoa — de fato devemos a todo mundo por tudo. Nossa vida inteira pode mudar num instante — portanto, cada pessoa que impede que isso aconteça, por menor que seja o papel que ela exerce, também é responsável por tudo. Somente por dar amizade e amor, você já impede que as pessoas à sua volta desistam — e cada expressão de amizade ou amor talvez seja aquela que faz toda a diferença."

Não faço ideia de como essa carta foi parar ali.

O fundamentalista relutante

Muitas pessoas deixavam livros para mamãe. Ela já tinha lido a maioria, mas nunca dizia isso a quem dava o presente; achava que era falta de educação. Se alguém lhe dava qualquer presente que fosse uma duplicata de algo que já tinha, ela dava para outra pessoa, em vez de dizer à pessoa generosa que a coisa era repetida. Certos livros já lidos vinham em exemplares múltiplos ao longo do Natal. Ela escrevia um bilhete de agradecimento e passava as duplicatas adiante — para um amigo, para um enfermeiro — ou as deixava numa mesa de troca de livros no prédio dela.

Livros que ela não lera também vinham em exemplares múltiplos. Nesse caso, ela dava um para mim e guardava um para si — ou pelo menos até que terminasse de ler e pudesse doá-lo.

Começamos janeiro com *O fundamentalista relutante,* romance de um autor de 37 anos, Mohsin Hamid, que nascera no Paquistão mas passara parte da infância e depois os anos de faculdade e começo da vida adulta nos Estados Unidos — em Princeton e na Escola de Direito de Harvard, e trabalhando como consultor administrativo em Nova York — antes de se mudar para Londres em 2001. Duas pessoas tinham dado esse livro a ela no Natal, embora tivesse sido publicado no ano anterior; claramente, era um livro para ela. Mamãe o devorou em questão de horas, e falamos sobre ele também durante horas, quebrando a cabeça com o final enigmático. É um romance sobre um jovem estudante de Princeton, originário do Paquistão, que faz todas as tentativas de se adaptar a Nova York, mas acaba voltando para o Paquistão. Era exatamente o tipo de livro que mamãe adorava — um monólogo que permite que você venha a conhecer um personagem em suas próprias palavras. Os acontecimentos de 11 de setembro também desempenham um papel central no livro. Todos estão procurando um retorno a alguma coisa — um namorado morto, um país onde se será aceito —, mas é claramente impossível voltar atrás. Aconteceram coisas demais em nosso tempo, nossas vidas e nossos países.

Quanto ao final perturbador do romance, mamãe e eu tivemos opiniões totalmente diferentes nesse ponto. Estávamos outra vez no ambulatório do Memorial Sloan-Kettering quando o discutimos, e a sala de espera estava abarrotada; os únicos assentos que encontramos foram na área com televisão. Falamos sussurrando para não incomodar as pessoas à nossa volta que estavam assistindo — e de vez em quando olhávamos de relance para a tela, que estava principalmente cheia de más notícias financeiras do mundo todo.

Discutimos *O fundamentalista relutante* tanto quanto discutimos sobre qualquer outra coisa naquele ano. No fim do romance, fica bem claro que um de dois personagens vai morrer. Só é difícil entender qual deles. Achei que havia um único final e era eu que não tinha sacado. Mamãe achou que a ambiguidade era intenção do autor, e o final que você escolhesse delatava algo sobre você. Agora passei a acreditar que mamãe tinha razão, mas na época fiquei meio emburrado com isso.

Embora eu tenha levado algum tempo para aceitar que jamais teria certeza de como ele terminava, o romance de Hamid imediatamente me fez reavaliar em quem eu podia acreditar e no que podia confiar, meus próprios preconceitos e os que os outros tinham sobre mim — num nível pessoal, mas também global. Ler aquilo enquanto David Rohde ainda estava desaparecido foi especialmente pungente. Mamãe me disse que David não teria partido com alguém em quem não confiava. Ele não era bobo. E seu conhecimento e seus instintos sobre a região eram ambos de primeira linha. Mesmo assim, alguém podia cometer um erro terrível apenas por não ser paranoico o bastante. Como então os políticos saberiam em quem confiar na região? Ou os comandantes militares? E como as pessoas da região podiam saber em quais de nós deviam confiar — em quais países? Os russos? Os alemães? Os franceses? Os americanos? E mesmo assim — quais americanos?

Lembrei a mamãe da minha professora da segunda série, a sra. Williams. O ano era 1969, e ela nos dizia, quando estávamos barulhentos ou agressivos: "Meninos e meninas, se não conseguimos nos entender uns com os outros, então como é que algum dia vamos nos entender com os nossos irmãos e irmãs no Vietnã do Norte?" Mesmo na segunda série, achei que aquilo soava meio ingênuo. Mas é claro que ela estava certa.

Perguntei se ela realmente tinha qualquer esperança pelo Afeganistão e seus vizinhos. "É claro que tenho", ela disse. "O negócio é que você não pode apenas falar com as pessoas. Nós aprendemos isso. Você tem que trabalhar com as pessoas — é assim que descobre mais sobre elas. Você pode se enganar assim mesmo. Mas simplesmente descobre muito mais desse jeito. Isso é verdade onde quer que você esteja."

"Mas como você sabe quais são as pessoas certas para trabalhar junto? Como evita cometer um erro desde o começo?" Pensei em todas as viagens que mamãe fizera como chefe da Comissão Feminina — para a Monróvia enquanto as forças rebeldes de Charles Taylor estavam atacando; para Serra Leoa, Guiné e Costa do Marfim, e todas as escolhas que ela e seus colegas tinham precisado fazer a respeito de em quem deviam confiar.

"Você não evita sempre. E às vezes acha que evita e está enganado. Mas você viaja com eles, continua trabalhando com eles, vê a humanidade deles, e presta atenção nas histórias que eles procuram. Eles falam com as pessoas? Eles ouvem? E então você usa seu discernimento — eles fazem sentido? E se ainda assim não sabe o bastante, descobre mais. Mas você não pode ficar sem fazer nada."

Recebemos uma má notícia na sala de exame da dra. O'Reilly no meio de janeiro de 2009. Os tumores estavam crescendo rapidamente outra vez. Embora ainda não estivessem tão grandes quanto estavam da primeira vez em que mamãe começou o tratamento, a quimioterapia nova não estava mais conseguindo detê-los. Era hora de mais outra combinação. Não há muitos móveis nem decoração nestas salas de exame — nada para distrair você. O piso é de linóleo; as cadeiras, de plástico. Há o recipiente usado para descartar agulhas — com o símbolo de risco biológico. Pia de aço, toalhas de papel. Mesa de exame. Cortina. Quando ouviu a má notícia, mamãe olhou para a dra. O'Reilly como se quisesse lhe garantir que estava tudo bem, que ela estava bem, que sabia que não era culpa da médica.

Começariam o novo tratamento naquele mesmo dia. A dra. O'Reilly listou os efeitos colaterais, que eram um tanto parecidos com os efeitos colaterais da maioria dos tratamentos anteriores: dedos dormentes, talvez uma coceira, diarreia, feridas na boca, perda de cabelo. Mamãe tomou nota para buscar a peruca com o sujeito que devia estar fazendo as alterações.

"Mas vamos tomar o cuidado de ajustar a dose, e não acho que os efeitos colaterais vão ser difíceis para você. Certamente nada como as feridas na boca que você tinha com o Xeloda. E não há motivo para você não ir à Flórida conforme planejado. Sei o quanto você está ansiosa para aproveitar o tempo bom."

"É uma maravilha eu poder ir para a Flórida", ela disse. Então acrescentou: "Fico feliz de saber que as feridas na boca não vão ser tão ruins. Eu não gostava nem um pouco delas." Ela disse isso como se feridas na boca fossem uma questão de gosto, algo que algumas pessoas de fato apreciavam.

"Não, espero que não", disse a dra. O'Reilly com um sorriso. "Elas são horríveis, não são?"

"Mas a loção que você me deu ajudava bastante", acrescentou mamãe.

"E você tem alguma outra dúvida?", a dra. O'Reilly perguntou.

Mamãe fez que não com a cabeça.

"Bem, eu tenho mais uma pergunta para você", disse a dra. O'Reilly. "Seus netos de Genebra vão visitar você na Flórida?"

Mamãe abriu um sorriso. "Ah, sim, e o de Paris e os de Nova York também."

Voltando para a sala de espera, mamãe disse que já estava esperando a notícia sobre os tumores. Podia senti-los crescendo. Por isso iria se focar em ir à Flórida, receber a visita de todos nós, ver seus amigos lá e aproveitar o calor.

Naquele dia na quimioterapia, falamos mais uma vez sobre o final de O fundamentalista relutante. "Só quero mesmo saber qual personagem morre. Já li o final inúmeras vezes", eu disse. "Odeio ficar sem saber."

"Eu também odeio. É por isso que sempre leio os finais primeiro. Mas às vezes você simplesmente não tem como saber o que vai acontecer, mesmo quando sabe tudo o que há para saber. Por isso se prepara para o pior, mas torce pelo melhor."

O tempo não estava muito bom quando finalmente saímos do Sloan-Kettering. Era um dia de janeiro de um frio cortante. Mas mamãe insistiu em esperar o ônibus assim mesmo, por isso esperei com ela.

O ano do pensamento mágico

Uns poucos meses depois que minha mãe foi diagnosticada com câncer no pâncreas, o mesmo aconteceu com o ator Patrick Swayze, que estrelou em *Ghost* e *Dirty Dancing*. Ele era muito mais novo que minha mãe, e ela gostava dos seus filmes, mas nunca pensara muito sobre ele — até que ele teve o mesmo câncer que ela. Haveria uma entrevista de Barbara Walters com ele logo antes de minha mãe partir para passar o mês na Flórida. Esqueci completamente dessa entrevista até que estava trocando de canais e me deparei com ela. Foi muito poderoso porque, assim como mamãe, Swayze estava totalmente à vontade para enfatizar sua esperança, sua força de vontade e sua dedicação a enfrentar o câncer — sem deixar de admitir que sabia que o câncer muito provavelmente o mataria.

Assim que o programa terminou, o telefone tocou.

"Ele não foi maravilhoso?" Eu sabia que mamãe estava falando de Swayze, é claro. "É exatamente por isso que estou passando." Ela ficou especialmente impressionada com o modo como ele falou com franqueza e sem constrangimento sobre os graves sintomas gastrointestinais causados pelos tratamentos. Ela também falava francamente disso — as cólicas, a diarreia e a prisão de ventre —, mas comentava que isso muitas vezes deixava os outros incomodados. Mesmo assim, persistia — o tempo que passara em acampamentos de refugiados a ensinara a não ser fresca com esse tipo de coisa, e ela achava que os outros também não deviam ser.

Ao longo de todo o processo, mamãe não conhecera nem conversara com outras pessoas com câncer no pâncreas. Era difícil fazer isso, pois a maioria não dura mais que umas poucas semanas ou meses. Agora ela sentia que tinha conhecido outra pessoa, mesmo que fosse só na televisão. Disse que levaria a fita para a Flórida e mostraria a entrevista de Swayze para todos os seus amigos.

No dia em que chegou a Vero Beach, ela estava tão mal que achou que cometera um erro terrível de sequer ir para lá. Estava com febre, calafrios, diarreia; os pés e as mãos estavam dormentes; ela sentia enjoo. No dia seguinte, porém, após ter se recuperado dos transtornos da viagem aérea — ficar parada em pé, tirar e colocar sapatos, esperar em corredores quentes ou com ar-condicionado demais —, ela estava se sentindo muito melhor. E num raro momento de mau humor, fez uma breve diatribe contra as pessoas que usavam cadeiras de rodas em aeroportos como jeito de furar a fila da segurança quando na verdade não precisavam delas, deixando pessoas como ela paradas em filas longas e vagarosas.

"Mãe, você sabe que poderia usar uma cadeira de rodas no aeroporto?", lembrei a ela por telefone.

"Mas tem pessoas que realmente precisam", ela respondeu. (Ela ainda dava lugar no ônibus para pessoas mais velhas, mulheres grávidas e até crianças — pois sabia que elas não tinham força para se segurar quando o ônibus dava uma guinada. Ela olhava feio para jovens saudáveis que nunca pensavam em dar o assento para alguém.)

Como sempre, mamãe tinha um cronograma elaborado para a Flórida — e um novo conjunto de rotinas médicas e não médicas que estruturava seus dias. Assim que cheguei à casa de condomínio que ela alugara em Vero Beach, ela me atualizou dos detalhes. O fato de eu estar com ela permitia que meu pai voltasse a Nova York por uma semana, como fizera no ano anterior, para cuidar de sua empresa. David viria dali a uns poucos dias. Meus irmãos, os companheiros deles e todos os netos já tinham vindo visitar.

"Amanhã cedinho, vamos ver os manatis. Adrian, Milo, Lucy e Cy adoraram os manatis."

Por isso todo dia começava com esse ritual. Após uma xícara de café preparado por ela — por mais cedo que eu acordasse, ela tinha acordado antes —, saíamos a pé passando pela fonte, cruzando o portão e atravessando a rua até o porto. Então íamos até o píer, até a beira do píer, para esperar e ver se alguma daquelas gloriosas criaturas marinhas cinzentas, protuberantes e deformadas ia aparecer.

"Espero mesmo que os manatis venham hoje", mamãe dizia.

Tinha sido, como me dei conta naquele momento, um ano e meio cheio de várias superstições estranhas que me acometeram de repente — o que Joan Didion chamaria de "pensamento mágico". Eu só conseguia me focar na seguinte equação absurda: Se os manatis viessem, seria um dia bom. Mamãe se sentiria "melhor". Se eles não aparecessem, se tivessem passado ali antes de nós ou chegassem depois, então seria um dia "não tão legal". Fixei meu olhar bem fundo na água, na esperança de ver um deles. Olhei para mamãe, que estava franzindo e relaxando os lábios, como as mulheres fazem quando estão tentando corrigir o batom. Mas ela não estava usando batom — seus lábios estavam secos e rachados, e deviam estar doendo com o vento.

Então vi um manati e depois outro, e depois mais um. O porto estava apinhado de barcos a motor, com cascos claros como o linho em contraste com a água turva e o azul vivo do céu. Os barcos estavam parados, sem tripulantes. Os manatis avançavam devagar entre eles e ao seu redor. Mais ao longe havia barcos a pleno motor, revolvendo a água. E olhando para as costas dos manatis, viam-se grandes ferimentos onde uma crosta se formara.

"Eles se cortam nos barcos", disse mamãe. "É terrível."

Depois de ir ver os manatis, voltávamos para casa e tomávamos o café da manhã. Mamãe ficava sentada comigo enquanto eu comia. Tentava comer um pouco de cereal, ou um *muffin*, mas estava tendo problemas de apetite. Mais tarde comprávamos o *New York Times*. No café da manhã líamos o jornal local, ela prestando especial atenção a casas e apartamentos à venda.

"Podíamos comprar uma casinha num condomínio aqui, e todo mundo poderia usar. As crianças iam adorar."

Após o café da manhã vinha a ida à sala de computadores, onde ela checava o e-mail; depois à loja de bebidas (onde eu comprava um vinho para tomar à noite ou uma garrafinha de uísque); em seguida à loja de gastronomia, para o jantar; e, então, ao mercado. Às vezes havia roupas para buscar na lavagem a seco.

E assim acontecia, com tardes para cochilar e ler, até as quatro da tarde. Esse era o horário favorito da minha mãe. Quando o relógio marcava quatro em ponto, não antes, saíamos para andar até a praia. O clube do livro se tornara móvel. Minha mãe adorava a beleza física da praia, mas aquilo não estava completo para ela enquanto não houvesse uma profusão de gente andando ou fazendo cooper com seus cachorros. Ela conhecia algumas pessoas de cumprimentar com a cabeça, e outras ela mais que cumprimentava.

"Espera só para ver, é o cocker spaniel mais lindo do mundo. E a dona dele é de San Diego e trabalha com crianças com dificuldades de aprendizagem. A filha dela está no exército."

Eu não queria ver o cocker spaniel. Nem conhecer a mulher de San Diego. Nem ouvir falar da filha dela. Não queria falar com ninguém além da minha mãe. Queria falar de livros com ela, ou apenas ficar olhando para o mar, me drogando com o som aprazível das ondas. Gosto de cachorros, é claro. Mas todos aqueles estranhos com suas vidas e histórias tornavam a paisagem menos bela para mim, não mais. Eles a desfiguravam. E conforme o relógio avançava, eu me ressentia das outras pessoas, por interromper o número limitado de conversas que nos restava.

Como, eu me perguntei, alguém podia sempre querer falar com todo mundo? Esperando a quimioterapia, em táxis, em filas em aeroportos, no mercado, em acampamentos de refugiados e jantares de gala. "Não tem algumas vezes, mãe, em que você apenas quer ficar na sua própria companhia, ou ficar sozinha ou falar com pessoas que já conhece?", perguntei. "Parece que você sempre quer conhecer gente em todo lugar."

"Nem sempre eu quero conhecer gente."

"Isso não é verdade, mãe. Você está sempre querendo conhecer gente."

"Não, às vezes eu não quero. Mas não é muito difícil se deixar conhecer. Não tem como você saber se quer conhecer alguém enquanto você não conheceu a pessoa, enquanto não começou a falar e, o mais importante, não fez perguntas para ela. Conheci as pessoas mais mara-

vilhosas desse jeito. E não vejo as outras pessoas como interrupções —
elas nos dão mais assunto para a conversa. Assim como os livros." Ela fez
uma pausa. "Mas eu nem sempre quero conhecer gente."

De repente, andando em quatro patas até nós, com as orelhas balançando na brisa vespertina, veio um cocker spaniel. E atrás dele uma
mulher.

"Oi, Susan. Este é meu filho Will."

"Prazer em conhecer. Acabei de chegar de Nova York", comecei a
falar. E então: "Minha mãe me disse que você trabalha em San Diego
com crianças com necessidades especiais. Como vai sua filha? Ela está
no exército, né?"

QUANDO CHEGAMOS EM casa, tentei lembrar que idade eu tinha quando voltava da escola e perguntava à mamãe como tinha sido o dia dela,
ou perguntava ao papai se, digamos, aquela leve rouquidão na voz dele
queria dizer que ele estava ficando resfriado. Lembro de perguntar esse
tipo de coisa depois que fui para o colégio interno, mas fazia isso de
uma maneira superficial, no fim da conversa.

Para mim, é incrivelmente difícil perguntar e ouvir, ouvir de verdade, e não tentar fornecer uma resposta pronta que alimente meu senso inato de otimismo, minha esperança de que sempre é possível as
coisas estarem um pouco melhores, e não um declínio constante do pior
para o ainda pior. E qual mãe quer decepcionar o filho, estar se sentindo
pior quando ele anseia tanto que ela esteja melhor?

Eu levara um exemplar de *O ano do pensamento mágico*, de Joan
Didion, para a Flórida. Tanto minha mãe quanto eu tínhamos lido esse
livro quando tinha sido lançado, uns poucos anos antes. Eu queria relê-
-lo. Didion escreve sobre sua vida depois da morte repentina do marido,
que ela narra nas primeiras páginas — e sobre a filha, que adquire uma
doença fatal e depois parece se recuperar. (Tragicamente, Quintana Roo
Dunne morreria depois, de pancreatite, no entanto, após o livro da mãe
ter sido escrito e justo quando ele estava prestes a ser publicado.) *O ano
do pensamento mágico* é um livro sobre morte, luto e doença.

Didion contrasta seu luto depois da morte do marido com aquilo
que sentiu após a morte dos pais:

O luto, quando vem, não é nada do que esperamos que seja. Não foi o que senti quando meus pais morreram: meu pai morreu uns poucos dias antes de seu aniversário de 85 anos, e minha mãe, um mês antes dos 91, ambos após alguns anos de debilidade crescente. O que senti em cada caso foi tristeza, solidão (a solidão da criança abandonada de qualquer idade), arrependimento pelo tempo passado, por coisas não ditas, por minha incapacidade de compartilhar, ou mesmo reconhecer de qualquer maneira real, no fim, a dor, a impotência e a humilhação física que cada um deles suportou.

Eu me vi imerso no livro, e voltando frequentemente a esse trecho. Mamãe não estava morta; estava muito viva. Eu estava triste, mas ainda não estava solitário. E tinha uma oportunidade de fazer e dizer coisas para não sentir arrependimento; tinha a chance de reconhecer e abrandar a dor da minha mãe, sua impotência e humilhação física.

Isso é mais fácil de falar que de fazer. Ela tanto estava morrendo quanto vivendo. Queria falar sobre seus amigos, seu trabalho e seus netos, sobre imóveis e sobre os livros que estávamos lendo (principalmente o de Didion, que ela releu assim que eu terminei), e sobre música e filmes e o trânsito e histórias engraçadas e os velhos tempos e sobre minha empresa e... a lista era imensa. Ela queria passar tempo comigo e com toda a família, mas conhecer pessoas novas também.

Comecei a ver uma grande sabedoria na escolha de palavras de Didion: *compartilhar* e *reconhecer*. E percebi que podia compartilhar falando sobre qualquer coisa que mamãe quisesse discutir, ou ficando sentado em silêncio junto com ela, lendo. E podia reconhecer sem cutucar nem insistir ou me fixar.

Tinha sido um dia bom. Logo estava escuro, e preparei um drinque para mim. Aquecemos o *tetrazzini* de peru da loja de gastronomia. Depois do jantar, assistimos a um documentário sobre o consultor político Lee Atwater. Nós dois adoramos — porém o filme terminava com sua morte de câncer, e algumas cenas horrendas de como ele foi transformado pela doença.

Durante o filme, olhei várias vezes para ver se conseguia descobrir como mamãe estava. Quando o filme terminou, perguntei como ela estava se sentindo. Continuei tentando, com muito empenho, formular a pergunta exatamente como *A etiqueta da doença* havia me ensinado: Quer que eu pergunte como você está se sentindo? E ainda acho que esse é um ótimo conselho. Mas depois de um tempo parecia artificial e formal demais — como levantar a mão para pedir permissão para falar quando só tem você e o professor na sala. Por telefone era uma coisa, mas era estranho quando eu estava lá com ela na casa na Flórida.

"Melhor", ela disse. Esperei que aquilo fosse verdade. Afinal, nós tínhamos visto os manatis.

Olive Kitteridge

Em março de 2009, mamãe voltou para Nova York bem a tempo de pegar mais uns dias de neve suja e chuva gelada.

Minha imagem dela nesse ponto é de uma pessoa cada vez mais frágil, decidida a não deixar isso transparecer. Ela saía todos os dias — se não para o escritório que dividia no Comitê Internacional de Resgate, então para a Sociedade Asiática ali perto a fim de encontrar alguém para almoçar, ou ouvir um ensaio de concerto ou ver um balé. Estava conseguindo manter peso acima dos 45 quilos. Ainda a vejo andando na calçada em direção a seu prédio, envolta num casaco felpudo, com fiapos de seus cabelos brancos aparecendo embaixo de uma echarpe de seda, cabelos tão delicados, como cabelo de milho; avançando com cuidado para não escorregar numa poça de gelo, mas sem ajuda de ninguém; plantando cada pé com firmeza e deliberação enquanto outros nova-iorquinos passam apressados por ela. Não tento chamar sua atenção — não quero assustá-la, pois sei que caminhar sobre o gelo exige uma grande concentração. Em vez disso, ando com passos leves ao lado dela e então a cumprimento, um segundo antes de delicadamente tomar seu braço para conduzi-la no resto do caminho para casa.

Assim como os pais não percebem de fato as mudanças graduais em seus filhos — como é que o menininho ficou, de repente, 30 centímetros mais alto? —, também não notei imediatamente como mamãe ficara mais frágil. Foi só olhando as fotos — mesmo dela no Natal — que percebi que ela estava, em suas próprias palavras, desaparecendo. Cada vez mais vinham os dias não bons, e cada um parecia deixar sua marca, pois mamãe ficava um pouco mais frágil depois. Nos dias não bons, seu estômago não funcionava — e ela tinha que ir ao banheiro dez, 11, 12 vezes por dia. Às vezes seus pés inchavam tanto que ela mal conseguia andar. Mas ela continuava a ir aos ensaios e almoços, a ver os netos, a ir a museus e ao seu escritório.

No entanto, não precisávamos nos orientar sozinhos em meio a essas mudanças. Nina tinha uma amiga chamada dra. Kathleen Foley, uma líder no ramo dos cuidados paliativos, que encaminhou minha mãe para uma excelente enfermeira clínica chamada Nessa Coyle. A dra. Foley e Nessa trabalham em cooperação com a dra. O'Reilly no Memorial Sloan-Kettering e são especialistas em ajudar pacientes de câncer e suas famílias, tanto com questões referentes à qualidade de vida durante o tratamento quanto com os cuidados da fase terminal. Nessa é alta, inglesa e magra, de cabelos meio grisalhos, uma voz branda e um sorriso largo. Quando a conheci, me lembrei de uma babá saída de um romance infantil inglês. Como eu ficaria sabendo depois, não tinha errado por muito; ela começara sua formação como parteira.

Sempre que víamos Nessa, ela me cumprimentava calorosamente, mas direcionava quase toda a conversa para mamãe, muitas vezes segurando as mãos dela. E menciono essas duas coisas porque tantas vezes, ao longo de toda fase terminal, notei como as pessoas evitavam encostar na minha mãe ou falar com ela, dirigindo os comentários e perguntas para nós, mesmo quando ela estava bem ali. ("Sua mãe quer alguma coisa para beber?")

Nessa estava sempre disponível com conselhos sensatos, e evitava que nós todos tivéssemos que incomodar a dra. O'Reilly com cada pequena pergunta: ela nos ajudava a entender o que precisava ser comunicado à dra. O'Reilly e o que podíamos resolver por conta própria. Levei um tempo para entender qual era o papel de Nessa. Então, me dei conta: atletas e executivos têm treinadores; Nessa era uma treinadora também, com uma sabedoria que nenhum de nós tinha, embora todos já tivéssemos perdido entes queridos. Passei a vê-la não só como uma treinadora para a morte, mas também uma treinadora para a vida.

Foi Nessa quem sugeriu à mamãe que fizesse as coisas que eram importantes para ela enquanto ainda se sentia bem o bastante. Se ela queria escrever uma carta para cada neto, para que fosse aberta em algum momento do futuro, devia fazer isso agora mesmo. Se quisesse ir ver alguma coisa em algum lugar, devia fazer isso. Mas se apenas quisesse ficar em casa e ter momentos de tranquilidade, lendo e ouvindo música — isso também era bom. Nessa sugeriu à minha mãe que passasse a encontrar os amigos para tomar chá de manhã ou à tarde, e não para fazer uma refeição, de modo que ela não tivesse que se preocupar em mexer a comida no prato para fingir que estava comendo se não estivesse com fome. Mamãe ficou contente quando Nessa reconheceu como era difícil não ficar constrangida com essas coisas. Sempre que tínhamos uma pergunta (Quem podia instalar corrimãos no banheiro? Como podíamos achar um terapeuta Reiki? O que devíamos dizer a um amigo que aparecia em casa um pouco além da conta?), ligávamos para Nessa.

No fim do mês, comemoraríamos o aniversário de 75 anos da mamãe — o que criava seu próprio conjunto de problemas e perguntas. Não acho que quando ela foi diagnosticada, 18 meses antes, pensou que viveria para ver isso. Acho que também não pensamos. Por isso estava decidida a dar uma festa, mas estava preocupada com sua energia. A princípio, sua ideia era convidar 150 pessoas para o clube do papai, que ficava logo ali na esquina. Mas ela suspeitou que isso acabaria sendo ambicioso demais, e Nessa concordou. Ela e Nessa chegaram à conclusão de que, se o grupo fosse menor, ela podia dar a festa em casa e passar o tempo que precisasse no banheiro ou em seu quarto. E haveria simplesmente menos gente para cumprimentar. Então começamos a fazer uma lista — a família, é claro; apenas uns poucos colegas, pois ela não queria ofender ninguém convidando muitos mas não todos; e só pessoas com quem mantivera contato no último ano, mais ou menos, mas ninguém de fora de Nova York, pois não queria que ninguém viajasse. "Isso não é o *This Is Your Life*", ela me disse, referindo-se ao famoso programa de tevê dos anos 1950. "É mais para as pessoas que eu tenho visto, por qualquer que seja o motivo, no último ano, e para agradecer alguns dos amigos que têm sido tão maravilhosos." Ela sabia que esqueceria de incluir pessoas. "Eles simplesmente vão ter que entender", ela disse.

O plano era o seguinte: Um amigo dela prepararia uma comida simples, de bufê. A festa duraria duas horas, das seis às oito. Haveria champanhe, e ela tomaria alguns goles, seus primeiros desde meses antes de ela ter sido diagnosticada.

E haveria duas regras absolutas e invioláveis que eu acrescentaria em todos os convites: não trazer presentes e não fazer brindes. Minha mãe ficou olhando, por cima do meu ombro, o convite eletrônico (ideia minha) na tela do meu computador enquanto eu o compunha, e fez que não com a cabeça. Ainda não estava completo. Ela digitou o que queria: NÃO TRAZER PRESENTES NEM FAZER BRINDES. Tudo em maiúsculas. Melhor assim.

Mas a festa seria só no dia do seu aniversário de verdade, 31 de março, no final do mês. E havia muita coisa para fazer enquanto isso, incluindo várias consultas médicas, que nos dariam muito tempo para ler e conversar. Ela também precisava achar um presente para seu neto Adrian. Depois de procurar um pouco, encontrou uma bela edição antiga de *O hobbit* para seu aniversário de 9 anos. "Chega de brinquedos de plástico", ela disse. "Só livros."

Chegamos a um acordo sobre dois livros que leríamos em seguida e depois trocaríamos. Um deles, chamado *Em outros quartos, outras surpresas*, de Daniyal Mueenuddin, acabara de ser publicado. O outro era um vencedor do prêmio Pulitzer, *Olive Kitteridge*, de Elizabeth Strout, que saíra no ano anterior. Ambos são livros de contos escolhidos, mas relacionados. Ela começaria com o livro de Strout; eu, com o de Mueenuddin.

A quimioterapia continuou com uma nova combinação de drogas e não mais com a infusão de Baxter, a garrafa presa ao peito dela, mas sim à moda antiga, a intravenosa — embora conectada ao *Port-a-Cath* e não a uma veia. Tirando isso, a rotina é a mesma de sempre.

Primeiro ficamos sentados nas cadeiras da sala de espera, talvez lendo, talvez ainda falando sobre isto e aquilo, e de vez em quando um dos enfermeiros anuncia um nome. Depois de um tempo, é o da minha mãe. "Mary? Mary Schwalbe?" Então pegamos nossos casacos, nossos livros e nossos *mochas* pela metade, e seguimos o enfermeiro pelas portas vaivém para a sala com as baias de tratamento.

Mamãe fica sentada na poltrona reclinável; eu sento do lado; os casacos são enfiados embaixo da minha cadeira. Eles raramente deixam você esperando por muito tempo uma vez que você está dentro da sua baia — alguém geralmente vem logo na hora. Hoje espero que seja Curt, o enfermeiro favorito da mamãe. Curt é alguns centímetros mais alto do que eu, e bonito — não como um ator de cinema, mas o tipo de pessoa que você colocaria no elenco de um filme para interpretar um soldado raso muito atraente num pelotão do exército, ou um enfermeiro num drama de hospital, quem sabe. Mamãe abre um sorriso enorme quando vê que é o Curt, e lhe pergunta sobre seu apartamento, se ele vai tirar férias, como está se sentindo.

Há um vestígio de maxilares tensos no rosto de Curt, e embora ele nunca esteja distraído, você sente que ele está ciente de que tem um tempo limitado para cada encontro. Ele bate-papo enquanto faz o que está fazendo, mas não muito além disso. O pai de um amigo se apresenta para o garçom antes de cada refeição em restaurantes de Nova York dizendo: "Oi, eu sou o Eric, e esta é a Susie, e somos de Vermont." Meu amigo franze um pouco o rosto de constrangimento sempre que o pai faz isso. Eu faço a mesma cara quando mamãe está falando com Curt, pensando que ele não quer bater papo; está tentando se concentrar; ela é só mais uma pessoa idosa morrendo de câncer. Mas isso não é verdade — é só o constrangimento infantil que todos adquirimos em relação a nossos pais; eles são efusivos demais, se esforçam demais; simplesmente não estão sendo cool.

Minha mãe gosta de um cobertor (sempre está com frio) e um travesseiro embaixo do braço. Um pouco de suco de maçã — frio, não gelado. Ela não pede isso, mas aceita de bom grado quando alguém oferece, quase surpresa. Se essas coisas não se materializam, ela ainda assim não pede, mas às vezes arrisca uma pergunta hesitante: "Geralmente quando venho aqui, eles me dão um copo de suco de maçã. Eu deveria estar bebendo alguma coisa?" Mas muitas vezes ela não pergunta.

"Mãe, você quer perguntar sobre o suco de maçã?"

"Não", ela diz, um pouco irritada comigo. "Não preciso beber toda vez."

"Eu vou perguntar."

"Ok."

Há sempre a lista de perguntas deles: Como ela está se sentindo? Está cansada? Como está seu trânsito intestinal? Então outro enfermeiro é chamado para a checagem de quimioterapia, minha mãe confirma seu nome e data de nascimento, e os enfermeiros confirmam um com o outro que ela é a pessoa certa recebendo a dose certa da coisa certa. Feito isso, a bolsa é presa em seu gancho e fica pendurada de cabeça para baixo, como Mussolini naquele gancho de carne. O soro é colocado para fluir, e com o canto do olho nós vamos vê-lo pingar.

"Mais alguma coisa que eu possa trazer?", pergunta Curt.

"Não, e obrigada por tudo, Curt. Você foi maravilhoso", diz ela, como se Curt fosse seu anfitrião num fim de semana no campo e ela estivesse se acomodando para tirar uma soneca numa cama coberta por um edredom após uma longa jornada.

Está tudo em silêncio. As pessoas cochilam ou falam aos sussurros. Máquinas fazem bipe. Os enfermeiros de tênis entram e saem apressados. Dependendo do tratamento, agora temos um tempo que pode variar entre uma e quatro ou cinco horas. Nesta terça-feira de março, o tratamento se estende até algo como seis ou sete horas. É um dia movimentado, e tudo atrasa. É o último tratamento antes do próximo exame e sua próxima consulta médica. Ela está convencida de que o novo tratamento não está funcionando. Não de um jeito pessimista ou fatalista. Ela é apenas objetiva. Sente que está ficando mais doente, e está parecendo mais doente também.

"Estou adorando *Olive Kitteridge*, o livro de Elizabeth Strout. Talvez em parte porque Olive é professora, mas não como a maioria dos professores nos livros; ela tem opiniões fortes e está sempre afiada — como tantos dos melhores professores com quem trabalhei. Ela também é uma verdadeira mulher da Nova Inglaterra. E adoro o fato de ela ter muito mais medos do que está disposta a admitir — em relação a si mesma e à sua família. Há um trecho extraordinário sobre solidão. Parece o que conversamos sobre *Kokoro* e *O preço do sal*. Aqui — leia isto." Ela aponta uma página do livro com o dedo.

No trecho que mamãe está mostrando, Olive observa que "a solidão pode matar pessoas — pode realmente levar à sua morte de diferentes maneiras. A visão pessoal de Olive é que a vida depende daquilo em que ela pensa como 'grandes impulsos' e 'pequenos impulsos'. Grandes impulsos são coisas como casamento ou filhos, intimidades que mantêm você à tona, mas esses grandes impulsos contêm correntes perigosas, invisíveis. E é por isso que você precisa dos pequenos impulsos também: um empregado simpático na Bradlee's, digamos, ou a atendente do Dunkin' Donuts que sabe como você gosta do seu café. É uma questão complicada, na verdade".

E quando termino de ler, eis que entra Curt.

"Está quase acabando. Você gostaria de um pouco de suco de maçã?", Curt pergunta.

"Oh, obrigada, Curt. Eu adoraria."

Eu queria ter dito a Curt, ali mesmo, como era grato a ele por cuidar tão bem da minha mãe, grato pelos pequenos impulsos que fazem toda a diferença do mundo para alguém que está morrendo de câncer, e para as pessoas que a amam. Espero que ele tenha percebido isso.

Após nosso longo dia no Memorial Sloan-Kettering, precisei dedicar longas horas ao meu trabalho, e os dias seguintes foram ocupados, com jantares de negócios todas as noites. Então, era hora de eu ir a uma conferência sobre tecnologia em Austin. Eu mal podia esperar pela viagem de avião — cinco horas de ida e cinco de volta, sozinho com um livro. Mamãe terminara *Olive Kitteridge* e me dera seu exemplar. Devorei esse livro na ida e o de Mueenuddin na volta.

Na consulta médica seguinte, na terça-feira, 24 de março de 2009, minha mãe foi informada de algo que já havia suspeitado — o exame revelou que o tratamento atual não estava surtindo efeito algum. Os tumores não só tinham continuado a crescer, como estavam crescendo ainda mais depressa. E o tratamento atual era o último tratamento-padrão que existia. Portanto, era hora de falar em tratamentos experimentais.

Os tratamentos experimentais em questão estavam em diversos estágios. Qual deles a dra. O'Reilly recomendaria era uma pergunta que dependia de muitos fatores diferentes: se havia vagas disponíveis; o tipo de câncer que minha mãe tinha; se ela estava disposta a ser cutucada, apalpada e testada como era necessário para alguns dos estudos; se estava disposta a tolerar os efeitos colaterais já sentidos por outras pessoas que estavam experimentando os tratamentos. Discutiríamos tudo aquilo dali a duas semanas, quando mamãe voltasse para outro checkup.

A dra. O'Reilly foi gentil como sempre. Falou um pouco mais baixo desta vez, seu sotaque irlandês um pouco mais acentuado. Passou um tempo maior conosco.

"Os tratamentos experimentais que estamos cogitando mostraram ser bastante promissores para desacelerar o crescimento de tumores", ela disse. Depois, mamãe disse: "Ela ainda não vai desistir." E também disse: "Você percebe que isso significa que, pela primeira vez em 18 meses, vou passar um mês inteiro sem tratamento?" Por isso, para ela, aquele era o lado bom da notícia. Um mês sem tratamentos — um mês sem efeitos colaterais —, sentir-se bem na sua festa de aniversário. Quanto ao fato de que os tumores estavam crescendo — bem, encararíamos aquilo duas semanas depois.

Tivemos que esperar uns documentos depois da consulta com a dra. O'Reilly, por isso tive a chance de passar mais algum tempo conversando com a mamãe.

"Você ficou desmotivada?", perguntei.

"Não", ela disse. "Eu já estava esperando isso. E ainda não é o fim. Vou planejar coisas maravilhosas para o verão e o outono, e fazer o que puder."

Ficamos sentados em silêncio por um tempo.

"Você está com os contos do Mueenuddin?", ela perguntou.

"Você vai adorar", eu disse. "São bastante sombrios — mas completamente envolventes."

"Onde se passam?", mamãe perguntou.

"Em muitos lugares. No Paquistão, no interior, em Lahore e em Islamabad. Mas também em Paris — há um conto maravilhoso ambientado em Paris."

Estranhamente, e talvez em parte porque li ambos os livros em aviões na ida e na volta de Austin, *Em outros quartos, outras surpresas* me fez lembrar de *Olive Kitteridge*, não só porque ambos eram livros de histórias interligadas, mas porque possuem um tom em comum: pungente, mas também um pouco ácido. Muitos dos personagens do livro de Mueenuddin são pessoas sem rodeios e cheias de opiniões, assim como Olive.

"De todos os lugares onde estive, o lugar aonde mais quero voltar é o Paquistão", minha mãe disse. "Mas não acho que o futuro me reserve isso. Nancy e meus outros amigos de lá dizem que agora está ainda mais perigoso que o Afeganistão. Mas obviamente não estou com receio de que eles vão me matar." Mamãe sorriu. "Não, só acho que provavelmente já fiz minha última viagem. Se bem que, vejamos — talvez eu ainda tenha mais uma viagem para Londres ou Genebra." Ela parecia triste, um pouco derrotada. Mordeu o lábio inferior, como fazia quando estava perdida em pensamentos ou sentindo dor. Fechou os olhos por um breve instante. Fiquei sentado em silêncio ao seu lado.

MINHA MÃE PASSOU mal de forma terrível nos dias logo antes de sua festa. Ela me fazia o relatório do número de Imodiums que precisara tomar, e quantas vezes tinha ido ao banheiro. Perguntei se Nessa tinha algum conselho; mamãe disse que havia checado com ela e pego algumas dicas do que comer para acalmar o estômago. Não sentiu muita vontade de ler naquela semana, mas de fato adorou *Em outros quartos, outras surpresas*, o livro de Mueenuddin, como eu havia previsto. Perto do final há um conto chamado "Lily", sobre um casal, Lily e Murad — é a história de um casamento que saiu gravemente dos trilhos. Conversamos acima de tudo sobre esse conto — sobre como a derrocada do relacionamento era culpa de Lily e Murad enquanto indivíduos, mas também como, embora ambos viessem da mesma classe social, ficaram presos entre mundos diferentes — a vida agitada de Lily em Islamabad e o isolamento da fazenda de Murad, que Lily achava que queria.

"Acho que é uma das coisas mais tristes que lemos o ano inteiro", eu disse.

"Concordo", ela disse. "Está tudo contra eles num nível alto demais — eles realmente não têm chance. O que torna o conto tão triste é toda a esperança que eles têm no começo — todos os planos que eles fazem."

Nossa conversa então se voltou dos contos e do Paquistão para o país vizinho, o Afeganistão, e os avanços na biblioteca para a qual os projetos arquitetônicos estavam bem encaminhados. Bastante presente em nossas mentes estava o que acontecera com David Rohde. Ele ainda era refém no Afeganistão, e ainda não tínhamos nenhuma notícia sobre seu estado de saúde ou as condições em que estava vivendo, ou mesmo se ainda estava vivo. Mamãe me disse que continuava a rezar por ele toda noite sem falta, e também checava seu e-mail o tempo todo esperando qualquer notícia.

No dia anterior à festa chegou um colossal arranjo de flores — da última classe de alunas da minha mãe em Nightingale, o colégio em que ela lecionou e foi administradora antes de se tornar diretora da Comissão Feminina. Meninas da turma de 1990 haviam se encontrado pelo Facebook com o único propósito de juntar esforços para enviar a minha mãe um buquê estonteante, com um bilhete de agradecimento por tudo o que ela fizera por elas.

Quando mamãe me mostrou as flores e o bilhete, caiu aos prantos. Foi a primeira vez em que a vi fazer isso desde que adoecera. E então, tão repentinamente quanto, seu rosto desanuviou, e ficou claro que ela estaria bem o bastante para seu aniversário de 75 anos. Logo os convidados começaram a chegar. Ela aguentou as duas horas inteiras e um pouco mais. Cumprimentou todo mundo na porta e deu beijo de boa-noite em todos. Até levou adiante seu plano de tomar alguns goles de champanhe. Na verdade era meu pai quem parecia mais frágil naquela noite — de repente notei o desgaste físico que todo aquele estresse e preocupação estavam lhe causando.

Talvez fosse a adrenalina, ou a Ritalina, ou os antibióticos, ou as flores, ou a energia no recinto, ou pura força de vontade, mas naquela noite mamãe tinha um aspecto melhor do que tivera em meses, e se você não a conhecesse, nunca teria adivinhado que era uma mulher em tratamento de câncer no pâncreas havia um ano e meio, a quem a médica acabara de dizer que todos os tratamentos normais já não adiantavam para nada. Na saída, um amigo cuja esposa morrera de câncer anos antes disse a ela: "Isto deve ser exaustivo para você."

E mamãe não respondeu sim nem não. Apenas sorriu e disse: "É minha última festa."

HOUVE UM ÚNICO momento de preocupação depois que a festa acabou — haviam sobrado minissanduíches demais. Nos meses recentes, mamãe desenvolvera uma preocupação quase histérica com qualquer tipo de desperdício, e ver aquelas bandejas de pequenos sanduíches a estava deixando desconsolada.

Vi David e Nancy, minha cunhada, sussurrando. Então, ambos se aproximaram e perguntaram se ela se incomodaria se todos levássemos alguns sanduíches para casa.

Crise evitada.

No dia seguinte, quando liguei para mamãe, ela disse que tivera uma noite maravilhosa. E sua febre tinha passado.

"Que febre?", perguntei.

"Eu não queria que vocês ficassem preocupados — mas eu estava com uma febre de 39 graus."

Garotas como nós

Quando eu era pequeno, havia um programa de tevê chamado *Tudo em família [All in the Family]*, que ficou famoso por expandir fronteiras sociais. Certo episódio trazia uma charada que deixava todos os personagens desnorteados — e quase todo mundo que estava assistindo. Era algo mais ou menos assim:

"Um pai e seu filho sofrem um terrível acidente de carro. O pai morre na mesma hora — mas o filho sobrevive por pouco, com a vida por um fio. Ele é levado às pressas ao hospital e para a sala de cirurgia, mas só há um único médico ali, e assim que vê o menino o médico diz: 'Não posso operar meu próprio filho!' Como isso era possível, se o pai do menino tinha morrido no acidente?"

Em 1971, quando esse programa foi ao ar, as pessoas passaram dias tentando decifrar a charada e criaram hipóteses elaboradas para explicar o caso: "Quem sabe o pai tinha um irmão gêmeo idêntico que achava que era o pai do menino..."

Muitas vezes, quando entrávamos no consultório da dra. Eileen O'Reilly, eu pensava naquela charada. O médico que dizia "Não posso operar meu próprio filho" na verdade era uma médica,[*] a mãe do menino, é claro. Mesmo hoje, as pessoas ainda ficam desnorteadas com essa charada.

* * *

---

[*] Em inglês, a palavra "doctor" se refere a profissionais de ambos os sexos. (N. do T.)

TALVEZ PORQUE OS ponteiros do relógio pareciam estar avançando de modo muito mais rápido e sonoro do que nos últimos dois anos, começamos a ler vários livros ao mesmo tempo. Por isso, mesmo antes de ambos terminarmos *A desertora* (um livro maravilhosamente espirituoso que acabara de ser publicado e contava a história real de uma mulher que, de maneira escandalosa, frequente e impulsiva, virou sua vida do avesso nas primeiras décadas do século XX na Inglaterra e no Quênia), já estávamos lendo alguns outros, um dos quais era a peça de George Bernard Shaw de 1923, *Santa Joana*, numa edição que inclui o prefácio de mais de sessenta páginas que Shaw escreveu no ano seguinte à estreia.

Shaw celebra Joana como alguém que "se recusou a aceitar o destino específico da mulher, e vestiu-se, lutou e viveu como um homem". Mamãe me apontou uma maravilhosa frase de Shaw em que ele diz que qualquer biógrafo de Joana "deve ser capaz de se despir das parcialidades sexuais e seu romantismo, e ver a mulher como a fêmea da espécie humana, não como um tipo diferente de animal, com charmes específicos e imbecilidades específicas".

Mamãe se considerava uma feminista. Como alguém da primeira geração de mulheres nos Estados Unidos que trabalharam por escolha e não por necessidade (sem contar as mulheres uns poucos anos mais velhas, as "Rosie the Riveters"* que mantinham as fábricas funcionando e trabalhavam por uma combinação de escolha e necessidade), ela estava ciente das pioneiras de sua geração que haviam tornado esses avanços possíveis, e se orgulhava de ter sido, a seu próprio modo, uma delas, acumulando uma coleção de "primeiras" — primeira mulher presidente do Clube dos Professores de Harvard, primeira mulher diretora de admissão em Harvard e Radcliffe. Papai também é feminista, embora se definiria mais provavelmente como um anarquista social, alguém que acredita que todas as pessoas deveriam ser livres para fazer o que quiserem. Mamãe e papai concordavam tanto sobre os fins quanto sobre os meios — mas ele estava menos interessado em discutir os fundamentos específicos.

---

* Termo genérico para as mulheres que trabalhavam em fábricas americanas durante a Segunda Guerra Mundial. (N. do T.)

Idina Sackville, a Desertora — de acordo com Frances Osborne, sua biógrafa e bisneta —, era uma pessoa de dedicação apaixonada, embora não violenta, à campanha pelo Sufrágio Feminino. Osborne escreve: "Idina não era uma sufragista militante. Em vez disso, sua organização em East Grinstead, na Inglaterra, era uma filial oficial da NUWSS (National Union of Women's Suffrage Societies — União Nacional das Sociedades pelo Sufrágio Feminino), que acreditava que o sufrágio feminino deveria ser alcançado por meios pacíficos." Mas isso não impedia que as participantes dessa organização fossem ameaçadas por:

> uma turba de 1.500 antissufragistas marchando contra elas, jogando "punhados de terra, alguns tomates maduros e ovos vencidos", relatou o *East Grinstead Observer*.
>
> A primeira casa onde as sufragistas se abrigaram foi invadida pela turba, e a porta da frente foi vergada, lenta e constantemente, até rachar. A polícia arrastou as mulheres pelos fundos até a sede da filial, no andar de cima do pub Dorset Arms, onde ficaram presas por várias horas, ouvindo a multidão lá fora que continuava a clamar e pedir o seu sangue.
>
> Esse foi o único surto de violência em toda a campanha de seis semanas, mas o envolvimento de Idina e sua mãe no grupo bastou para confirmar a opinião desfavorável da sociedade a respeito de Idina.

Meus pais adoraram *A desertora* — meu pai principalmente, porque sempre foi obcecado por esse período. Para mamãe, não foi só a época, mas também o fato de que era a história de uma mulher tão forte: do tipo com quem ela podia se identificar quase num nível pessoal. Mamãe lia livros escritos por mulheres e sobre mulheres sempre que possível.

Não sei ao certo como ela acabou descobrindo *Eleanor Rathbone e a política da consciência*, de Susan Pedersen, mas foi isso que lemos em seguida. Rathbone foi uma feminista e parlamentarista inglesa, e minha mãe ficou fascinada com essa nova biografia — a jornada política, e também as partes que falavam do relacionamento de quatro décadas de

Rathbone com outra mulher. Quando perguntei a ela o que mais a impressionara na biografia, ela respondeu:

"Ela teve que traçar uma vida para si mesma. Nada lhe foi dado de mão beijada — nem no âmbito pessoal nem no profissional. Não havia caminho. E é fascinante ver quanto trabalho — quanta organização e planejamento — foi dedicado ao movimento sufragista. Acho que há um monte de jovens mulheres que não reconhecem o valor disso, e fico tão brava quando vejo moças que tiveram todas as oportunidades e depois descubro que não se dão ao trabalho de ir votar. As pessoas precisam ler as histórias dessas mulheres — para aprender quanto esforço foi necessário para conseguir o direito de votar, e assim não deixar de reconhecer esse valor."

Estranhamente, ambos descobrimos ao mesmo tempo nosso próximo livro, que dava continuidade ao tema de ler sobre vidas de mulheres: *Garotas como nós*, da jornalista Sheila Weller, um livro sobre as cantoras e compositoras Carole King, Joni Mitchell e Carly Simon. Eu nunca soubera que mamãe fosse especialmente fã da música de nenhuma dessas mulheres — embora ache que ela gostava de todas elas, e possa lembrar dela cantarolando junto com "You've Got a Friend" e "Both Sides Now" quando essas músicas tocavam no rádio — e acredito que ouviu milhares de vezes Carly Simon e James Taylor cantando "Mockingbird", e essa também era uma música favorita dela. Essas mulheres não eram da geração dela; eram uma importante década mais novas, nascidas no fim da Segunda Guerra Mundial ou perto do fim, e não como as que cresceram durante a guerra. Mas mamãe se interessava pela vida delas com o mesmo afeto de irmã mais velha que dedicava às mulheres mais jovens com quem trabalhara.

Mamãe sentia que um fardo especial tinha sido depositado na geração seguinte à sua; pois elas foram as primeiras a ter certas oportunidades e escolhas, seu caminho não tinha sido fácil. Weller escreve sobre a "sensação coletiva de mágoa, raiva e autoconsideração acentuada das mulheres da mesma idade, cujas expectativas elevadas as tinham deixado avessas a ser postas de lado, no mesmo curso de vida 'adequado' que vinculara gerações anteriores de mulheres". Por fazer parte da primeira geração que criou um novo tipo de vida — com casamento e filhos e

O CLUBE DO LIVRO DO FIM DA VIDA

também uma carreira —, minha mãe disse que, na verdade, estava ocupada demais para parar e pensar em que tipo de expectativas tinha, se é que tinha alguma.

"Eu sempre me lembro", ela me disse, "da minha maravilhosa diretora em Brearley, aquela que nos disse que podíamos ter tudo o que quiséssemos. Ela sempre falava: 'Meninas, vocês podem ter um marido, uma família e uma carreira — podem fazer tudo isso.' E quando vocês três eram pequenos e eu estava tentando ir a todos os seus eventos escolares, e fazer comida para vocês venderem nas feirinhas, e ter um emprego em período integral, e cuidar de vocês quando ficavam doentes, e cuidar do seu pai, e fazer o jantar, e manter a casa arrumada, e todo o resto, eu pensava naquilo que haviam nos dito quando éramos meninas, e continuava seguindo em frente, embora estivesse exausta boa parte do tempo. E então, anos depois, voltei para um reencontro e contei à diretora que eu tinha, de fato, conseguido ter tudo aquilo — um marido, uma carreira, três filhos —, mas que estava cansada o tempo todo, exausta, na verdade. E ela disse: 'Oh, meu bem — acho que esqueci de mencionar que você pode de fato ter tudo, mas precisa de muita ajuda!'".

Mamãe fazia questão de contar esta história às meninas que vinham lhe pedir conselhos, mas também deixava claro que a ajuda podia vir de várias formas — uma família expandida, um cônjuge que não trabalha fora, ou amigos dispostos a colaborar, por exemplo. Além, é claro, de quaisquer ajudantes pagos que a família tenha condições de contratar.

Além disso, mamãe dizia a essas meninas que não tinha remorsos em relação a seu trabalho ou sua vida familiar — que suas amigas com remorsos eram mais provavelmente as que não tinham tentado fazer tudo, que tinham se dedicado exclusivamente a casamentos que foram por água abaixo, ou empregos que as descartaram quando atingiram certa idade.

NA TERÇA-FEIRA, 7 de abril de 2009, mamãe e eu estávamos outra vez na sala de espera do Memorial Sloan-Kettering, por isso o clube do livro estava em sessão. Os pés dela estavam inchados, com os tornozelos salientes acima dos sapatos sem salto. Perguntei se ela estava sentindo dor.

"Não", ela disse. "Dor, não. Só desconforto."

Esse dia foi importante por dois motivos: foi o aniversário de 4 anos de Cy, seu neto mais novo, e na consulta ela ficaria sabendo se era qualificada para algum dos tratamentos experimentais.

Antes de sermos chamados para entrar no consultório da dra. O'Reilly, perguntei se ela se lembrava da charada de *All in the Family*. "É claro", ela disse. "Acho que isso ajudou muito a mudar as atitudes das pessoas. Mesmo pessoas que se achavam muito progressistas ficaram alarmadas ao se dar conta de que passaram horas quebrando a cabeça, assumindo sem questionamento que um médico é necessariamente um homem."

Eu vinha pensando nas mulheres de *Garotas como nós* e nas mulheres que eram minhas contemporâneas, e suas filhas. "Você alguma vez achou que as coisas chegariam tão longe para as mulheres como aconteceu no seu tempo de vida?"

"Claro que achei", ela disse. "Só era preciso ver as extraordinárias meninas nas faculdades nos anos 1960 e 1970 — nada podia detê-las. E foi uma época instigante — tinha tantas discussões, encontros e livros. Mas de fato me preocupo agora que as pessoas não entendem quanta coisa está em jogo. Acho que as mulheres deveriam ter escolhas e deveriam poder fazer aquilo de que gostam, e acho que é uma ótima escolha ficar em casa e criar filhos, assim como é uma ótima escolha ter uma carreira. Mas não aprovo inteiramente pessoas que conseguem títulos acadêmicos avançados e então decidem ficar em casa. Acho que, se a sociedade lhe dá o privilégio de ter uma educação como essa, e você ocupa uma vaga numa instituição muito competitiva, então deveria fazer algo com essa educação para ajudar os outros. Sei que muitas pessoas não concordam comigo a esse respeito."

Eu estava prestes a dizer algo quando mamãe começou a falar de novo, sobre um tema um pouco diferente.

"Mas também não aprovo pais trabalhadores que menosprezam mães que ficam em casa, achando que elas sufocam seus filhos. Os pais que trabalham são tão capazes de mimar tanto uma criança quanto os que não trabalham — talvez ainda mais, quando fazem as vontades dos filhos por culpa. A melhor coisa que qualquer pessoa pode ensinar a seus filhos é a obrigação que todos temos uns com os outros — e ninguém detém o monopólio de ensinar isso." Tive a sensação de que mamãe dissera isso várias vezes e para várias jovens. Mas enquanto estava me contando, a cor voltou a seu rosto, e tive uma forte impressão de que ela ainda não estava pronta para pendurar as chuteiras. Tinha mais coisas que queria fazer.

E a dra. O'Reilly também.

Quando fomos chamados para entrar no consultório, a dra. O'Reilly já estava lá. Apoiou-se na mesa de exame em frente a minha mãe e nos contou a boa notícia primeiro. Os testes tinham revelado que a infecção bacterial mais recente sumira — portanto, o antibiótico tinha funcionado. Seria feito um ultrassom nos pés dela, para garantir que não havia um coágulo sanguíneo, mas um simples diurético deveria reduzir o inchaço. O desconforto abdominal era gastrointestinal e não relacionado diretamente ao câncer. A dra. O'Reilly também não estava muito preocupada com a febre.

"Quanto ao tratamento...", a dra. O'Reilly começou a falar. Então ela fez uma pausa, embora seus olhos continuassem fixos nos da minha mãe. "Bem, acho que alguns dos tratamentos experimentais talvez precisem ser desconsiderados, pois você precisaria de uma nova biópsia só para ver se está qualificada. Fizemos o diagnóstico original a partir de uma amostra que é pequena demais para manchar. Uma nova biópsia talvez seja agressiva demais para você. Então não sugiro isso."

"Não", minha mãe disse na hora. "Não quero fazer outra biópsia. Definitivamente não quero."

"Mas há alguns estudos promissores, e você talvez se enquadre nos critérios desses, por isso vou pôr seu nome na lista, e se você preencher os critérios e abrir uma vaga, bem, então pode decidir depois. Enquanto isso, acho que deveríamos tentar a mitomicina — ela ajuda a refrear o crescimento de tumores em algumas pessoas que passaram por muitas séries de tratamento diferentes, assim como você. Vai ser só um tratamento por mês, e vamos experimentar por dois ou três meses enquanto esperamos para ver se abre uma vaga em algum dos estudos." A dra. O'Reilly então descreveu todos os efeitos colaterais costumeiros da quimioterapia: enjoo, feridas na boca, perda de cabelo, fadiga. Mas mamãe deu de ombros — a essa altura já estava acostumada com aquilo.

O exame seguinte seria dali a dois meses.

"Como você está se sentindo?", a dra. O'Reilly perguntou. "Seu apetite está voltando? Você está muito cansada?"

"Estou tentando comer o quanto consigo", ela respondeu. "Mas nada tem gosto bom. Por isso como muita gelatina. Ainda tenho energia suficiente para ver amigos, ir a concertos vespertinos e ler. Por mais cansada que esteja, sempre consigo ler. Mas talvez seja porque criei três filhos enquanto trabalhava em período integral. Acho que me acostumei a estar cansada o tempo todo. Se eu tivesse esperado para ler só quando estivesse descansada, nunca teria lido nada."

Suíte Francesa

Quando falávamos de qualquer outra coisa além de *Suíte Francesa*, de Irène Némirovsky, na semana seguinte, a conversa sempre acabava voltando a esse livro.

Mamãe tinha outra consulta médica, por isso a encontrei na sala de espera como sempre. Neste dia específico, tivemos que sentar no sofá comprido em frente às janelas, pois todas as cadeiras estavam ocupadas. Antes de um fim de semana prolongado, as pessoas ficam ansiosas para encaixar mais outra sessão de quimioterapia.

"Então, alguma notícia dos Anjos?", perguntou ela. "Os Anjos" era o apelido que eu dava para um grupo de *investidores-anjos* que tinham expressado algum interesse no site de culinária. Fazia meses que estavam quase aceitando financiá-lo. Eu estava chegando aos meus últimos dólares.

"Nada." Ambos baixamos os olhos para nossos exemplares de *Suíte Francesa*. "Você achou espaço para o projeto do Afeganistão?"

"Não. Era de se imaginar, com a economia do jeito que está, que alguém pudesse nos alugar uma mesa."

"Era mesmo."

"Vou fechar os olhos por um segundo", disse mamãe após uma pausa, mas não fechou.

"Ok. Vou ler um pouco."

"Onde você está no livro?", minha mãe perguntou.

"Acabei de chegar à parte em que o filho fugiu para se juntar ao exército francês."

"Ele não deveria ter feito isso", mamãe disse. E, então, fechou os olhos.

Muito antes do câncer e do tratamento brutal, quando éramos menores, sempre que mamãe "fechava os olhos" nunca ficava totalmente claro para nós se ela estava dormindo, meditando, ou simples e literalmente fechando os olhos. Então, éramos cautelosos, pois sempre parecia que ela abriria os olhos bem a tempo de nos pegar em flagrante fazendo ou dizendo algo que não devíamos.

Mamãe ficou de olhos fechados, e continuei lendo, ansioso para ver o que aconteceria com nosso soldado mirim, e suspeitando do pior. Depois de pouco tempo, notei que os olhos dela estavam abertos de novo.

"Concordo", eu disse. "Ele não deveria ter fugido para se juntar aos soldados. Era claramente inútil — a França estava perdida! E ele não tinha treinamento algum, por isso só podia atrapalhar."

"Não foi isso que eu quis dizer", respondeu mamãe. "O motivo pelo qual ele não deveria ter ido é que ele era criança, e as crianças não deveriam lutar em guerras. Quando li essa parte, fiquei pensando em *Muito longe de casa*, o livro de memórias de Ishmael Beah sobre sua vida como menino-soldado em Serra Leoa. E nos soldados-criança de Burma."

Ela fechou os olhos por mais alguns minutos, depois continuou: "E nossa falta de empatia é surpreendente. Quando os pais olham fotos de seus filhos, conseguem imaginá-los com armas de verdade nas mãos, matando pessoas? Eles os veem com sabres de luz de brinquedo e pistolas d'água, porém, machetes e Kalashnikovs?"

Mesmo assim, mesmo a incongruência dramática de uma criança com uma arma de verdade não conta a história inteira, pois mamãe também tinha visto como o verniz de civilização era ou pode ser fino, e que não é necessária uma situação das mais extremas para que ele se rompa. Falamos não só de Beah e Eggers, mas também outra vez sobre *O senhor das moscas*, a obra máxima sobre o quão depressa as pessoas podem se tornar selvagens e cruéis. E quão profundas são as cicatrizes para todos depois e quanto elas duram.

Mamãe de fato acreditava que havia uma vida e um futuro para os meninos-soldados. Essa era a lição de Beah — que se graduara na faculdade em 2004, publicara seu livro em 2007, e tornara-se um defensor dos direitos humanos — e também de outras crianças que minha mãe tinha conhecido e visto pelo mundo. Em 1993, na Libéria, ela visitara o Lar das Crianças Afetadas pela Guerra. Não teve permissão para tirar nenhuma foto, nem mesmo dos jardins de que as crianças estavam cuidando. "Crianças afetadas pela guerra" era o termo que eles usavam para os meninos-soldados — o lugar primeiro foi chamado de "centro de detenção", mas as crianças gostavam mais quando lhes diziam que elas estavam indo para um lar. As crianças eram mantidas ali por seis meses. O lugar consistia em três dormitórios para os meninos, cuja idade variava de 9 a 16 anos. Originalmente, o limite de idade deveria ser 14 anos, mas eles logo aprenderam que os meninos de 16 na verdade eram crianças também. Mamãe escreveu num relatório: "Eles dormem em beliches — possuem poucos pertences. Mas para crianças que vieram do terror, tormento e trauma, vi meninos sorridentes, calmos, simpáticos — e gentis uns com os outros."

Eles eram mantidos num horário rígido — acordavam às seis da manhã para cumprir tarefas e tomar banho, quando havia água. Café da manhã às sete e meia. Alfabetização até o meio-dia. Então uma hora de terapia de grupo com diversos assistentes sociais. Em seguida, vinha o almoço, que eles ajudavam a preparar. Depois descanso, orientação vocacional, recreação, jantar — e cama às oito da noite.

"É incrível", disse mamãe, "apenas ver o efeito de um horário fixo. Eles são crianças e querem que alguém lhes diga o que fazer. Esse é tanto o problema quanto o caminho de volta".

Por isso a responsabilidade que incidia em todos nós, na visão de minha mãe, era não só auxiliar aqueles que eram recrutados e obrigados a fazer coisas terríveis, ou que descobriam em si mesmos os mesmos impulsos terríveis que as crianças de *O senhor das moscas* encontravam em si, mas também olhar para aquelas partes do mundo onde havia probabilidade de que crianças fossem coagidas a servir, e tentar impedir isso antes que acontecesse.

Mamãe e eu, ambos, pretendíamos ler *Suíte Francesa* desde o momento em que finalmente foi lançado nos Estados Unidos, uns poucos anos antes, mas nem eu nem ela tínhamos chegado a esse livro até agora. O fato de o livro existir, por si só já é um milagre. Quando os nazistas ocuparam Paris, Némirovsky, uma escritora judia que se convertera ao catolicismo junto com seu marido, enviou suas filhas à Borgonha e depois acabou se juntando a elas ali. Mas em 1942, Némirovsky e seu marido foram traídos e mandados para Auschwitz, onde ela morreu de tifo. Antes de ser enviada para morrer, Némirovsky deu à filha Denise uma mala contendo um caderno.

Denise e irmã sobreviveram à guerra num convento. Apenas nos anos 1990, Denise percebeu que o caderno que conseguira salvar, com sua escrita minúscula, abarrotada, continha não anotações aleatórias, mas sim duas partes completas de um romance extraordinário, escrito durante a ocupação, chamado *Suíte Francesa*. "Estou trabalhando sobre lava incandescente", Némirovsky dissera enquanto escrevia o livro. Era aquilo.

Meu exemplar do livro era a versão americana; alguém dera à mamãe uma edição inglesa, ou ela a comprara em uma de suas viagens. Eu estava com mamãe enquanto ela lia o epílogo da edição inglesa, que tinha sido o prefácio da francesa. Dizia: "Em 13 de julho de 1942, a polícia francesa bateu à porta dos Némirovsky. Eles tinham vindo prender Irène."

Treze de julho é meu aniversário — embora em 1962, não 1942. Némirovsky foi presa exatamente vinte anos antes do dia em que nasci. Obviamente, esta é uma coincidência numérica totalmente insignificante. Mas isso de fato me obrigou a lembrar outra vez o quão recentemente tudo aquilo acontecera. Lembro-me da primeira vez em que ouvi falar sobre a Segunda Guerra Mundial quando criança e achei que tinha sido um milhão de anos atrás, como é um quarto de século para um menino de 5 anos. No entanto, quanto mais velho eu fico, mais recente isso se torna: coisas que aconteceram na minha vida há vinte e poucos anos muitas vezes parecem ter sido ontem. E como mamãe me lembrava o tempo todo, não é preciso olhar muito longe no passado, ou sequer olhar o passado, para encontrar atrocidades. Os genocídios em Ruanda e Darfur, para mencionar apenas dois, aconteceram sob a nossa vigilância.

Suíte Francesa é um livro sobre refugiados, e sobre a vida sob ocupação, escrito por uma refugiada. (O IRC, a organização para a qual minha mãe trabalhara, na verdade tinha sido fundado mais ou menos na mesma época em que o romance fora escrito — por sugestão de Albert Einstein — para resgatar judeus da Europa nazista.) É um livro sutil, com cenas de comédia e violência, que é devastador de ler, tanto pelo poder da escrita quanto à luz do assassinato de sua autora e de tantos outros milhões pelos nazistas e seus colaboradores.

Agora era maio de 2009, ainda não havia notícias de David Rohde, e mamãe estava cada vez mais preocupada. Também estava decidida a fazer com que a construção da biblioteca tivesse início, algo que tinha sido adiado por todo tipo de motivos, principalmente devido à dificuldade de construir qualquer coisa no Afeganistão. Ainda não tinham um escritório para a única funcionária, uma mulher que estava trabalhando dia e noite para arrecadar dinheiro e divulgar o projeto. Também estavam ocupados editando um vídeo de uma das bibliotecas móveis e de Nancy Hatch Dupree em ação, que usariam para arrecadar verbas; precisavam de mais dinheiro para terminar a biblioteca depois de começada, e para adquirir os acervos ambulantes. Um amigo meu tinha feito a filmagem; foi um enorme alívio ele ter voltado de Kabul em segurança. Ao todo, havia tanta coisa a ser feita que mamãe não sabia como conseguiria dar conta de tudo. Mas disse que daria.

Voltamos à quimioterapia para a dose de mitomicina, e nossa conversa acabou voltando, mais uma vez, para *Suíte Francesa*. Também mencionei de novo minha insônia — eu terminara o livro numa noite em que não conseguira pregar os olhos.

"Apenas me sinto culpado por não estar fazendo mais no mundo", eu disse. "Quer dizer, é tão fácil ler *Suíte Francesa* e pensar: 'Por que as pessoas nos Estados Unidos não sabiam mais e não fizeram mais?' Mas aqui estou eu, e há coisas acontecendo por toda parte — meninos-soldados, genocídio e tráfico humano — e não estou fazendo quase nada."

Ela inclinou o queixo para a esquerda e franziu os lábios, lançando-me o mesmo breve olhar de interrogação que usava quando eu tinha esquecido de ligar para alguém que ela queria que eu contatasse, ou quando eu pedia outra vez indicações para chegar a um lugar quando ela tinha certeza de que já explicara. "Adorei as pessoas que conheci em todas as minhas viagens, Will", ela disse. "Adorei ouvir suas histórias, conhecê-las melhor e descobrir o que, caso houvesse algo, podíamos fazer para ajudar. Isso enriqueceu minha vida mais do que consigo expressar. É claro que você poderia fazer mais — sempre pode fazer mais, e deveria fazer mais —, mas mesmo assim o importante é fazer o que pode, sempre que pode. Você apenas faz o seu melhor, e isso é tudo o que pode fazer. Pessoas demais usam a desculpa de que acham que não podem fazer o suficiente, por isso decidem que não têm que fazer nada. Nunca há uma boa desculpa para não fazer nada — mesmo se for apenas assinar alguma coisa, ou mandar uma pequena contribuição, ou convidar uma família de refugiados recém-assentada para a Ação de Graças."

"E quanto a ir a restaurantes caros e coisas desse tipo?", perguntei, me arriscando a receber outra vez O Olhar.

"Tudo bem você se dar alguns mimos, se tem condições, mas ninguém precisa comer desse jeito toda noite. Deve ser algo especial. Se você é sortudo o bastante para ter essas questões, isso significa que você tem uma responsabilidade a mais por garantir que está fazendo alguma coisa. Ah, e não estou falando só de alguma coisa que ajude você. Sempre fico tão desapontada quando ouço falar de pessoas endinheiradas que só dão dinheiro para as escolas em que seus filhos estudam enquanto os filhos ainda estão estudando lá — isso é caridade, é claro, mas é bem egoísta. Também existem muitas escolas maravilhosas que ajudam crianças que possuem muito pouco. Se eles dessem uma pequena parcela do que dão à escola de seus filhos para uma dessas escolas também, pense só no que elas poderiam fazer."

"Muitos dos meus amigos dizem que querem fazer alguma coisa, mas simplesmente não sabem como começar. O que você diz às pessoas que lhe perguntam isso?"

"Bem", disse ela, "as pessoas deveriam usar seus talentos. Se você trabalha em relações públicas, pode oferecer ajuda em relações públicas a uma instituição de caridade. E as instituições estão sempre procurando pessoas para arrecadar dinheiro, e todo mundo pode ajudar a fazer isso. Sempre recebo pessoas que têm profissões — banqueiros, advogados — e elas querem logo de cara conseguir um emprego remunerado trabalhando em campo com refugiados. E eu digo a elas: 'Você contrataria alguém que não tivesse nenhuma outra qualificação além de trabalhar com refugiados para ser um banqueiro no seu banco, ou defender um caso no tribunal? Isso é uma profissão.' Então digo a essas pessoas que comecem trabalhando como voluntárias ou doando dinheiro, e depois decidam se querem receber treinamento para fazer esse tipo de trabalho. Mas se elas realmente querem ajudar, então o dinheiro é o jeito mais rápido e imediato, mesmo se a pessoa só tem condições de dar um pouco".

Então ela acrescentou, com um sorriso: "E há algo que você sempre pode dizer às pessoas que querem aprender mais sobre o mundo e não sabem como achar uma causa para apoiar. Você sempre pode mandar que elas leiam." Ela fez uma pausa. "Mas não é tudo isso que tem feito você passar a noite acordado, é?"

"Não, mãe, não é." Parei um instante antes de continuar. "Passo a noite acordado pensando no que vamos fazer..." Eu queria dizer "sem você", mas me impedi. Simplesmente não conseguia dizer aquilo. Não conseguia sequer me permitir pensar aquilo.

Mamãe estendeu a mão e encostou na minha bochecha, como se quisesse limpar uma mancha de terra ou uma lágrima.

"Você não está brava?", eu acabei dizendo. "Eu estou."

"Às vezes, claro", ela disse.

No fim ela tinha mais uma coisa para me dizer naquele dia — ou melhor, para me mostrar. Quando se levantou para ir ao banheiro, deixou *Refrigério para a alma* aberto em sua cadeira. A passagem do dia era de Ralph Waldo Emerson. Dizia:

> Aquilo que nos cabe, entranhados como estamos em beleza e maravilha, é alegria, e coragem, e empenho para realizar nossas aspirações. Será que o coração que tanto recebeu não confiará no Poder pelo qual vive? Ele não pode abandonar outras direções, e ouvir a Alma que o guiou com tanta delicadeza, e lhe ensinou tanto, garantir que o futuro será digno do passado?

A mordida da manga

Do outro lado da rua, um quarteirão acima da entrada principal da Macy's, no meio de Manhattan, há uma casa de festas chamada Gotham Hall, que outrora foi um banco: uma grande estrutura com um cavernoso salão principal. É incrivelmente grandiosa, construída numa época em que os bancos eram templos dedicados ao dinheiro, e não se poupavam despesas na criação de espaços que assombrassem os visitantes e lhes dessem confiança na capacidade dos proprietários de pegar o dinheiro deles e fazer render vastas somas para seus clientes.

Gotham Hall é onde mais de mil pessoas, principalmente mulheres, reuniram-se para comemorar, neste dia de 2009, o vigésimo aniversário da Comissão Feminina para Mulheres e Crianças Refugiadas, recentemente rebatizada de Comissão Feminina para Refugiados.

Está um pouco frio no salão. Olho para mamãe, mas ela parece bastante aquecida; está usando suas pérolas, uma echarpe de cores vivas e uma blusa de seda verde-pistache com gola mandarim, porém não tirou o casaco. Está cercada de pessoas com quem trabalhou no escritório da organização de Nova York, e pessoas com quem viajou pelo mundo todo: para Cartum, Rangum, Khost, Monróvia e Gaza. Já são 18 meses de quimioterapia: de feridas na boca, pés inchados, enjoo, dores de cabeça, perda de peso, falta de energia, diarreia, prisão de ventre, câimbras e febres, e horas em consultórios médicos, prontos-socorros e hospitais. E foram milhares de dólares do próprio dinheiro dela, e dezenas de milhares de dólares do Medicare. Mas como se pode pôr um preço, em sofrimento ou em dólares, na oportunidade de vê-la ali, entre seus amigos e colegas, comemorar vinte anos ajudando mulheres e crianças no mundo inteiro, e reforçar o compromisso de continuar ajudando durante qual seja o tempo que ela, ou qualquer um de nós, ainda tem de vida?

Ou que preço alguém poderia pôr nos almoços com seus amigos mais antigos — com alguns dos quais ela mantinha contato desde a escola primária — ou no tempo que passava com os netos, ou numa viagem que faria para visitar as mulheres extraordinárias que ela amava, e que tinham sido diretoras de admissão nas seis faculdades "irmãs" de Radcliffe? Estas mulheres, cujas idades iam do fim da casa dos 60 ao meio da dos 90, vinham se reunindo anualmente havia mais de trinta anos. Que preço alguém poderia pôr nos telefonemas diários, nos filmes e refeições que ela compartilhava com dois dos melhores amigos e do papai, um renomado acadêmico de Harvard, agora aposentado, e uma presidente de faculdade que mamãe conhecera enquanto servia num conselho, que era uma das poucas pessoas com quem ela gostava de sair para comprar roupas, tão intenso e contagiante era o entusiasmo da amiga por essa atividade? Como era sequer possível pôr um número em algo tão simples como as horas que ela passava ouvindo música, ou lendo, ou vendo as formas e sombras maravilhosas das peças de cerâmica que adorava?

E, no entanto, mamãe estava calculando esse preço. E deixara isso bem claro para todos nós. Viria um momento em que ela diria "chega".

O SALÃO ESTAVA tão apinhado que mal havia espaço para os garçons passarem entre as mesas para retirar os pratos. Mamãe acha que esse tipo de almoço deveria ser um prato só, sem tirar a louça, com cookies já na mesa para a sobremesa — algo que ela depois vai lembrar a suas amigas na Comissão Feminina para Refugiados.

Liv Ullmann, cofundadora da organização, fez um discurso e incluiu um tributo a minha mãe, dizendo que Mary Anne Schwalbe a deixava orgulhosa não só de trabalhar para a comissão, mas orgulhosa de ser mulher. Carolyn Makinson, a diretora da comissão, havia discursado antes, narrando, com humor e amor, como minha mãe a abordara pela primeira vez para pedir verbas, depois virara sua amiga, e por fim a laçara para dirigir a organização. Que ótimo, pensei, homenagear pessoas enquanto elas ainda estão vivas.

Após os tributos, e um filme sobre a história da comissão e o papel da mamãe nos primeiros anos, e o almoço, e a conversa sobre isto e aquilo, vieram as homenageadas dos prêmios Vozes da Coragem. A dra. Shamail Azimi foi a primeira médica mulher a voltar para o Afeganistão depois da queda do Talibã — levando consigo uma equipe de médicas do Paquistão para prestar serviços médicos ligados a maternidade e crianças, que nenhum médico homem jamais receberia permissão de realizar. Pensei em minhas conversas com minha mãe sobre coragem e o que precisa ser feito no mundo.

E, então, veio Mariatu Kamara, a outra mulher agraciada com um prêmio Vozes da Coragem, uma jovem que escrevera um livro chamado *A mordida da manga*, que mamãe escolhera para nosso clube do livro e que ambos tínhamos lido na noite anterior.

Uma das primeiras coisas que todos notavam em Mariatu Kamara era que ela não tinha mãos. Foi impossível não perceber isso quando ela recebeu prêmio, segurando-o orgulhosamente com seus cotos antes de deixá-lo com delicadeza numa mesa atrás de si. Era uma presença deslumbrante, com longas tranças presas feito uma coroa em volta da cabeça, e falava numa voz alta, clara, com um sotaque africano distinto, pontuado por alguns sons vocálicos canadenses. Vestia uma túnica dourada com estampa africana e um xale cor de tangerina.

Mariatu nasceu em Serra Leoa e tinha apenas 12 anos de idade quando foi capturada por rebeldes, soldados adultos e meninos. No começo foi obrigada a presenciar horrores inimagináveis — tortura e assassinato de conhecidos de sua aldeia, além de outras pessoas. Em seu livro, descreve como os meninos rebeldes lacraram com tábuas uma casa onde vinte pessoas tinham se abrigado — e depois puseram fogo.

Após ser mantida prisioneira por um tempo, Mariatu achou que talvez lhe permitissem ir embora sem nenhuma lesão física. Mas, quando estava prestes a partir, eles a impediram e disseram que antes precisava escolher uma punição. Não havia muita escolha: Que mão, eles perguntaram, ela queria perder primeiro?

"Três meninos me levantaram nos braços. Agora eu estava chutando, gritando e tentando acertar alguém. Mas, embora os meninos fossem pequenos, eu estava cansada e fraca. Eles me dominaram. Me levaram para trás da casa e pararam em frente a uma pedra grande."

Ela implorou para que não fizessem aquilo, lembrando aos meninos que tinha a mesma idade que eles. Que eles falavam a mesma língua. Que talvez até pudessem ser amigos. Ela perguntou por que eles iam querer machucar alguém que gostava deles.

Os meninos responderam que precisavam cortar seus braços para que ela não pudesse votar. Disseram que não a matariam — que queriam que ela fosse ao presidente e lhe mostrasse o que eles tinham feito com ela. Disseram: "Você não vai conseguir votar nele agora. Peça para o presidente te dar mãos novas."

Dois golpes foram necessárias para que os meninos amputassem sua mão direita. "O primeiro golpe não atravessou o osso, que estava despontando em vários formatos e tamanhos diferentes", ela escreve. Foram precisos três golpes para cortar a mão esquerda.

O livro continua: "Enquanto minhas pálpebras se fechavam, vi os meninos rebeldes batendo nas mãos uns dos outros para comemorar. Podia ouvir suas risadas. Enquanto minha mente se turvava, me lembro de perguntar a mim mesma: 'O que é um presidente?'"

Se alguém no almoço tinha alguma dúvida de por que estava ali, ou se seu dinheiro era bem gasto, a dra. Azimi e Mariatu dissiparam essas dúvidas. O título do livro de Mariatu, escrito junto com a jornalista canadense Susan McClelland, refere-se ao momento em que Mariatu, após recuperar a consciência, e após usar seus pés para embrulhar os braços num pano, e após caminhar a noite inteira por trilhas infestadas de cobras, finalmente se depara com um homem que está disposto a ajudá-la. Ele tem uma manga e começa a levá-la aos lábios da menina, mas ela recusa com a cabeça. "Eu não podia comer das mãos dele. Parecia errado ser alimentada como um bebê." Ela consegue dar algumas mordidas na fruta, aninhando-a em seus braços mutilados. Precisava fazer aquela única coisa — se alimentar. Isso significava tudo, que ela podia sobreviver.

A mordida da manga é escrito num estilo elegante, porém simples. Também é a história de como a autora sobreviveu a estupros; de como retomou contato com amigos de infância cujos braços também tinham sido amputados; como criou uma família para si entre outras vítimas de violência em Serra Leoa; como a salvação veio na forma de uma trupe de teatro à qual se juntou, para educar outras pessoas sobre a guerra e sobre HIV/Aids, na qual ela encontrou sua voz; e como conseguiu emigrar para o Canadá e construir uma vida nova, enquanto mantinha seus laços com Serra Leoa e seu compromisso de construir lares para mulheres e crianças vítimas de maus-tratos.

Talvez a coisa mais emocionante no livro de Mariatu seja como ela aprendeu o perdão. Ela descreve uma peça que apresentou com a trupe de teatro que descobriu no acampamento para pessoas desalojadas onde estava morando. Em certa parte do drama, eles interpretavam cenas dos comandantes dando drogas aos meninos para "torná-los homens fortes" e espancando um menino rebelde que se recusa a tomá-las.

> Na penúltima cena, os meninos rebeldes se reuniam, chorando. Admitiam seus crimes uns para os outros e desejavam poder voltar a suas próprias aldeias e suas vidas antigas — assim como todos nós (...) desejávamos poder fazer.
>
> Enquanto estava sentada no chão assistindo, me dei conta de que os meninos rebeldes que haviam me machucado deviam ter famílias em algum lugar. Lembrei do rebelde que dissera que queria que eu os acompanhasse até o arbusto. "Ele teria me pedido para matar?", me perguntei.

No final do livro, a autora descreve como lhe foi oferecida a oportunidade de conhecer Ishmael Beah, o ex-menino-soldado de Serra Leoa que escrevera *Muito longe de casa*. A princípio ela não sabia ao certo se queria ou podia, mas então impulsivamente decidiu aceitar. E Beah acabou escrevendo um prefácio para o livro dela. Ele também estava presente no almoço da Comissão Feminina para Refugiados.

Quando terminaram os discursos, me despedi da mamãe com um aceno. Ela ainda não estava pronta para ir para casa. Estava sendo totalmente assediada por amigos e colegas que queriam lhe dizer o quanto a amavam, e como estavam felizes por tê-la ali. Não há preço que eu não teria pago para que ela estivesse presente naquele almoço, ou para testemunhar aquilo pessoalmente e poder guardar na mente essa imagem: uma pequena senhora de cabelos grisalhos, cercada de pessoas que adorava e admirava, pessoas que sentiam exatamente o mesmo por ela.

Nos dias que se seguiram ao almoço, ela foi ficando cada vez mais doente. É como se ela tivesse acessado alguma reserva oculta de energia para aguentar até o fim do evento, e agora tivesse sobrado pouca. Quando fui vê-la na semana seguinte, a encontrei mordendo o lábio inferior. Parecia especialmente indisposta. Mesmo assim, tinha várias coisas que queria conversar comigo.

"Quando fiz minha primeira ressonância magnética, logo após ficar doente, me avisaram que o barulho seria terrível, o retinido da máquina, e que muita gente achava aquilo apavorante e perturbador. Mas na verdade, eu disse a eles depois, não é nada em comparação com o som dos helicópteros russos que costumavam nos levar para os acampamentos de refugiados na África Ocidental. Mesmo assim, isso me fez pensar que eu talvez quisesse escrever alguma coisa. Algo sobre como nós, que temos plano de saúde, somos sortudos, e quantas coisas temos que não valorizamos — e sobre aquela incrível jovem que escreveu *A mordida da manga* e que falou no almoço. Não sei direito o que — mas me ajude a pensar."

Mamãe estava com *A mordida da manga* aberto na mesa à sua frente. Assinalara um trecho em que uma amiga da autora, que trabalha para o governo canadense, diz a ela: "Na América do Norte, muitas crianças não reconhecem o privilégio que é ter uma educação. Mas quando você vem de um país pobre, sabe o que uma educação pode fazer. Pode abrir portas. Você pode não ter mãos, mas ainda tem sua mente. E acho que tem uma mente muito afiada. Faça o máximo com o que você tem, e você vai fazer seu caminho no mundo."

"Também quero escrever sobre refugiados e coragem", ela disse, "e fazer as pessoas imaginarem como seria se tivessem que fugir agora mesmo e deixar para trás tudo o que conhecem e amam. E quero escrever sobre jovens do mundo todo e como eles são incríveis — e quão pouca confiança recebem dos outros, ou mesmo de si próprios. E sobre meninos refugiados — como precisamos achar coisas para eles fazerem. E sobre educação em tempos de guerra — como isso é a coisa mais importante — é o que dá estabilidade e esperança às crianças. Mesmo quando há bombas caindo, você precisa achar um jeito para que as crianças continuem aprendendo. Mas não sei se me sinto bem o bastante para escrever alguma coisa agora".

"Eu poderia ajudar você a escrever."

"Você não tem tempo para isso."

"Tenho sim. E eu ia gostar."

"Também venho pensando", ela continuou, "em todos os livros que temos lido. Devia haver outros livros que você queria ler mais do que esses que eu fiquei te dando."

"Na verdade, não. Bem, talvez no começo. Mas adorei tudo. Até *José e seus irmãos*."

"Eu também", mamãe disse. "Mas você não leu o *José* inteiro, leu?"

"Não, mas talvez ainda leia."

"Você realmente não precisa", minha mãe disse. Parecia uma coisa estranha de se dizer. Eu sabia que ela tinha adorado aquele livro, embora o tivesse achado intimidante no começo. Então ela acrescentou: "Você já fez o suficiente. Todos vocês já fizeram o suficiente."

Ficamos sentados sem falar por um instante. Percebi que podia ouvir mamãe respirando um pouco mais pesado que de costume. Ela fechou os olhos — desta vez claramente não estava dormindo, mas se concentrando, como se tentasse lembrar de alguma coisa. Ou talvez estivesse sentindo dor.

"Você está bem, mãe?", eu perguntei. Queria falar tantas outras coisas — sobre o clube do livro, sobre tudo o que ela fizera por mim, sobre como eu era grato por tudo —, mas não parecia ser a hora, simplesmente nunca parecia ser a hora. E eu sabia que ia começar a chorar, e não queria. Não naquele momento. Talvez eu não quisesse que ela precisasse me consolar. Ou talvez tivesse medo de que, uma vez que começasse, não conseguisse parar.

"Estou bem, só preciso de um segundo", mamãe disse, levantando-se abruptamente e saindo da sala. Dez minutos se passaram e eu me perguntei se devia ver como ela estava, mas quando ela voltou, foi com uma bandeja de chá. Não canecas com saquinhos, mas sim um bule, coador, duas xícaras, leite, açúcar — até um abafador. Eu me levantei imediatamente e tirei a bandeja das mãos dela para colocar na mesa, no entanto, foi ela quem serviu. "Acho que um pouco de chá vai ajudar."

O chá realmente ajudou. Depois de alguns goles, ela parecia um pouco melhor.

"Às vezes", ela disse, "me sinto melhor só por fazer alguma coisa, até mesmo um chá".

"E você disse que tinha outras coisas que queria conversar comigo?", eu perguntei.

"Meu obituário. Montei meu currículo, e uma lista dos lugares onde estive, e algumas outras coisas. Sei que isso vai levar um tempo, mas infelizmente você vai ter que escrevê-lo. E também tenho cartas que escrevi, uma para cada neto, para quando ficarem mais velhos. Quero que saibam o quanto sua avó os amava, e como todos eles são especiais. Estou confiando em você para guardar as cartas em segurança e garantir que eles recebam."

Naquele momento, meu irmão chegou.

"Bom. Agora que seu irmão está aqui, quero que vocês dois deem outra olhada na peruca. Acho que está melhor. Agora não está tão escura. E nem tão grande. Além disso, Doug, quero falar mais com você sobre a minha cerimônia: quais hinos e quais leituras." Mamãe e Doug já tinham tido várias conversas sobre aquilo depois das conversas iniciais.

"E mais uma coisa. Estou realmente tentando deixar claro para as pessoas que, se é para ficarem chorando o tempo todo, então não podem vir me visitar. Estou me preparando, mas ainda estou aqui."

NUM SÁBADO EM maio de 2009, David e eu fomos visitar, pela primeira vez naquela primavera, nossos amigos Tom e Andy, que tinham sido anfitriões do primeiro dia de Ação de Graças após o diagnóstico da mamãe, na casa deles em Fire Island, um deslumbrante trecho de terra torrado pelo sol. David e eu dizemos que somos hóspedes permanentes: estamos lá o tempo todo, mas Tom e Andy não parecem se incomodar. Uma hora depois que chegamos, o telefone tocou. Era Larry Kramer, um grande amigo da minha mãe do mundo do teatro nos anos 1950, e meu amigo de quando eu estava na faculdade e nós dois, junto com outro amigo, escrevemos um programa de televisão. Eu me envolvera muito de bom grado na vida complicada de Larry como escritor e ativista gay, ajudando-o a registrar os direitos autorais de seus livros e a editar seu novo e volumoso romance. David e eu também tínhamos ficado muito próximos de seu companheiro, outro David. Era um daqueles telefonemas em que dá para ouvir imediatamente, na voz da pessoa, que não está tudo bem.

"Will, é o Larry", ele começou a falar.

"Oi, Larry. O que houve?"

"O Rodger se matou. Foi de carro de Denver até uma cidadezinha no Novo México chamada Truth or Consequences e deu um tiro na cabeça." Larry estava arrasado; ele, seu David e Rodger tinham sido melhores amigos.

Assim que Larry e eu terminamos a conversa, liguei para mamãe. Faziam 18 meses desde aquele primeiro telefonema em que as previsões de Rodger a haviam deixado tão apavorada. Em nossas conversas mais recentes com Rodger, ele dissera que suas costas continuavam a causar um incômodo terrível, e nenhuma cirurgia fora suficiente para ajudar. Também falara para minha mãe da solidão de trabalhar com os direitos dos gays, de como ninguém no movimento era muito simpático com mais ninguém. Mamãe sugerira que ele trabalhasse com refugiados — por piores que fossem as coisas em campo, os membros de todas as diversas organizações de fato cuidavam uns dos outros. Acima de tudo, no entanto, tanto ela quanto eu achamos que ele estava deprimido.

De acordo com Larry, Rodger sempre dissera que ia se matar um dia — e queria que os outros soubessem que, se ele fizesse isso, era porque queria. "Sim", disse mamãe. "As pessoas podem querer se matar. Mas ninguém quer estar deprimido, nem sentindo dor, nem solitário ou ferido. Quando tudo isso for insuportável, vou escolher que não façam mais nada por mim. Mas, é claro, eu preferiria que não chegasse a ser insuportável. Rodger foi um homem tão maravilhoso e fez tanto por tanta gente. Vou à igreja amanhã, Will. E vou rezar por ele."

Não consegui pensar em nada para dizer, por isso pedi que ela me lembrasse quando era a próxima consulta com a dra. O'Reilly.

"Na sexta. Depois de um novo exame na quarta. Tenho que decidir de hoje até lá se vou fazer um tratamento experimental — isto é, se tiver aberto uma vaga. Encaminhei toda a papelada para a sua irmã. Estou achando que provavelmente não. O que eles têm em mente é um estudo no estágio I — por isso eles ainda não sabem realmente que dose aplicar, ou se surte algum efeito. E o estudo exige que eu fique no hospital, e um montão de testes. Quero fazer isso se puder ajudar outras pessoas — alguém precisa fazer esses estudos. Mas também não quero passar o tempo de vida que me resta dentro de hospitais, se puder evitar. Vamos ver o que o médico e sua irmã dizem, e depois eu tomo uma decisão.

"Mas de hoje até lá, vou ver a montagem de *Romeu e Julieta* de Mark Morris. São três horas, e sei que provavelmente não vou estar me sentindo em condições, mas se é para eu me sentir péssima, prefiro me sentir péssima vendo alguma coisa maravilhosa, em vez de ficar sentada na sala de casa, olhando para a parede. Além disso, é aquela versão engraçada do Prokofiev. Você sabe o que acontece na versão dele, não sabe?"

"Não sei", eu disse. "O que acontece?"

"Tem um final feliz! O frade alerta Romeu de que Julieta não está morta de verdade, apenas sedada, e Romeu e Julieta terminam ambos vivos. Acho que um *Romeu e Julieta* alegre me cairia bem agora. Acho que cairia bem a todos."

A elegância do ouriço

A elegância do ouriço, de Muriel Barbery, entrou em nossas vidas justamente quando precisávamos. Mamãe, pela primeira vez desde que tenho lembrança, não conseguira encontrar nada que quisesse ler. Tinha escolhido livros — lendo um ou dois capítulos e depois deixando-os no criado-mudo ou no saguão do prédio para os vizinhos. Acho que era porque ela estava se sentindo péssima, mas não queria admitir. Lemos um pouco de poesia. Ambos adorávamos os poemas de Mary Oliver — sua ponderação e introspecção, o modo como fazem você ver o mundo natural de um jeito diferente. Gostamos especialmente dos poemas que demonstram uma certa irritação com o quão impacientes todos podemos ser, e com nossa falta de apreço pelo mundo à nossa volta. Lemos alguns poemas de Nikki Giovanni, e alguns de Wallace Stevens. E, então, alguém falou para minha mãe sobre *A elegância do ouriço*, de Barbery. A autora, uma professora de filosofia, nascera em 1969 em Casablanca e agora morava no Japão; o livro fora publicado na França alguns anos antes.

Primeiro mamãe se apaixonou pela ambientação do romance, o prédio número 7 da rue de Grenelle, que Barbery descreve de forma tão simples: os oito apartamentos de luxo, "o elevador com velhos painéis de madeira, uma grade preta e portas duplas"; depois se encantou com o "muito majestoso e muito belo" apartamento de um dos personagens, Monsieur Ozu. Nossa conarradora, a zeladora, esperava que fosse um interior japonês, "mas embora haja portas deslizantes, bonsai e um grosso tapete preto com bordas cinza e objetos claramente asiáticos — uma mesa de centro laqueada escura ou, ao longo de toda uma impressionante fileira de janelas, persianas de bambu baixadas em diversas alturas, dando à sala sua atmosfera oriental —, também há poltronas e um sofá, armarinhos, abajures e estantes de livros, tudo claramente europeu". No romance, o apartamento é um oásis — de cortesia, gentileza e elegância.

Pode parecer estranho se apaixonar por um apartamento num romance, mas é exatamente isso que Madame Michel, a zeladora, faz — não por cobiça, mas por veneração e respeito pelos valores que haviam criado e seriam necessários para cuidar de um lugar como aquele. Quando entra no apartamento, ela consegue imaginar um tipo de vida diferente para si mesma.

Minha mãe adorava falar de imóveis, e acho que era do mesmo modo como Madame Michel amava o lar de Monsieur Ozu — a fantasia de imaginar uma vida diferente para si própria, ou a mesma vida vivida de um jeito diferente. Se o imóvel era real ou fictício era algo que quase não vinha ao caso, pois criara suas próprias narrativas fictícias em torno de lugares reais, assim como imaginários. Estava o tempo todo olhando fotos de casas e apartamentos em prospectos e folhetos. Quando batia os olhos em algo de que gostava, começava a fazer planos.

"Poderíamos usar isso todo verão — só por algumas semanas — e alugar pelo resto do tempo. O Nico e o Adrian vão adorar o loft. Tem um hotel bem perto para você e o David" — por algum motivo, nos planos imaginários, David e eu geralmente íamos parar num hotel bem perto, o que tudo bem para nós, pois adoro hotéis e assim podia participar do planejamento, acrescentando detalhes de como apareceríamos de manhã para tomar um café, mas ainda conseguiríamos voltar à tarde para um cochilo e dar uma passada no spa — "e um quarto para o Milo e o Cy. E a Lucy vai adorar o sofá dobrável porque é na sala de lazer e bate sol..."

Em seus últimos anos, enquanto estávamos sentados esperando médicos ou a quimioterapia, as casas que olhávamos na seção de imóveis eram principalmente perto de Nova York. Mas às vezes, dependendo do livro que estávamos lendo, ela olhava mais longe: a costa da Dalmácia, ou Botsuana, ou a Floresta Negra, ou Surrey, ou Provença, ou Hua Hin.

A elegância do ouriço situou mamãe e a mim bem no meio do apartamento de Monsieur Ozu em Paris — ou talvez outro apartamento parecido. Começamos a planejar a vida da nossa família ali. Ficamos preocupados com papai e o elevador minúsculo, por isso achamos que um apartamento no primeiro andar faria sentido. Ficar próximo de museus era essencial, é claro, e os netos precisariam estar perto de um parque — os Jardins de Luxemburgo, talvez. E se há algo que o romance ensina a você (e é claro que ele ensina muito mais que isso), é que o trânsito pode ser um problema. As crianças não poderiam atravessar o Boulevard Montparnasse sozinhas em hipótese alguma — pelo menos não antes dos 10 anos ou algo assim.

Redecoramos todo tipo de apartamentos literários, e encaixamos nossas vidas dentro e ao redor deles. Jamais apartamentos de filmes ou TV — esses espaços eram literais demais, explícitos demais, sem lugar para a imaginação. Voltamos diversas vezes para um quarto com vista para o Arno (seria o paraíso passar duas semanas ali antes de partir para Fiesole) ou *palazzos* na Veneza de Donna Leon. E sempre havia os detalhes — era isso que deixava a coisa interessante. Quantas noites íamos ficar exatamente? Comeríamos em casa ou fora?

Mas enquanto estávamos ficando apaixonados pelo prédio de Barbery, também estávamos nos apaixonando por seus personagens: Madame Michel, Monsieur Ozu e Paloma, uma menininha desiludida que decidiu tanto cometer suicídio quanto pôr fogo em seu apartamento antes de completar 13 anos. *A elegância do ouriço* é, em muitos aspectos, um livro sobre livros (e filmes): o que eles podem nos ensinar, e como podem descortinar mundos. Mas na verdade, como a maioria dos grandes livros, é sobre pessoas — e os contatos que elas fazem, como salvam umas às outras e a si mesmas. Quando Madame Michel experimenta sushi pela primeira vez, vivencia uma forma de êxtase. E na conversa que tem em seguida, recebe mais que o êxtase — recebe absolvição, e é capaz de concedê-la a Paloma também.

Não seria entregar muito, espero, contar que o romance termina em morte — mas também numa espécie de devaneio sobre a vida. E assim como Barbery encerra com um paradoxo — o "sempre" que vive no "nunca" —, também mamãe e eu nos vimos discutindo um paradoxo relacionado: embora *A elegância do ouriço* acabe em morte, a experiência de ler o livro é ainda mais alegre que ver um *Romeu e Julieta* em que ambos terminam vivos. Perguntei a por que ela achava que isso acontecia, e ela observou que a alegria não depende de os personagens terminarem vivos ou mortos, mas daquilo que compreenderam e realizaram, ou de como são lembrados.

"Não tenho medo de morrer", ela disse de repente. "Mas gostaria de ter só mais este verão."

No dia 5 de junho, fomos à médica. Estávamos tão desejosos de notícias que não fossem de todo ruins que, no começo, não só apresentamos uma versão otimista para os outros, como também nós mesmos acabamos acreditando nela. Mamãe, como sempre, escreveu o texto do blog na minha voz para que eu postasse. Compôs o *post* logo que saímos do consultório da dra. O'Reilly:

> Muito brevemente, houve uma notícia ruim e uma boa quando mamãe foi à médica hoje, após seu exame na quarta-feira. A notícia ruim é que os tumores estão crescendo; a boa é que há uma vaga aberta num estudo clínico com uma droga que pode ajudar a refrear o crescimento dos tumores. Ela pode começar no fim de junho (vai decidir isso depois de ler o material e falar com a médica na semana que vem). Isso significa que não há mais quimioterapia.
>
> Conto mais depois que ela e o hospital tiverem tomado uma decisão.
>
> Como sempre, obrigado por todo o carinho e apoio de vocês.

Mamãe então consultou minha irmã, deu uma lida no material e rapidamente se deu conta de uma coisa: o estudo não fazia sentido para ela. Começaria no início de julho, logo quando Nina, Sally, Milo e Cy chegariam para passar o verão. Ela sempre dissera que escolheria qualidade de vida, e não quantidade; os procedimentos seriam invasivos e demorados, e mesmo se houvesse motivo para esperar que o estudo talvez refreasse o crescimento dos tumores, não era nem remotamente alguma espécie de cura.

"Me sinto muito egoísta", ela me disse. "Sei que eles precisam de gente para o estudo. Mas não é para mim."

"Mãe, não acho que isso seja egoísmo. E quem sabe o fato de você não participar libere uma vaga para outra pessoa — por isso talvez seja o contrário."

Ao longo de toda a doença, já era bastante difícil convencê-la a fazer algo com a lógica de que iria ajudá-la — muitas vezes tínhamos que pleitear o caso em nome de um bem público maior. Ela gostou da ideia de que outra pessoa poderia participar porque ela havia recusado.

Junho de 2009 seria um mês de pontos de transição. A decisão de não participar do estudo significava que ela não mais faria tratamento algum para refrear o crescimento dos tumores, pois havia esgotado todas as quimioterapias tradicionais, e as outras, como a mitomicina mensal que experimentara, tinham efeitos nocivos demais, e os bons não eram suficientes. De agora em diante, a ênfase seria simplesmente em proporcionar-lhe o máximo de conforto enquanto os tumores cresciam.

Haveria mais idas ao hospital — o *C. diff.* voltaria com uma vingança. Haveria um tombo violento na frente de dois netos — ela ficaria bem, mas abalada e preocupada por ter assustado as crianças. Em outra ocasião cairia, tarde da noite, no apartamento — meu pai teria que chamar primeiro um vizinho e depois o porteiro do prédio para ajudar a levantá-la do chão. Haveria um evento de arrecadação de fundos para o projeto no Afeganistão, oferecido por uma amiga do IRC que mamãe recrutara para a causa da biblioteca, que arrecadaria mais de 25 mil dólares, uma noite que mamãe ajudara a planejar, meticulosamente, cada detalhe. Haveria a caça a uma primeira edição de *A montanha mágica*, de Thomas Mann, para dar a Nico em seu aniversário no verão. Haveria mais concertos e filmes, e mais encontros do nosso clube do livro de duas pessoas.

E haveria um milagre.

Os homens que não amavam as mulheres

Minha mãe estava num ônibus em 21 de junho de 2009, quando recebeu no celular um telefonema sobre o milagre, por meio do nosso amigo Andy, que agora também estava trabalhando no conselho da biblioteca no Afeganistão. "Já ouviu a notícia?", ele perguntou. O colega de conselho deles, David Rohde, o repórter do *New York Times* que fora aprisionado pelo Talibã e por quem ela vinha rezando, conseguira escapar com um jornalista afegão que fora capturado junto com ele. Após sete meses em cativeiro, eles estavam em segurança. Ninguém sabia os detalhes ainda — apenas que, de algum modo, tinham conseguido se libertar dos captores e chegar a um lugar seguro. Minha mãe disse que não conseguia parar de sorrir enquanto ainda chorava baixinho no ônibus, durante todo o caminho para casa. Disse que a única outra vez nos últimos dois anos em que uma notícia a deixara tão feliz foi quando Obama foi eleito. Assim que chegou em casa, sua primeira reação foi telefonar para seu ministro. "As preces ajudaram!", ela disse. "Pode tirar o 'David' da lista."

Várias semanas depois, meus pais fizeram uma longa viagem de um dia para comparecer ao casamento do filho de dois de seus amigos mais antigos. Não sabiam que uma das damas de honra seria Kristen Mulvihill, a mulher de David, com quem ele se casara apenas uns poucos meses antes de ser capturado. Por isso Kristen e David estavam no casamento. Mamãe disse que David estava magérrimo e pálido, como era de se esperar — mas cheio de energia e visivelmente bem, de um modo geral. "Só ficamos ali sentados de mãos dadas", ela me contou. "Ainda não consigo acreditar que ele está bem."

Me lembrei das conversas que tive com ela sobre o livro de Didion — e sobre pensamento mágico. Houve aquela manhã na Flórida em que eu estava convencido de que, se víssemos os manatis, ela teria um dia bom. E também me dei conta de que havia um tipo diferente de pensamento mágico — de que certas coisas tinham que acontecer para que ela partisse desta vida como desejava. Uma delas era que Obama tinha que ganhar as eleições. Outra era que David Rohde tinha que voltar em segurança. Além de seu afeto pessoal por ele, acho que ela o via como uma espécie de talismã para o destino da terra. Se os David Rohdes estavam destinados a perecer, então que esperança havia para o mundo? Sempre que qualquer pessoa que estava fazendo trabalho humanitário ou com refugiados, ou cumprindo a dura tarefa do jornalismo em áreas de conflito, era morta ou ferida, mamãe sentia que isso empurrava o equilíbrio para o lado do caos. Mas se um David Rohde podia voltar depois de quase ter morrido, então talvez houvesse um futuro para aquela região e para todos nós. E se havia um futuro, então mamãe podia deixar para todos nós um mundo mais pacífico que o mundo em que vivera. Seria mais fácil se desapegar da vida se acreditasse que tudo ficaria bem. O fato de minha mãe e David terem se reencontrado num casamento não foi só um milagre; foi um sinal.

NA CONSULTA MÉDICA seguinte, as notícias foram piores, como agora estávamos esperando. A doença estava avançando. As febres e a falta de energia agora eram claramente um efeito do câncer — pois não havia mais quimioterapia, e ela finalmente se livrara do *C. diff.* e de outras infecções. Para ajudar com sua energia debilitada, tentaram fazer uma transfusão, mas tiveram que parar porque ela teve uma febre alta. Não havia muito o que dizer. O mais importante era se concentrar nas semanas seguintes, em que ela estaria no campo, em Pawling, estado de Nova York, junto com Nina, Sally e seus filhos. Doug, Nancy, Nico, Adrian e Lucy também passariam algum tempo. Meu pai dividiria seu tempo entre o campo e a cidade; David e eu faríamos uma visita. A casa, que pertencia a uma das duas irmãs do meu pai, era uma velha construção de madeira com árvores opulentas, campos e uma piscina. Minha tia dissera que mamãe podia passar tanto tempo ali quanto quisesse, e chamar todos os netos para ficar com ela. A outra irmã do meu pai também tinha sido atenciosa o tempo todo — deixando comida, fazendo visitas e dezenas de outras gentilezas.

Era hora de escolher outro livro — e nem minha mãe nem eu tínhamos lido ainda *Os homens que não amavam as mulheres*, de Stieg Larsson. Todo mundo vinha nos dizendo com entusiasmo como esse livro era viciante: um mistério ambientado na Suécia, no qual um jornalista que estava se recuperando de uma condenação por calúnia se aliava a uma jovem hacker gótica. O próprio Larsson era um jornalista sueco militante antiextremista que morreu de ataque cardíaco em 2004 aos 50 anos de idade, deixando três (ou talvez quatro) romances inéditos, dos quais aquele era o primeiro. Aparentemente, ele os escrevera acima de tudo como um jeito de relaxar depois do trabalho.

Quando mamãe finalmente se envolveu com o livro de Larsson, ficou vidrada. Disse que Lisbeth Salander lhe lembrava algumas de suas alunas mais peculiares e interessantes — meninas do colegial para quem ela lecionara e que aceitara para a faculdade, e que tinham tido infâncias solitárias e dolorosas, mas que mesmo assim tinham conseguido construir uma vida usando seu cérebro e sua força de vontade. Lisbeth tinha em comum com muitas das refugiadas que ela conhecia um tipo especial de coragem e determinação, junto com uma desconfiança das autoridades alimentada por experiências de corrupção, arbitrariedade e crueldade. É um livro com um forte veio feminista — e que inspira repulsa pela maneira execrável como mulheres no mundo inteiro são agredidas, torturadas e maltratadas. Mamãe disse que isso também a fazia pensar em todas as mulheres extraordinárias que conhecera em acampamentos de refugiados, que falavam com os assistentes e entre si sobre os estupros e outros atos de violência sexual cometidos contra elas, a despeito do estigma ou dos riscos decorrentes de fazer com que suas vozes fossem ouvidas.

Nosso próximo encontro do clube do livro (antes da consulta médica mensal, para a qual ela voltara à cidade) foi inteiro sobre este livro. A bizarramente pontual dra. O'Reilly estava atrasada — por isso, embora mamãe tivesse parado a quimioterapia, havia bastante tempo para ler e bater papo. Para ajudá-la a preservar suas forças, agora muitas vezes passávamos tanto tempo lendo juntos quanto discutindo os livros.

"Sabe, Will — acho que, com esse livro, Stieg Larsson provavelmente fez tanto pelas coisas que mais importam para mim quanto qualquer outro escritor que eu consiga pensar. Seria muito difícil ler isso e não entender pelo que a Comissão Feminina vem trabalhando durante todos estes anos. É um livro que eu jamais teria lido se tantos amigos não tivessem me dito que eu precisava ler. Mas agora não consigo imaginar como seria se eu não o tivesse lido."

(Tive um pensamento curioso sobre o que teria acontecido se Lisbeth tivesse sido aluna da minha mãe. Tinha quase certeza de que minha mãe teria aproveitado as habilidades de informática da menina para ajudar a reunir "menores desacompanhados" com suas famílias, ou reformular o sistema de gerenciamento de conteúdo da biblioteca em Kabul.)

Ambos notamos que a leitura exerce um grande papel no romance. Bloomkvist precisa vasculhar milhares de páginas de documentos para tentar resolver o mistério, e mesmo assim, quando quer relaxar, pega um livro. Ao longo do romance, ele lê Sue Grafton, Val McDermid e Sara Paretsky, entre outros escritores de mistério. Enquanto Lisbeth Salander encontra aquilo de que precisa no computador, Bloomkvist volta-se para os livros, genealogias e fotografias (e entrevistas antigas) em busca de descobertas. Os dois personagens se complementam, assim como suas abordagens em relação ao conhecimento.

Pensei no contraste entre o mundo físico e o digital enquanto estávamos sentados juntos naquele dia. Mamãe estava terminando o livro de Larsson, apoiando-o no colo. Eu o estava lendo num e-reader. Ela estava virando as páginas; eu estava clicando para avançá-las. Mostrei a ela o aparelho — ela, como sempre, não se interessou.

"Não consigo me ver abrindo mão dos livros reais", ela disse. "E adoro poder dar meus livros para alguém depois que os li. Pense na primeira edição de *A montanha mágica* que vou dar para o Nico. Foi impressa junto com a primeira cópia que foi enviada para o próprio Mann. Este livro tem uma história."

"Mas os livros eletrônicos são bons para viagens", eu disse.

O CLUBE DO LIVRO DO FIM DA VIDA

"Sim, isso eu entendo. E talvez para livros que você não quer guardar."

E então me ocorreu algo. "Sabe de uma coisa, o negócio do nosso clube do livro é que, na verdade, estivemos nele a vida inteira."

Mamãe concordou, mas comentou que vinha fazendo o mesmo com outras pessoas também — falando de livros com meus irmãos e alguns amigos dela. "Acho que estamos todos juntos nisso", ela disse. E não pude deixar de sorrir com o outro sentido da frase. Estamos todos no clube do livro do fim da nossa vida, quer admitamos isso, quer não; cada livro que lemos pode muito bem ser o último, cada conversa pode ser a derradeira.

Eu ainda estava esperando para ter a grande conversa, aquela em que eu diria ela o quanto a amava, e como me orgulhava de tudo o que ela realizara, e como ela sempre tinha estado presente para mim — que ótima mãe ela era. E ela me diria, então, como tinha orgulho de mim — mas sem dúvida estaria carregando uma certa culpa de alguma coisa ou outra, e me diria isso, e eu a perdoaria por completo, pois genuinamente nem sequer saberia do que ela estava falando.

Houvera vários dias em que quase tivemos a grande conversa, mas não tivemos.

Naquela tarde, eu a acompanhei até a casa após a consulta médica, e ficamos sentados por um instante na sala. De repente me ouvi dizer algo que acabara de me passar pela cabeça: "Acho que talvez eu queira escrever alguma coisa — sobre os livros que lemos e as conversas que tivemos — sobre nosso clube do livro."

"Ah, meu bem, você não quer gastar seu tempo fazendo isso. Tem tantas outras coisas para fazer e para escrever."

"Tenho uma ideia. E quero fazer isto." E então minha voz falhou. "Porque tenho orgulho de você."

Acho que a princípio eu pretendia dizer "porque amo você", mas então me ouvi dizendo "orgulho" e pensei: *Eu sei que mamãe sabe que eu a amo, mas não sei se ela sabe que tenho orgulho dela.* Por isso, talvez, eu tivesse dito daquele jeito por algum motivo.

Ela olhou para o chão. Eu precisava ir embora, por isso lhe dei um beijo apressado na bochecha — de leve, por medo de machucar sua pele —, e quando me dei conta já estava fora do apartamento. Por um longuíssimo instante, fiquei ali parado, sem querer ou sem conseguir apertar o botão do elevador e ir para casa. Fiquei olhando para a porta dela e, pela primeira vez, me permiti compreender totalmente que em breve chegaria um dia em que ela não estaria mais atrás daquela porta, em que teria partido, em que eu não poderia falar com ela sobre livros, sobre nada. Senti uma dor aguda e por um instante pensei que estava tendo um ataque cardíaco, mas era apenas pânico. E, finalmente, uma tristeza devastadora. Chamei o elevador e peguei o metrô para casa.

No dia seguinte recebi um e-mail da minha mãe. Ela fizera uma lista de todos os livros que tínhamos lido, com notas — para o meu livro. Ela sempre me mandava coisas para acrescentar à lista, e e-mails com pensamentos que tivera. Aquele artigo opinativo que ela quisera escrever para um jornal, sobre Mariatu Kamara, a jovem de Serra Leoa — aquilo devia entrar no meu livro. Também algo sobre a necessidade de uma reforma do sistema de saúde. E um conselho que ela achava que era uma das coisas mais importantes que queria passar adiante: Você deve dizer todo dia à sua família que você os ama. E ter certeza de que eles sabem que você se orgulha deles também.

Brooklyn

Oito horas de um dia no hospital para fazer uma transfusão de sangue precedeu a viagem de volta para a casa de campo que minha tia nos emprestara. A transfusão teve que ser interrompida duas vezes, quando a febre da mamãe aumentou. Uma amiga sua ficou sentada com ela durante todo o processo. Quando lhe perguntei naquela noite como ela se sentia, ela disse: "Um pouco culpada por estar recebendo tanto sangue — mas durante cinquenta anos doei sangue à Cruz Vermelha toda vez que havia uma campanha, por isso acho que não tem problema se eu pegar um pouco de volta."

Os primeiros dias depois que ela voltou ao campo passaram-se sem percalços, embora para ela fosse um esforço gigantesco chegar ao fim de cada dia. Mesmo assim, apenas ficar sentada ao sol de julho, observando os netos e lendo quando tinha energia, já era suficiente. Fazia vinte meses, quase dois anos, que ela havia sido diagnosticada — e ela estava bastante ciente de que sobrevivera muito mais do que qualquer um havia esperado. Então, um dia ela acordou com uma febre que foi piorando cada vez mais. Minha irmã, Sally e os meninos estavam na piscina. Mamãe não contou a Nina e Sally que havia um problema; apenas chamou um táxi para levá-la para casa. Só o que eles tinham disponível era uma limusine, e ela não queria incomodar ninguém, por isso disse que aceitava. Quando a limusine chegou, meia hora depois, conseguiu convencer minha irmã a deixá-la voltar sozinha para Nova York. Todos acenaram para a "Vozinha" enquanto ela partia na limusine.

Havíamos chegado a um ponto em que era difícil saber se alguma internação no hospital seria aquela da qual ela não voltaria nunca mais. Estava tão frágil — bem menos de 45 quilos. Mais tarde, minha irmã disse que não sabia bem se seria a pior coisa do mundo se a última lembrança que os meninos guardassem da avó fosse dela entrando numa limusine. Meu pai e eu encontramos mamãe no hospital. Eles logo a colocaram numa maca. O Port-a-Cath, implantado no seu peito para as sessões de quimioterapia, agora estava despontando de sua pele, um objeto estranho que não mais servia para propósito algum, como um cano de gás passando por dentro de um apartamento agora aquecido por vapor e eletricidade.

O *stent*, aquele aparelho que mantinha o caminho aberto entre seu duto biliar e seu fígado, estava entupido e infectado — ela passaria três dias no hospital para que fosse substituído. Minha irmã ficou desesperada para voltar à cidade com os filhos — mas não, aquilo estava fora de questão. Eles iam aproveitar o campo e a piscina. Mamãe voltaria, e papai ficaria do lado dela enquanto isso.

Quando fui vê-la no segundo dia no hospital, perguntei se tinha coisas suficientes para ler — ela tinha. Enquanto ela tirava uma soneca, peguei *Força diária para necessidades diárias* da cabeceira de sua cama. O trecho daquele dia dizia: "Isto é de grande importância, observar atentamente — agora estou tão fraco —, não me fatigar em demasia, pois assim não posso contribuir para o prazer dos outros; e um rosto plácido e um tom delicado deixarão minha família mais feliz do que qualquer outra coisa que eu possa fazer por ela. Nossa própria vontade às vezes interfere de forma lamentável com o cumprimento de nossos deveres." (Elizabeth T. King).

Quatro dias depois, mamãe voltou à casa de campo. Em hipótese alguma ia deixar de passar tempo com os netos. Voltou bem a tempo para uma festa de aniversário que havia organizado — 6 anos do Milo, 17 do Nico e 47 meus. Como todos fazíamos aniversário em julho, mamãe queria que houvesse uma grande festa para todos nós juntos, além de festas separadas para cada um de nós.

Meus pais tinham comprado muitos presentes para todo mundo naquele dia, incluindo dois para mim. A primeira caixa que abri continha um suéter cor de creme. Era bonito, mas simplesmente não parecia o tipo de coisa que eu usaria. Agradeci, mas deixei de lado. Ela também me comprara um maravilhoso sortimento de livros. Ela não havia lido nenhum, mas tinha seu próprio exemplar de um deles, *Brooklyn*, do romancista irlandês Colm Tóibín, que acabara de ser publicado. Decidimos que seria o próximo livro do nosso clube.

Ambos já tínhamos lido vários romances de Tóibín: *O mestre, História da noite* e *A luz do farol*. O retrato de Tóibín do relacionamento entre homens gays e suas mães, um tema que aparece em várias de suas obras, era um assunto que mamãe e eu nunca tínhamos discutido — talvez porque parecesse meio íntimo demais. Eu me assumira para os meus pais quando tinha 20 anos e estava tirando um semestre de férias da faculdade, durante meu primeiro ano, para trabalhar com televisão em Los Angeles. Tinha contado que era gay para todo mundo na faculdade logo no dia em que chegara — e, no entanto, esperei mais de dois anos para contar aos meus pais, pois estava preocupado que isso mudasse a proximidade de nosso relacionamento. Por fim, senti que não podia mais esperar. Enquanto estava em Los Angeles, eu enviara a uma revista literária gay nacional um conto muito gay que tinha escrito, e que fora aceito — por isso senti que seria apenas justo avisá-los antes que a revista aparecesse nas bancas de jornal. Fiz isso por carta.

Já que eu havia escrito uma carta, mamãe respondeu pelo correio. A carta dela admitia que sua primeira reação foi ficar chateada — e depois ela ficara chateada consigo mesma por ficar chateada. Escreveu que casar e ter filhos tinha sido sua maior alegria, e ela sempre desejara o mesmo para todos nós. Escreveu que, além disso, sabia que, com o preconceito da sociedade, ser gay significava que eu teria uma vida mais dura, e ninguém queria uma vida mais dura para um filho. Ela acrescentou que, se eu quisesse ser escritor, esperava que eu fosse um escritor, não um escritor gay.

Papai não tinha problemas quanto a isso, escreveu ela — o único receio dele era que eu fosse querer falar disso o tempo todo. A carta terminava com ela me dizendo que eles me amavam, e que todos podíamos conversar mais sobre aquilo depois. Nunca conversamos — mas, após um pequeno período de certo constrangimento, dali em diante pude contar com o amor e apoio deles. Eles se apegaram a David assim que foram apresentados. Minha irmã se assumiu para eles uns poucos anos após se formar na faculdade. Acho que mamãe não estava esperando aquilo também.

Naquela época, assim como agora, eu me voltava para os livros para que me ajudassem a compreender minha vida. O mais importante para mim tinha sido *Cristopher e sua espécie*, de Christopher Isherwood, um livro de memórias que ele escreveu sobre sua vida a partir de 1929, quando era jovem e se mudou para Berlim (principalmente para conhecer meninos, segundo ele), até 1939, quando se mudou para os Estados Unidos. Durante essa época, ele saíra com seu amigo de escola, o poeta W. H. Auden; desfrutara amplamente da vida noturna escusa de Berlim; se apaixonara por um homem alemão, e perambulara por toda a Europa tentando evitar a Gestapo, que os estava perseguindo; e escrevera *Os contos de Berlim*, sua obra clássica, que depois foi transformada na peça *Eu sou uma câmera*, no musical da Broadway *Cabaret*, e no filme de mesmo nome.

Não sei se Tóibín prefere ser chamado de escritor gay ou apenas escritor. Embora seja possível argumentar que *Brooklyn* é escrito a partir de uma sensibilidade gay, não há nada de gay na trama.

Em agosto de 2009, minha irmã, Sally e os filhos tinham voltado para Genebra; mamãe, eu e o resto da família estávamos de volta em Nova York, para passar o mês inteiro suando. Nosso clube do livro se reuniu outra vez enquanto esperávamos nossa consulta com a dra. O'Reilly. Tínhamos chegado quase uma hora adiantados, sem nenhum motivo aparente.

Ambos ficamos sentados lendo *Brooklyn*, lado a lado em cadeiras na sala de espera do Memorial Sloan-Kettering. O romance conta a história de uma jovem chamada Eilis, que, após corajosamente construir uma vida nova no Brooklyn dos anos 1950, encontra uma parte de si que quer ficar na Irlanda depois de sua volta para lá.

Fiquei parado a fim de apontar para minha mãe alguns dos meus trechos favoritos. Antes de partir para o Brooklyn, Eilis observa sua irmã cuidando de tarefas diárias. Tóibín escreve sobre Eilis: "E então lhe ocorreu que ela já estava sentindo que precisaria lembrar deste quarto, de sua irmã, desta cena, como se a distância." Ao mostrar isso para mamãe, fui acometido da ideia de que eu estava tentando estar totalmente presente, enquanto também, como Eilis, tentava fixar imagens na mente — assim como tentara congelar o tempo com uma câmera quase dois anos antes no Maine, quando tirara aquela foto da mamãe com todos os netos.

Tóibín também escreve sobre Eilis: "O que ela precisaria fazer nos dias antes de ir embora e na manhã da partida era sorrir, para que eles lembrassem dela sorrindo."

Bizarramente, nesse exato instante, do outro lado da sala, uma mulher se levantou e me olhou nos olhos, como se pedindo permissão para interromper, coisa que ela então fez.

"Licença", ela disse para minha mãe, "mas já vi você aqui antes e preciso dizer que você tem o sorriso mais lindo do mundo".

Mamãe pareceu meio surpresa, e então ficou radiante.

"Este é seu filho?", continuou a mulher.

"Sim, este é Will, meu segundo filho. Também tenho uma filha."

"Sua mãe", ela disse para mim, "tem o sorriso mais lindo do mundo".

Então ela voltou para o sofá.

Prosseguindo com a leitura, cheguei a: "Algumas pessoas são simpáticas (...) e se você fala com elas do jeito certo, podem ser ainda mais simpáticas."

"Ela não foi simpática?", disse mamãe. "Aquela mulher. Tão simpática." E mamãe foi até ela e sentou-se ao seu lado, e as duas deram as mãos e conversaram. Ou melhor, mamãe escutou.

Continuei lendo enquanto elas falavam. Logo estava numa parte vívida do livro, a viagem de transatlântico, uma travessia difícil, em que Eilis sente um enjoo terrível e vomita por tudo.

É claro que a ironia de ler sobre enjoo enquanto estava cercado de pessoas fazendo quimioterapia não passou despercebida para mim, nem para minha mãe, quando mencionei em que ponto do livro estava.

MEU PAI NOS encontrou logo antes da hora de ver a dra. O'Reilly. Mamãe agora estava oficialmente em acompanhamento domiciliar, o que significava que o único objetivo era deixá-la o mais confortável possível enquanto morria, de preferência em casa. Podia receber visitas de enfermeiros e assistentes de cuidados paliativos sempre que quisesse, e tantas vezes quantas fossem necessárias. Também lhe disseram que podia retomar o tratamento a qualquer momento, se quisesse. Nessa voltara e encontrara todos nós, explicando como aquilo funcionava e quais eram todos os serviços disponíveis, incluindo massagem e meditação guiada; o uso de um leito de hospital; cuidados 24 horas quando o momento estivesse chegando; e remédios que guardaríamos na geladeira e podíamos lhe dar para ajudar a aliviar a dor conforme a morte se aproximava. Mamãe não tinha dúvida alguma de que o acompanhamento domiciliar era o caminho certo para ela. Sempre dissera que nos avisaria quando chegasse a hora. A hora havia chegado.

Então seria um tipo muito diferente de consulta médica. Como se para assinalar isso, nos encontramos numa sala de exame onde nunca tínhamos estado antes. Era idêntica às outras, mas diferente, um pouco menor. Tinha chovido o dia inteiro, por isso eu trouxera um guarda--chuva, que ficava caindo o tempo todo. Papai e eu tivemos que nos apertar um pouco para que a dra. O'Reilly pudesse puxar a cortina e fazer seu exame.

Por que o maldito guarda-chuva não parava de cair?

Mamãe tinha sua costumeira lista de perguntas — o inchaço, a Ritalina, os esteroides, Megace para o apetite. A dra. O'Reilly respondeu a todas e então nos disse o que já sabíamos; os tumores estavam crescendo muito depressa.

Olhei para a folha de perguntas que mamãe havia preparado. O último item da lista não era uma palavra nem várias, mas apenas um sinal de pontuação: um único ponto de interrogação solitário.

"Mãe", eu disse, "tinha mais alguma coisa que você queria perguntar para a médica?"

Fez-se um silêncio.

"Bem, primeiro, agora que estou em acompanhamento domiciliar, me disseram que eu ainda podia vir falar com você. E eu queria saber se tudo bem."

"É claro", disse a dra. O'Reilly. "Vamos agendar um exame e outra consulta em setembro." Minha mãe antes estava com a respiração um tanto curta. Agora pude ouvi-la respirar com mais facilidade. Estávamos planejando coisas para setembro.

"E tenho algumas perguntas sobre o acompanhamento domiciliar. Nessa foi maravilhosa. Mas só quero perguntar de novo o que minha família deve fazer quando eu morrer."

"Bem, eles vão ligar para o agente funerário. Podemos lhe indicar um, ou você pode encontrar um através da igreja."

"E", disse minha mãe, "preciso de uma cópia do meu pedido de 'Não Ressuscitar' para ter em casa".

A dra. O'Reilly sugeriu que simplesmente usássemos um novo formulário — mamãe podia preenchê-lo, e a médica ia assinar. Ela pediu que alguém trouxesse um — um dos outros enfermeiros que mamãe adorava e que estavam ajudando. Ela pediu que eu preenchesse para ela, e comecei:

M-A-R-Y A-N-N-E

Ela olhou para mim — com certo pânico no rosto. "Querido, você escreveu errado. Não tem *e* no final. É Mary Ann."

"Mas você sempre escreveu com *e* no final", eu disse.

Então me dei conta de que, embora ela de fato escrevesse seu nome com *e* no final de *Anne* desde que era garotinha — talvez porque gostava da variante mais inglesa *Anne*, como a rainha Anne —, seu nome na verdade era Mary. E seu nome do meio era Ann. Sem *e*. Eu nunca soubera seu nome verdadeiro.

Pensei em Marjorie Morgenstern, de Herman Wouk, que mudara seu sobrenome para Morningstar. Rapidamente risquei o *e* com a caneta. E foi assim que ficou o pedido de "Não Ressuscitar" — com uma letra rabiscada. A partir daquele momento, fiquei com receio de que eles iam ignorar as vontades da minha mãe e ligá-la a toda espécie de aparelhos terríveis, tudo por causa de uma irregularidade na documentação — tudo porque seu filho nem sequer sabia o seu nome.

Ao final da consulta, mamãe tinha suas perguntas de costume para a dra. O'Reilly, assim como para seus outros funcionários favoritos. Queria saber de suas famílias, suas férias, o que estavam lendo. Mas dessa vez a dra. O'Reilly perguntou a mamãe algo que nunca perguntara antes.

"Você se importa se eu te der um abraço?", ela perguntou.

As duas se abraçaram, timidamente, mas por um tempo que pareceu um minuto inteiro. Ambas eram da mesma altura. A dra. O'Reilly vestia seu avental branco. Os cabelos loiros curtos roçavam na gola da roupa. Os cabelos da minha mãe haviam voltado a crescer um pouco, agora que ela havia parado com a quimioterapia. Vestia uma camisa de gola mandarim vermelho-coral, feita de seda. Papai e eu ficamos constrangidos, sem saber se devíamos olhar para elas ou desviar o rosto. Não é um sinal de muita esperança quando seu oncologista lhe dá um abraço de despedida — mas isso só me passou pela cabeça depois. Era um abraço de carinho e afeto legítimos: duas pessoas consolando uma à outra, feito irmãs se despedindo antes de uma delas partir para uma longa viagem a uma terra distante.

As lágrimas do meu pai

A parte de *Garotas como nós*, o livro sobre Joni Mitchell, Carly Simon e Carole King, que não tinha nada a ver com a minha mãe era o esforço criativo das três — sua necessidade e seu desejo de se expressar fazendo música. Minha mãe não era uma pessoa criativa — não compunha músicas nem letras, nem mesmo tocava um instrumento; não pintava nem desenhava nem fazia esculturas; cozinhava de forma decente mas não criativa; gostava de ter algumas roupas boas, mas não gastava muito tempo pensando nisso. (Para combinar com suas pérolas, tinha alguns broches artesanais e de família de que gostava, e joias pitorescas, feitas de mecanismos de relógio e coisas assim, compradas no exterior e em feiras de artesanato; mas, tirando isso, não era interessada em joalheria.) Perguntei se ela sentia falta de atuar (não sentia) e se gostaria de ter escrito (ela disse que certamente não, embora tivesse gostado da vez em que tentara escrever uma proposta, junto com um amigo meu, para um livro sobre serviço voluntário).

Por isso não havia competitividade alguma no amor dela por música, arte, cerâmica e literatura.

Agora é quase uma unanimidade que as pessoas — principalmente as crianças — deveriam ser incentivadas a criar, e um dos benefícios óbvios que a internet trouxe à humanidade é que ela abriu mundos de criatividade. Mamãe certamente apreciava isso. Mas também se contentava em não fazer coisas, apenas apreciá-las.

"Nem todo mundo precisa fazer tudo", ela me disse. "As pessoas esquecem que você também pode se expressar através daquilo que escolhe admirar e apoiar. Tive tanto prazer com coisas bonitas e desafiadoras criadas por outras pessoas, coisas que eu jamais poderia fazer. Não trocaria isso por nada."

Este havia sido um tema importante ao longo de toda a sua vida. Sempre tinha ido a museus e galerias, e tinha uma regra para si mesma sobre comprar obras de arte, que era tentar comprar em galerias, sempre que possível, obras de jovens artistas num ponto de sua carreira em que uma venda realmente fazia diferença. Ela ainda veria o tanto de arte que pudesse, embora ficar andando por galerias agora estivesse se mostrando cansativo demais.

O que mais chamava sua atenção conforme ia ficando cada vez mais frágil era a cerâmica. Assim como um livro leva a outro, um ceramista tinha levado a outros; com a ajuda de seus amigos na Inglaterra, seu amor pelo jovial trabalho geométrico art déco da ceramista britânica Clarice Cliff a levara à obra dos mestres ceramistas Lucy Rie e Hans Coper, e então a uma nova geração de jovens ceramistas britânicos, que trabalhavam com esmaltes monocromáticos e formas simples, e celebravam o toque humano: a forma levemente enviesada, a borda irregular de um vaso, as sutis imperfeições e leves assimetrias que dão personalidade e vida a objetos inanimados. Esta era uma paixão que ela tinha em comum com papai. Entre seus favoritos estavam Edmund de Waal, Julian Stair, Rupert Spira, Carina Ciscato e Chris Keenan.

Olhar os vasos, ora de um ângulo, ora de outro, dispô-los de diversas maneiras, os delicados como casca de ovo ao lado dos robustos, observar a luz passar por eles e projetar sombras, sentir seu peso e textura — tudo isso era uma forma de meditação para ela. Eu vinha vê-la admirar os vasos com uma espécie de foco intermediário — não olhando fixamente para eles, mas contemplando-os em silêncio. Viver com esses belos objetos lhe proporcionava um grande prazer e paz.

Parte da atividade de curar, colecionar e apreciar era editar — mamãe nunca teve muita paciência com coisas inúteis ou grosseiras, e menos ainda agora que sabia que seu tempo era limitado. Eu, por outro lado, continuo desperdiçando uma parte significativa da minha vida assistindo a reality shows, me informando sobre a vida de celebridades duvidosas, e consumindo lixo cultural com a ironia fingida e o falso populismo que são marcas distintivas da minha geração e das imediatamente seguintes. Era inconcebível, para ela, eu querer ver *De volta à lagoa azul*, ou ficar grudado à televisão assistindo a uma maratona de reality shows no domingo. Quando eu lhe contava o que estivera fazendo, ela nunca dizia nada crítico, mas fazia uma careta e rapidamente tentava me fazer mudar de assunto. No meio daquele mês de agosto, enquanto visitava minha mãe, comecei a falar de um reality show que quase todo mundo estava discutindo. Quando fiz uma pausa, mamãe me perguntou se eu queria ler a nova coletânea de Updike, um volume póstumo publicado uns poucos meses antes, chamado *As lágrimas do meu pai: e outros contos.*

"Como eles são?", eu perguntei.

"São maravilhosos. Tão bem-escritos. E sabe de uma coisa, havia um menino muito esperto num seminário do primeiro ano que cursei quando estava em Radcliffe. Nunca cheguei a saber o nome dele, e anos depois me dei conta de que era John Updike. Ele era claramente brilhante, mesmo naquela época. E os contos me trazem tantas lembranças — como aquela viagem ao Marrocos que fizemos em família. E há alguns ambientados em Cambridge, é claro. Apenas comece com um deles e veja o que acha."

"Qual é seu conto preferido?"

"O conto-título. Fala muito sobre morte. Aqui..." E minha mãe me mostrou um trecho. Era sobre um reencontro de ex-alunos de colegial de 55 anos de formados. Começava assim:

A lista de nossos colegas falecidos no verso do programa fica cada vez mais comprida; as beldades da classe viraram bruxas gordas ou ossudas; tanto os astros do esporte quanto os não atletas deslocam-se com a ajuda de marca-passos e joelhos de plástico, aposentados e ocupando espaço numa idade em que a maioria dos nossos pais estavam atenciosamente mortos.

O conto continuava:

Mas não nos vemos desse jeito, capengas e velhos. Vemos crianças do jardim de infância — os mesmos rostos sadios e redondos, as mesmas orelhas em concha e olhos de cílios compridos. Ouvimos os gritinhos alegres durante o recreio da escola primária, e os sedutores saxofones e trompetes abafados das bandas de swing locais que faziam serenatas no ginásio banhado de luz azul durante os bailes do colegial.

A AGENDA DA minha mãe para as duas semanas seguintes foi preenchido principalmente por breves encontros com amigos e parentes, e com a tarefa de mandar e-mails para aqueles que ela não podia ver: seus amigos de infância; colegas de faculdade; as mulheres com quem trabalhara dia após dia e que tinham viajado para tantos lugares com ela; os colegas do departamento de admissão; outros professores das escolas em que lecionara; os amigos em conselhos, com quem servira durante anos e décadas; alunos, primos, sobrinhas e sobrinhos. Isso lhe proporcionava não só felicidade como também força — aos olhos de seus amigos e colegas mais antigos, e da família expandida, ela não era uma mulher penosamente magra de 75 anos de idade com cabelos grisalhos e morrendo de câncer — era uma presidente da turma do ginásio, a amiga com quem você fofocava, a menina com quem você tinha um encontro, alguém para dividir uma barraca em Darfur, uma outra monitora eleitoral na Bósnia, uma mentora, uma professora com quem você dera risada numa classe ou sala de professores, ou o membro do conselho com quem você resmungara após uma reunião conflituosa.

Updike estava morto. Mas, quando ela o lia, lia um livro escrito por aquele colega de classe de inteligência afiada que estava em seu seminário do primeiro ano, e as verdades que ele tinha a transmitir sobre a velhice e os relacionamentos diziam algo a ela.

Li *As lágrimas do meu pai* do começo ao fim naquela noite e devolvi o livro para que ela pudesse dá-lo a outra pessoa. Não falamos sobre ele. Eu não tinha nada a acrescentar. Toda vez que mencionávamos o título, porém, a sensação era estranha, como se estivéssemos falando do meu pai depois da morte da minha mãe — um assunto em que ela raramente tocava, e mesmo assim apenas de leve; planejando viagens para todos fazermos sem ela, ou jantares que faríamos no clube dele. Desde que tínhamos lido *Para um lugar seguro*, o livro de Stegner, e mamãe me dissera que tinha certeza de que Sid ficaria bem após a morte de sua esposa

Charity, bem, tínhamos deixado o assunto parado naquele ponto — e jamais voltamos. Por isso paramos de mencionar o título do novo livro de Updike. Apenas o chamávamos de "o novo livro de Updike".

O TERCEIRO LIVRO que lemos juntos em agosto foi o mais extravagante: *Grande máquina*, de Victor LaValle, um romancista e contista de 37 anos. Ela lera um artigo sobre o livro no *Wall Street Journal* enquanto estava na casa de campo da minha tia. Mencionei isso a uma amiga que havia publicado o livro, e a quem mamãe dera alguns conselhos escolares sobre sua filha, e num piscar de olhos havia um exemplar esperando por ela. O meu eu comprei.

É uma história fantástica — um porteiro e faxineiro, incentivado por um bilhete e ganhando de presente uma passagem de trem, parte de repente para uma estranha colônia de afro-americanos em Vermont, chamada de Os Acadêmicos Improváveis, um grupo cuja tarefa é investigar fenômenos inusitados. O que vem em seguida é uma saga de começos estranhos, gravidez masculina, lendas indígenas americanas, demonologia, *serial killers* e gatos selvagens. Mamãe ficou eletrizada com o livro. É claro que tinha lido o final primeiro, mas ele não fornecia quase nenhuma pista sobre o que aconteceria no resto.

Fiquei entusiasmado para falar com ela sobre *Grande máquina*. Uma das coisas que vinham me incomodando em tantos dos livros que eu lera ao longo da última década era sua mera mediocridade e previsibilidade. Não que eu não gostasse de loucura pela loucura em si, mas se um escritor consegue me surpreender de verdade sem jogar completamente a lógica pela janela, então esse escritor me cativou para sempre. A maioria das surpresas nos livros não são nada surpreendentes, mas sim seguem uma fórmula, como o cadáver que com certeza vai sair se arrastando dos destroços de um navio sendo explorado por mergulhadores, em quase qualquer livro que envolva destroços e mergulhadores.

"O que você achou?", perguntei a ela.

"É fascinante — acho que li em uma sentada. Entendo por que ele é comparado ao Pynchon."

"Nunca li Pynchon", admiti. Mamãe me lançou um olhar. "Mas vou ler!"

"Todo mundo tem medo de Pynchon; eu sempre o achei muito divertido de ler. Mas acho que aquilo de que mais gosto no livro de LaValle é o que ele tem a dizer sobre segundas chances."

No final do livro, um personagem chamado Ravi (também conhecido como Ronny) pergunta ao narrador se as pessoas podem mudar de verdade, mesmo pessoas como ele. Ronny é um sujeito estranho, capaz de "abanar seu nariz comprido de um jeito que parecia tanto engraçado como sexual". Tinha sido um apostador e um brutamontes — seu irmão o expulsara de casa, e agora todos o rechaçavam. O que ele está buscando não é a redenção, mas sim um convite para voltar ao mundo das pessoas, "apenas a possibilidade de alívio".

O narrador do livro diz que as pessoas podem mudar de fato. La-Valle escreve, na voz do narrador: "Ser americano é ser alguém que acredita. Não tenho muita fé em instituições, mas ainda acredito nas pessoas."

"Isso realmente tem tanto a ver com o que eu penso", mamãe disse. "E essa é uma das coisas que eu adorava no meu trabalho com os refugiados. Eles são apenas pessoas como nós que perderam tudo e precisam de outra chance. O mundo é exatamente tão surpreendente quanto o que acontece neste romance — coisas malucas de fato acontecem quando as pessoas menos esperam. Mas custa tão pouco ajudar os outros, e as pessoas realmente se ajudam, mesmo pessoas que, elas próprias, possuem muito pouco. E não é só sobre *segundas* chances. A maioria das pessoas merece um número ilimitado de chances."

"Não todo mundo?"

"Não todo mundo, é claro", disse mamãe. "Quando penso na Libéria e no modo horrendo como Charles Taylor aterrorizou seu país, e no que ele fez com Serra Leoa, e nos milhões de vidas que ele destruiu, e na crueldade e selvageria — bem, ele é pura maldade. Ele nunca vai merecer outra chance. Se você acredita no bem, também acredita no mal, o puro mal."

Acabamos falando até que bastante sobre *Grande máquina*. É um livro divertido de se discutir, mas também o livro perfeito para ler e dissecar quando você está todo ligado de Ritalina, como mamãe estava na época. Um dos maiores medos quqe tinha era não conseguir ler nas semanas logo antes de sua morte, que estaria enjoada demais, ou cansada demais, ou incapaz de se concentrar. E ela tinha muitos dias em que estava enjoada demais para ler — dias em que acabava assistindo a vídeos ou velhos episódios de *Law & Order*, ou doses intermináveis de CNN e outros comentários políticos. Quando ela dizia que lera um livro como *Grande máquina* numa única sentada, era tanto um elogio ao livro quanto uma maneira de informar a todos nós que ela ainda era ela mesma, capaz de se concentrar, ficar acordada e se envolver com alguma coisa. Enquanto ainda pudesse ler livros numa única sentada, o fim ainda não estava à vista.

MAIS ADIANTE EM agosto, fui certa tarde ao apartamento dos meus pais para ajudá-la com algumas tarefas. Ela vinha achando cada vez mais difícil comer. Havia redescoberto o aspic, aquele clássico dos anos 1950, e um dos meus sócios no site de culinária preparara um aspic que ela adorava, assim como um amigo da família que era dono de um bufê. Outra amiga, que fora casada com o melhor amigo do meu pai, achou uma loja que vendia consomê gelificado. Era uma volta aos anos 1950 e 1960, a comida chique dos jantares da juventude da minha mãe — todos aqueles pratos gelatinosos estranhos e picantes. Ela também conseguia comer milho — e amigos lhe traziam milho. E muffins de mirtilo, que várias pessoas forneciam. Mas pouco além disso.

Mamãe estava começando a definhar. Estava drasticamente mais magra e frágil do que mesmo uma semana antes, quando tínhamos caminhado até um café uns poucos quarteirões acima em busca de muffins e quando ela conseguira falar durante horas na frente da câmera com uma amiga do prédio que estava fazendo um documentário sobre mulheres que a inspiravam. Agora, apenas sete dias depois, tínhamos uma única tarefa: atravessar a rua e ir ao caixa automático do banco. Trêmula, ela segurou minha mão enquanto partíamos. Cada passo era deliberado e hesitante.

Nova York é um lugar que inspira hipocrisia. Quando estou a pé, xingo os táxis que passam correndo pelo sinal amarelo, mas dou uma gorjeta generosa quando estou atrasado e o taxista faz exatamente isso. E avanço em disparada por calçadas cheias — mas agora, quando estava com mamãe, tão insegura a cada passo, tão frágil, não conseguia acreditar na falta de educação das pessoas que passavam correndo por nós, balançando os braços ou carregando malas ou mochilas enormes sem a mínima consideração. Era apavorante apenas chegar à esquina e atravessar a rua. Ninguém parava nem por um instante para a senhora de cabelos finos e grisalhos, tão determinada a continuar participando da vida da cidade, ainda não estando pronta para deitar na cama e morrer.

Minha irmã logo estava de volta em Nova York, como estivera tantas vezes ao longo dos últimos dois anos. Meu pai levava mamãe para dar passeios pela cidade, assim como meu irmão, minha cunhada e vários amigos. Ela não queria usar cadeira de rodas nem andador — mas aceitou uma bengala. A maioria das tarefas ela fazia junto com um de nós. Outras ela insistia em fazer sozinha — apesar das súplicas de todo mundo —, como ir a uma loja de roupa comprar um vestido preto para minha irmã. Só depois é que Nina se deu conta de que mamãe achava que Nina devia ter algo novo e elegante para usar no enterro dela. Adrian, meu sobrinho de 9 anos, estava estudando o Renascimento do Harlem — por isso mamãe continuava fazendo expedições a diversas galerias para ver se conseguia encontrar para ele uma reprodução a um preço acessível de James Van Der Zee, um dos grandes fotógrafos dos anos 1920 e além. Não conseguiu, mas continuou tentando.

Mamãe e eu nos vimos falando cada vez mais sobre as conversas que tinha todo dia com seus netos. Não é exagero dizer que ela vivia para eles, principalmente nas últimas semanas.

Os amigos vinham visitar, e ela continuava com tratamentos alternativos — o biofeedback e também massagem Reiki. Uma ex-aluna sua lhe mandava um monte de informações sobre filosofia e física da Nova Era. "Seu pai ia ter um chilique", ela disse para mim. Mas mamãe estava aberta àquilo, e emocionada com o quanto essa jovem se importava, embora nunca tenha chegado a ir a um vidente.

Papai, na verdade, já não tinha mais quase nenhum chilique. Ele é um homem grande com uma personalidade grande, mas andava pela casa nas pontas dos pés para não incomodar mamãe quando ela estava descansando. Seu escritório fica a uns poucos quarteirões de distância, e minha mãe teve que implorar para ele não voltar para casa durante o dia — ele estava chegando perto dos 82 anos, e ela se preocupava por ele ficar andando por aí no calor de agosto.

Alguns dos amigos e parentes dos meus pais manifestaram surpresa com a profundidade do cuidado e devoção dele. A relação dos dois tinha sido daquelas em que ele era conhecido como a pessoa difícil. Papai era irascível; mamãe pacificava. Ele tinha uma paciência limitada com crianças barulhentas e pessoas pedindo favores; ela era infinitamente acolhedora. Ele falava com pessoas seletas; ela, com todo mundo.

E, no entanto, ao longo de toda a vida conjunta deles, a raiva do meu pai frequentemente era em defesa da minha mãe — ele sempre foi ferozmente protetor em relação a ela. Apreciavam a companhia um do outro; faziam o outro rir; adoravam a maioria das mesmas coisas — compartilhando gostos semelhantes em música e arte num grau notável — e muitas das mesmas pessoas.

Só era preciso falar com um deles quando o outro estava ausente para ver como eles se preocupavam e sentiam falta um do outro. Entre quatro paredes, papai sempre foi generoso e mesmo sentimental; sua oposição ao infinito fluxo de boas ações da mamãe geralmente assumia a forma de uma provocação orgulhosa, que quase sempre a fazia sorrir. E quando ele ficava inconveniente ou cheio de opiniões demais, ela geralmente conseguia controlá-lo com um "Ah, Douglas!", e um olhar mais amoroso que severo.

Na verdade, grande parte da volubilidade do papai sempre foi pura encenação. Numa Cambridge ferrenhamente liberal, ele tinha prazer em falar para todo mundo que tinha votado em Richard Nixon; só uns poucos anos atrás ele admitiu que não tinha. Para ele, era apenas engraçado demais ver as reações. Ele também se referia a si mesmo, de brincadeira, como o pai mais cruel de Cambridge, com base nas ocasionais posturas filosóficas que assumia, como pedir a crianças que estavam fazendo "doces ou travessuras" para a UNICEF que escolhessem entre um doce ou uma doação. "A ideia é ver se *você* está disposto a abrir mão dos doces em prol de uma doação para crianças famintas", ele instruía a alguma criança alucinada de açúcar e fantasiada de bruxa, "e não ver se eu posso te dar doces *além de* uma doação. Então, qual vai ser?". Era sempre o doce, provando sua tese mas fazendo mamãe sacudir a cabeça de indignação no fundo.

Conforme a doença dela progredia, porém, ele não mais insistia nesse tipo de experimento social; atendia o telefone (coisa que ainda odiava fazer) e era até educado com as dezenas de pessoas que ligavam. De vez em quando, mamãe insistia para ele sair para jantar com meu irmão e eu. Mas ela tirando isso, ele ficava em casa toda noite, com o tanto de jantar que ela se dispunha a comer.

No DIA 24 de agosto, uma segunda-feira, mamãe me mandou um novo *post* para o blog. Ela o escrevera, assim como escrevera todos os outros, porém, estava apreensiva sobre aquele. Eu achava que estava bom? "Por favor edite ou me diga se for uma má ideia." Eu disse que achava uma ideia excelente. Era intitulado "Acompanhamento domiciliar e sistema de saúde".

> Mamãe quer que todos saibam que ela tem uma excelente equipe de acompanhamento — enfermeira, assistente social, nutricionista — que está cuidando bem dela. E, com a ajuda do meu pai e uma dose de Ritalina, conseguiu ir a alguns ensaios matinais e duas apresentações vespertinas do festival Mostly Mozart. Não está mais saindo à noite.
>
> Vamos falar com a doutora na semana que vem, e teremos outro relatório médico depois disso.
>
> Mas ela também gostaria que qualquer pessoa que esteja lendo isto dê seu apoio total a algum tipo de reforma do sistema de saúde. Ela sente que é muito abençoada pelo atendimento que recebeu, e que é uma injustiça terrível que pessoas que trabalharam tão duro quanto ela não tenham acesso a atendimento — ou porque perderam seus empregos, ou porque tinham empregos que não ofereciam plano de saúde, ou tinham problemas preexistentes que não permitem que elas recebam (ou paguem) um plano. Não há uma

solução perfeita, mas algum tipo de projeto de lei tem que ser aprovado ainda este outono.

Todos mandamos nossas melhores lembranças para todos os amigos e parentes.

Conforme se espalhou a notícia, através do blog e por outras vias, de que mamãe estava em acompanhamento domiciliar, a maioria das pessoas entendeu corretamente que isso significava que sua morte seria muito em breve — por isso começaram a chegar cada vez mais mensagens. Aprendi outra vez uma lição valiosa: mande essas mensagens. Mamãe adorava ler e-mails e ficar sabendo em primeira mão, ou através de nós, de pessoas cujas vidas ela tocara. Por saber que eu escreveria sobre ela, mamãe passou a compartilhar estas mensagens comigo.

O seguinte e-mail viera de David Rohde no começo de agosto:

Mary Anne:

Muito obrigado pelos seus recados. Peço desculpas por não ter respondido à sua primeira mensagem. Fomos ao Maine visitar parentes depois do casamento de Madeline e Judson. Infelizmente, me atrasei bastante com os meus e-mails. Foi maravilhoso ver você no casamento. Você parecia estar bem. Às vezes eu pensava no meu cativeiro como uma longa batalha contra o câncer. Eu não sabia qual seria o desfecho, mas sabia que tinha que continuar fazendo o melhor possível para sobreviver. Fui bem tratado pelo Talibã. Como eu lhe disse, nunca fui espancado. Recebia água de garrafa, e eles até me deixavam caminhar num pequeno pátio todo dia. Resumindo, nunca vivenciei a dor física que você está sofrendo.

Em alguns aspectos, o cativeiro é mais fácil que o câncer. Eu podia ao menos tentar falar com eles e apelar para sua humanidade. Não se pode ter uma conversa com uma doença. Sua coragem de enfrentar isso tudo me inspira. Por favor me avise se houver qualquer coisa que eu possa fazer para ajudá-la. Eu ficaria feliz de me encontrar com você em qualquer momento — caso você esteja ávida por ouvir histórias sobre o Talibã que vão transportar sua mente para outros lugares. Caso não esteja, entendo totalmente. Descanse. Relaxe. Não responda a este e-mail. Seu corpo precisa de tempo para se recuperar. Como prisioneiro, me dei conta de que as coisas básicas — dormir e comer — eram o mais importante para me manter seguindo em frente.

Estou enviando preces para você, assim como você as enviou para mim. No fim, decidimos que nosso destino estava nas mãos de Deus. Nós lutávamos, é claro, mas sabíamos que Deus decidiria o que aconteceria conosco. Isso nos dava conforto no que parecia uma situação impossível. Então — de repente e contra todas as expectativas — escapamos e sobrevivemos. Do fundo do meu coração, desejo a você o mesmo.

Um abraço,
David

Felicidade demais

Não havia consultas médicas nas últimas semanas de agosto, por isso o encontro do nosso clube do livro foi na casa dos meus pais enquanto meu pai estava no escritório.

Naquele dia no fim de agosto, eu tinha vindo ajudar com algumas tarefas, e então, quando terminei, sentei-me ao lado da minha mãe no sofá, e ambos nos preparamos para ler. Primeiro tivemos que achar os óculos de leitura dela. Ela não sabia onde os deixara. Sempre usava óculos baratos, da farmácia. Depois de sua morte, Doug, Nina e eu andamos pelo apartamento inteiro para recolhê-los. Achamos 27 óculos, enfiados por toda parte: em almofadas, em armários, dentro de gavetas e bolsos, atrás de vasos e porta-retratos. Toda vez que perdia um, comprava outro.

Hoje, achamos um par — e ela está empolgada de estar lendo *O milagre da Speedy Motors*, um novo mistério de Alexander McCall Smith, de sua série Agência nº 1 de mulheres detetives. Mamãe logo se depara com um trecho que quer me mostrar e entrega o livro para mim, marcando um lugar com o dedo:

> Mma Makutsi estava certa sobre vilas, mesmo as maiores, como Mochudi, onde Mma Romtswe nascera. Esses lugares ainda eram íntimos o bastante para que uma descrição aproximada fosse suficiente. Se alguém tivesse escrito uma carta endereçada a "Aquele homem que usa o chapéu, o que era minerador e sabe muito sobre gado, Mochudi, Botsuana", ela teria sem dúvida sido entregue corretamente ao pai dela.

Este trecho me faz sorrir. Sei que mamãe está olhando para o meu rosto enquanto leio, esperando que eu mostre que gosto. Mas isso não é o bastante, é claro. Precisamos discutir.

"Isso é maravilhoso", eu digo. "A gente realmente sente que conhece o lugar. É uma ótima descrição."

"Fui a tantas vilas como essa quando estava na África", diz ela. "Ele acertou na mosca."

Quando olhei para ela naquele momento, vi não uma pessoa doente, mas não exatamente a mesma mãe que eu conhecera minha vida toda. Depois de ler tanto juntos, e após tantas horas juntos em consultórios médicos, senti que conhecera uma pessoa um pouco diferente, uma nova pessoa, mais peculiar e mais engraçada. Eu sentiria uma falta terrível da minha mãe, mas sentiria falta dessa nova pessoa também — de chegar a conhecê-la melhor.

Mamãe tinha mais uma coisa que queria me mostrar naquele dia, antes de eu partir, e mais uma coisa que queria me dizer. Primeiro: Havia uma nova edição do vídeo que meu amigo filmara em Kabul. O vídeo agora começava com dois grandes sacos de livros sendo guardados na traseira de um carro; mostrava uma estante de pinho sendo amarrada ao teto do veículo; e então seguia o carro conforme ele percorria o caminho até uma escola a uma hora do centro de Kabul. Mostrava dezenas de meninas afegãs lendo livros, dando risada e apontando trechos umas para as outras, e sorrindo com orgulho enquanto Nancy Hatch Dupree as observava. Elas estavam lendo, realmente lendo, livros de verdade. É claro, havia apenas quinhentos livros para 8 mil estudantes. Mas elas nunca tinham tido livro nenhum antes disso.

Quanto à outra coisa que mamãe queria me dizer naquele dia:

"Vocês não podem desperdiçar minhas milhas do programa de milhagem depois que eu morrer. Vou dar minhas senhas para vocês. A Delta fica para você; British Airways para o seu irmão; American Airlines para a sua irmã."

O ANIVERSÁRIO DE 82 anos do papai foi no final do mês, e fizemos um pequeno jantar. Quando eu estava indo embora, mamãe me deteve. Queria saber se eu tinha lembrado de ligar para um ex-aluno seu que estava se mudando para Nova York e queria alguns conselhos sobre emprego. Eu disse que tinha. Então, ela sussurrou algo para mim, com um sorriso conspiratório: "Uma amiga me deixou uma planta — para me ajudar a ter apetite. Fiz um chá do jeito que ela mandou. Mas não gostei, por isso não vou fazer isso de novo."

Levei um minuto para me dar conta de que mamãe estava falando sobre maconha. Às vezes implicávamos com ela e papai por serem as únicas duas pessoas que conhecíamos em Cambridge nos anos 1960 que eram Democratas progressivos e jamais tinham experimentado maconha. Uma vez, quando perguntei por que não, ela disse que era porque ninguém nunca tinha oferecido. Acho muito difícil acreditar nisso.

AGORA QUE TÍNHAMOS terminado o livro de Updike, e *Grande máquina*, e o livro de McCall Smith (bem, ela tinha — eu estava atrasado), era hora de decidir um livro novo.

Tínhamos dois na fila: *Banqueteando o coração*, de Reynolds Price, uma coletânea de textos curtos que esse grande romancista americano vinha lendo em voz alta na National Public Radio desde 1995; e *Felicidade demais*, uma nova coletânea de contos de Alice Munro. O livro acabara de ser publicado na Inglaterra, mas não nos Estados Unidos; um amigo da minha mãe lhe trouxera um exemplar.

Nossa última consulta com a dra. O'Reilly foi em 1º de setembro. Não tenho lembrança alguma do que conversamos. Simplesmente não pode ter havido muito o que dizer. No dia seguinte fui almoçar com mamãe, ou almoçar enquanto ela ficava sentada me observando. Ela chegara aos 42 quilos e estava tentando comer, mas não conseguia muito mais que dar umas beliscadas em alguma coisa, ou tomar um pouco de sopa.

Eu marcara uma viagem rápida para São Francisco na semana seguinte, e não tinha certeza alguma de que devia ir. Minha viagem era para me encontrar com investidores em Sand Hill Road no Vale do Silício, para ver se conseguia convencer alguém a injetar mais verba no empreendimento. O site até que estava indo bem, mas precisávamos desesperadamente de dinheiro. Mamãe estava irredutível, insistindo que eu devia ir viajar e não me preocupar com ela — disse que estava se sentindo um pouquinho melhor.

Naquele dia conversamos sobre família, planos e uma exposição de uma das pinturas da minha cunhada, que aconteceria em breve. A segunda família mais rica da Índia havia contratado Nancy para fazer um mural gigante para o salão de baile da casa que eles estavam construindo em Mumbai, que seria a casa particular mais alta do mundo; Nancy exibiria o mural em seu estúdio, para a família e uns poucos amigos, antes de enviá-lo. Mamãe não queria perder — e nem eu, por isso voltaria a tempo de ver o mural. Nina estava vindo por alguns dias para ver mamãe — portanto, poderia vê-lo também. Enquanto mamãe e eu falávamos sobre a exposição de Nancy e todo o resto, parecia um dia normal em família, dedicado não à literatura ou à melancolia, apenas à logística, com mamãe em seu papel de controladora de tráfego aéreo, direcionando todas as diversas chegadas e partidas da família. Ela ainda estava olhando para a frente, e por isso segui suas deixas. Ela queria falar sobre como estava se sentindo? Não hoje. Hoje ela queria fazer planos.

Até os livros estavam agendados. Eu levaria o de Price na minha viagem, pois ela já havia lido a maior parte dele; ela leria o de Munro enquanto eu viajava, e depois o emprestaria para mim.

Naquela segunda-feira, Dia do Trabalho, fui de avião a São Francisco para me hospedar na casa de um velho amigo de faculdade e comparecer às minhas reuniões. Eu não fazia ideia do quão cansado estava — a maior parte da primeira noite, Dia do Trabalho, passei na sala dele, lendo, cochilando e ouvindo seu monstruoso aparelho de som. Quando liguei para mamãe no dia seguinte, ela conseguiu falar apenas durante alguns minutos. Realmente não estava se sentindo muito legal.

Terminei o livro de Reynolds Price — 52 breves ensaios pessoais. Price descreve uma infância incomum e relembra a si mesmo vestindo uma roupa de caubói, mas com uma boneca da Shirley Temple. Ele escreve sobre a Inglaterra que mamãe amava nos anos 1950, quando "o teatro profissional era incomparavelmente brilhante, e os preços dos ingressos eram risivelmente baixos", e inclui um tributo muito emocionante aos professores. Reconta sua obsessão por ser pontual, e sua apreensão frenética (e crescente irritação) com pessoas que não são. E reflete, entre capítulos sobre assuntos mais mundanos, sobre doença — sobre a devastação e a tristeza da Aids, sobre estar numa cadeira de rodas e sobre a morte. "Chegamos a um ponto na história dos Estados Unidos em que a morte tornou-se quase a última obscenidade. Você já notou quantos de nós se recusam a dizer 'ele ou ela morreu'? Tendemos muito mais a dizer 'ela partiu', como se a morte fosse um processo estéril de modesta preparação, seguido de embalagem a vácuo, depois um rápido transporte — para onde? Bem, para outro lugar. Resumindo, é a única coisa que detestamos discutir em público." Essa página tinha uma dobra no canto, feita por mamãe.

Meu primeiro dia de reuniões com os investidores não foi divertido. Eu tinha vindo do mundo dos livros, o que foi um grande golpe contra mim. Era como entrar na Boeing procurando emprego, com um currículo cheio de experiência com cavalos e carruagens. Naquela tarde liguei de novo para ela, e tivemos uma conversa rápida. Ela não parecia estar nada melhor, mas me disse que estava.

Tive um sono inquieto e acordei cedo para meu segundo dia de reuniões. Quando telefonei para minha mãe, ela estava claramente sentindo dores, e só conseguiu falar durante um minuto. Mas queria saber como as reuniões estavam indo — e queria me dizer que eu não deveria encurtar minha viagem em hipótese alguma. Eu ainda tinha mais dois dias de reuniões agendadas. Quando liguei outra vez, mais tarde naquele dia, ela mencionou que tinha parado de comer. Cancelei tudo e fui direto ao aeroporto para pegar o voo noturno para casa.

Não há lugar mais perfeitamente solitário do que um aeroporto à noite, quando você teme que alguém que você ama esteja morrendo, e você está com pressa de ver essa pessoa. Bebi dois uísques, tomei um Ambien, acordei em Nova York e peguei um táxi direto para o apartamento dos meus pais.

EU LIGARA PARA o papai a fim de dizer que estava correndo para casa. O fato de ele não me aconselhar a não fazer isso me informou tudo o que eu precisava saber sobre o quanto as coisas haviam piorado ao longo das últimas 48 horas. Minha irmã chegou ao apartamento dos nossos pais umas poucas horas antes de mim. Estava sentada ao lado da mamãe, que estava sentada na cama em seu quarto quando entrei. Vi um olhar de verdadeira raiva cruzar o rosto dela.

"O que você está fazendo aqui?", ela disse. Ela não estava apenas brava — estava furiosa.

"A viagem não estava indo bem, então decidi encurtar", eu disse. "Tenho muita coisa para fazer aqui esta semana, e era loucura ficar ali tendo reuniões que não iam dar em nada."

Deixamos por isso mesmo, mas mamãe continuou me olhando feio. Eu tinha me desviado do plano — essa era parte da raiva. Mas o principal, estou convencido, era sua raiva da morte. Ela não estava pronta para partir. Ainda tinha muitas coisas para fazer. E o fato de eu voltar correndo tornava muito mais difícil acreditar que havia mundo e tempo suficiente. Passei o resto do dia no apartamento com Nina e papai. A expressão da mamãe acabou ficando mais amena, e ou ela deixou de estar brava comigo ou esqueceu que estava. Jantamos na mesa de jantar, e ela entrou e sentou conosco. Vestira uma de suas blusas favoritas, uma echarpe turquesa e suas pérolas. Ainda estava fazendo planos — inclusive para a apresentação de Nancy. Mas reconheceu que talvez finalmente precisasse usar uma cadeira de rodas. Eu me ofereci para achar um táxi que pudesse carregar uma. Agora ela pesava menos de 40 quilos, mas para mim parecia ser a mesma pessoa, apenas uma versão menor e mais pálida. Frágil, porém, forte.

Eu trouxera o livro de Reynolds Price de volta e o pusera na estante. Naquela tarde, quando Nina tinha saído para correr, eu me sentara ao lado de mamãe no seu quarto.

"Não ouvimos falar nada sobre Patrick Swayze recentemente, não é?", ela perguntou, referindo-se ao ator que fora diagnosticado com câncer do pâncreas logo depois dela, e que fizera o especial para a tevê que ela havia admirado tanto.

"Não, não ouvimos", eu disse.

"Acho que ele está tão mal quanto eu."

Então falamos dos livros. Ela terminara os contos de Alice Munro e adorara. "Eles me mantiveram feliz o fim de semana inteiro", ela disse. Havia um que ela queria que eu lesse. Ambientado no Canadá, a terra natal de Munro, o conto se chamava "Radicais livres", e era sobre uma mulher chamada Nita, uma grande leitora, que está morrendo de câncer. Munro descreve o modo como Nita lê:

> Ela também não tinha sido apenas leitora de uma vez só. *Os irmãos Karamazov, O moinho no Floss, As asas da pomba, A montanha mágica*, inúmeras vezes. Ela pegava um deles, pensando que leria apenas aquela parte especial — e se via incapaz de parar até que a coisa toda fosse redigerida. Ela lia ficção moderna também. Sempre ficção. Odiava ouvir a palavra *fuga* usada para falar de ficção. Talvez tivesse argumentado, não só de brincadeira, que era a vida real que era a fuga. Mas isso era importante demais para se discutir.

Na história, Nita se encontra num perigo mortal, por outra coisa que não o câncer, e consegue se salvar da ameaça imediata com uma história que inventa sobre um assassinato. É um conto de humor sombrio com um final à la Somerset Maugham — do tipo que mamãe e eu adorávamos. Os livros salvam a alma de Nita, e uma história salva sua vida, ou pelo menos temporariamente.

Quando cheguei em casa naquela noite depois do jantar, fui direto dormir — mas acordei no meio da noite e li *Felicidade demais* até o amanhecer, pulando apenas o conto-título, ou melhor, guardando-o para depois. Nita não era nada parecida com minha mãe, tirando o fato de que ambas eram leitoras. Mas entendi por que esse era o conto de que ela mais gostava. Todos os leitores têm a leitura em comum.

O dia seguinte era uma sexta-feira, 11 de setembro. Voltei para passar mais tempo com mamãe. Ela passou a maior parte do dia na cama. Tinha *Refrigério para a alma* na cabeceira, com o mesmo marcador colorido feito à mão assinalando a página, aquele que ela trouxera de um acampamento de refugiados que visitara anos antes.

Depois de eu passar mais algumas horas tentando encontrar um rádio-táxi que pudesse levar uma cadeira de rodas, ficou claro que uma visita ao estúdio de Nancy para ver o mural antes que fosse enviado para a Índia era um projeto ambicioso demais. Naquela noite, outra vez tivemos um jantar de família à mesa, e mamãe outra vez nos acompanhou. Ela agora não comia havia dias e teve dificuldade de se focar na conversa. Mas estava determinada a sentar-se conosco, e fez isso. Contamos histórias engraçadas da nossa infância. De vez em quando fazia uma careta de dor, embora dissesse que estava apenas desconfortável. Mas também sorria com algumas das histórias, particularmente aquelas que envolviam Bob Chapman, o diretor de teatro por quem ela se apaixonara quando era estudante de Harvard e que se tornara o sexto membro da nossa família.

Naquela manhã eu publicara o primeiro post do blog escrito por mim mesmo. Eu o mostrara para ela aprovar. Foi ela quem sugeriu que eu acrescentasse as frases sobre Obama. O post dizia:

> Desde segunda passada, mamãe vem se sentindo muito pior. Os telefonemas são difíceis — por isso é muito melhor mandar e-mails do que ligar. Ela lê todos os e-mails, mas talvez não possa responder imediatamente porque tem passado muito mais tempo na cama, e tem tido, nos últimos dias, uma quantidade muito mais limitada de energia. Seu ânimo continua forte.
>
> Além disso, Nina veio de Genebra — e isso é ótimo para todos nós.
>
> Mamãe assistiu ao discurso de Obama e sentiu-se motivada por ele. Acha que ele fez um excelente trabalho no discurso e que sua fala ajudará a conseguir algum tipo de reforma do sistema de saúde para nós neste outono, coisa de que o país precisa urgentemente.
>
> Esperamos que todos tenham tido um bom Dia do Trabalho — e manteremos vocês informados sobre quaisquer notícias.

O sábado chegou, e ela estava muito pior. Passou o dia todo na cama, perdendo e recuperando a consciência. Estávamos bastante em contato com a dra. Kathy Foley (a amiga de Nina, guru de cuidados paliativos) e com as pessoas do acompanhamento domiciliar ao longo dos últimos dias, e eles agora mandaram um enfermeiro chamado Gabriel para nos orientar novamente naquilo que precisaríamos saber sobre como aliviar a dor conforme ela necessitasse. Tivera início uma vigília, com todos nós nos revezando para sentar uma hora por vez com mamãe, falando com quando estava acordada, segurando sua mão quando ela não estava. Como haviam nos dito que era de se esperar, sua respiração estava ficando cada vez mais trabalhosa.

Naquela tarde atualizei o blog. Não o li para minha mãe.

A doença está avançando depressa. Mamãe está descansando em silêncio e sua dor está sendo controlada. Ela não está recebendo nenhum telefonema nem visita, e não está conferindo seu e-mail. Vamos atualizar o blog todo dia e agradecer a todos por seus pensamentos atenciosos.

É difícil para nós, também, atender o telefone ou responder a e-mails, por isso por favor continuem conferindo as atualizações do blog.

Novamente, agradecemos a todo mundo por todo o seu apoio.

À noite, a dor pareceu aumentar, por isso lhe demos um pouco de morfina. Ela perdia e recuperava a consciência. Uma das frases que pronunciava várias vezes era "É o que é". Mas todo mundo, incluindo David e Nancy, teve mais uma boa conversa com ela. Com Doug, ela falou sobre a cerimônia que queria. Ele também perguntou se ela tinha algum arrependimento. Ela disse que de fato tinha um: sempre quisera ter um castelo na Escócia. Não acho que isso fosse um delírio. Acho que ela realmente queria aquilo. O ministro da minha mãe apareceu. Doug sentou-se com ela e ele, e os três recitaram a Oração do Senhor. Ela ficara muito agitada quando seu ministro chegou — sabia o que aquilo significava. Mas depois de sua visita, ela de fato pareceu, de algum modo, mudada. Mais leve, talvez — como se estivesse parcialmente aqui e já em algum outro lugar.

As coisas deterioraram-se rapidamente.

Eu já tinha visto muitos filmes em que os personagens se sentam ao pé da cama enquanto seus entes queridos morrem. Eles fazem discursos, seguram suas mãos e dizem: "Está tudo bem — você pode partir." O que nenhum desses livros e filmes transmite é o quão entediante isso é. Meus irmãos sentiram a mesma coisa. Segurávamos a mão dela, lhe dávamos goles d'água de uma xícara, dizíamos o quanto a amávamos, ouvíamos sua respiração pesada para tentar perceber se estava ficando pior, e cinco minutos haviam se passado, com mais 55 de espera antes que outro irmão viesse assumir o posto.

Logo havia um enfermeiro do acompanhamento domiciliar para ficar conosco o quanto precisássemos, e nos ajudar a mantê-la limpa e confortável. Eu olhava de relance e via o enfermeiro arrumando o travesseiro dela, ou enxugando os cantos de seus olhos, ou lhe dando delicados goles d'água. Era uma cena extraordinária — um estranho tomando conta da nossa mãe com infinito cuidado. David e eu corremos para pegar uma pequena escova de dentes já com pasta, para que pudéssemos manter seus dentes limpos. Era algo a se fazer quando não era nossa vez de ficar sentados com ela. A alternativa era ficar andando de um lado para outro na sala de estar.

Algo que acabou sendo cruel sem querer foi o telefone. Haveria uma eleição local em breve, e o número dos meus pais estava na autodiscagem de todos os políticos. Todos os nossos amigos e parentes estavam respeitando nossa necessidade de silêncio — mas o telefone não parava de tocar, e atendíamos, para o caso de ser uma ligação de seu ministro ou do serviço de enfermeiros, mas só ouvíamos uma gravação estridente tentando nos convencer a votar nesse ou naquele candidato.

A CERTA ALTURA, todos nos reunimos no terraço — era um dos breves momentos em que apenas o enfermeiro estava com ela. Fazia um pouco de frio — uma verdadeira noite de outono de Nova York. Estávamos todos exaustos e nos preparando para o que estava por vir. E meu irmão disse algo que fez uma enorme diferença para mim. Era um eco do que mamãe dissera o tempo todo — como ela tinha sorte.

"Sabe", disse Doug, "pense como se fosse um acordo. Se alguém dissesse para a mamãe: 'Você pode morrer agora, com três filhos saudáveis, seu marido há quase cinquenta anos vivo e bem, e cinco netos que você ama e que te amam, todos bem, todos felizes'... bem, acho que ela teria achado que não era um mau negócio".

NO DOMINGO, MAMÃE não teve muitos momentos de aparente consciência. Chegou a ficar sentada e sorrir quando David entrou no quarto.

E pareceu reagir a nossas perguntas e manifestações de amor. Ficamos com ela o tempo todo. Eu estava vestindo, pela primeira vez, o suéter cor de creme que ela me dera de aniversário naquele ano. Acho que ela o reconheceu. Quando sua mão roçou nele enquanto eu estava sentado ao seu lado, ela sorriu. É claro que ela tinha razão — é de longe o melhor suéter que eu tenho, e o que fica melhor em mim. É mais do que isso. É lindo.

Eu deveria comparecer ao bat mitzvah da minha afilhada mais nova naquele fim de semana, e leria um poema de Mary Oliver como parte da cerimônia. Mas um amigo iria lê-lo em meu lugar. Já que mamãe adorava a poesia de Mary Oliver, decidi ler o poema para ela. É de uma coletânea de 2004 chamada *Por que acordo cedo*.

ONDE O TEMPLO COMEÇA, ONDE ELE ACABA?

Há coisas que você não pode alcançar. Mas
pode estender a mão para elas, e o dia inteiro.

O vento, o pássaro voando para longe. A ideia de Deus.

E isso pode lhe manter tão ocupado quanto qualquer outra coisa,
e mais feliz.

A cobra desliza para longe; o peixe pula, como um pequeno lírio,
para fora da água e de volta para dentro; os pintassilgos cantam
do topo inalcançável da árvore.

Eu olho; da manhã à noite jamais termino de olhar.

Quando digo olhar, não digo apenas ficar parada ali, mas parada
como se de braços abertos.

E pensando: talvez algo virá, alguma
espiral brilhante de vento,

ou umas poucas folhas de qualquer árvore velha —
  elas todas estão nisto também.

E agora vou dizer a verdade.
Tudo no mundo
vem.

Pelo menos, mais perto.

E, cordialmente.

Como o peixe mordiscante, de olhos de ouropel; a cobra que se
  desenrola.
Como pintassilgos, pequenos bonecos de ouro
voejando no canto do céu

de Deus, o ar azul.

Senti-me um pouco constrangido ao ler aquilo — como alguém com fones de ouvido que de repente percebe que está cantando no metrô. Mas gosto de pensar que os olhos da minha mãe tremeram quando ela me ouviu dizer a palavra *Deus*.

Quando terminei, olhei à minha volta para o quarto dos meus pais — e para mamãe, descansando relativamente em paz, porém, com aquela respiração áspera que significa que não resta muito mais tempo. Ela estava cercada de livros — uma parede de estantes, livros no criado-mudo, um livro ao seu lado. Ali estavam Stegner e Highsmith, Mann e Larsson, Banks e Barbery, Strout e Némirovsky, o Livro da Oração Comum e a Bíblia. As lombadas eram de todas as cores, e havia livros de bolso e de capa dura, livros que haviam perdido suas sobrecapas e outros que nunca tiveram uma.

Eles eram os companheiros e professores da minha mãe. Tinham lhe mostrado o caminho. E ela podia olhar para eles enquanto se preparava para a vida eterna que sabia que esperava por ela. Que conforto alguém podia ter olhando para o meu *leitor digital* sem vida?

Também notei uma pilha especial de livros. Deveriam ser os próximos de nosso clube do livro. Estavam em seu próprio montinho, separados dos outros.

Minha irmã assumiu o posto, o que foi um enorme alívio. Ela e mamãe sempre tinham tido um elo além da relação entre mãe e filha, algo que se formara quando trabalharam juntas no acampamento na Tailândia. Meu irmão lia a Bíblia para ela, e tanto ele quanto minha irmã a atualizavam sobre tudo o que acontecia com seus netos. Meu pai passava bastante tempo sozinho com ela, recontando, como ele disse, que grande aventura os dois tinham tido juntos, e como ele nunca poderia ter sonhado com a vida que tivera com ela. A essa altura, ela estava dormindo a maior parte do tempo, geralmente em paz.

Nas horas que passei ao lado dela, falei sobre os livros que tínhamos lido juntos, sobre os autores e personagens, sobre trechos favoritos. Prometi compartilhá-los com os outros. Disse a ela que a amava.

Mamãe morreu às 3h15 da manhã do dia 14 de setembro. O ministro dissera que ela provavelmente morreria de madrugada. Eu saíra às duas da manhã para ir tomar um banho em casa. Nina, que estava junto quando ela deu seu último suspiro, me telefonou, e voltei correndo, assim como meu irmão, que estava um pouco sedado, pois tomara um Ambien. Mas ele estava lá, como sempre esteve.

Cada um de nós passou um tempo com o corpo dela. E de manhã, minha irmã e eu esperamos até que o corpo fosse removido. Doug e meu pai não quiseram estar presentes para ver aquilo, por isso foram a uma lanchonete buscar algo para comer. Nina e eu abrimos a janela para deixar o espírito da minha mãe sair. E nesse exato instante notei um raio de luz tocar uma minúscula imagem do Buda que minha cunhada Nancy pintara, e que mamãe pendurara num lugar onde pudesse ver a luz batendo nela enquanto estava deitada na cama. É um belo Buda turquesa — e brilhava.

Ao lado da cama dela estava *Refrigério para a alma*, ainda com o marcador dentro dele, assinalando a página da sexta-feira, 11 de setembro. Olhei primeiro no livro o trecho da Bíblia daquele dia. Era o texto mais curto do livro inteiro, apenas seis palavras simples:

Venha a nós o vosso reino.

Então li o resto da página. Embaixo havia uma citação de John Ruskin:

Se você não deseja o reino d'Ele, não reze por isso. Mas, se deseja, deve fazer mais que rezar por isso; deve trabalhar para isso.

Acredito que estas foram as últimas palavras que minha mãe leu em vida.

Epílogo

Durante muito tempo após a morte da minha mãe, eu era tomado de repente por uma culpa paralisante, por conta de algo que deixara de dizer para ela em um de nossos encontros do clube do livro: Por que não falei isso ou aquilo? Tivera a oportunidade perfeita quando estava discutindo esse ou aquele livro. Por fim, acabei me dando conta de que o maior presente do nosso clube do livro era que ele me dava tempo e oportunidade de perguntar coisas a ela, e não de lhe dizer coisas.

É claro que o clube do livro também nos deu uma enxurrada de grandes livros para ler — livros para saborear e ponderar, para desfrutar, e para ajudar mamãe em sua jornada rumo à morte e a mim em minha jornada rumo à vida sem ela.

Desde a morte da mamãe, fiquei sabendo de todo tipo de gente que também conversava sobre livros com ela. Há dezenas de pessoas cujas vidas tocaram mamãe e foram tocadas por ela — como o irmão Brian, que dirige a excelente De La Salle Academy em Manhattan, uma das escolas favoritas dela; ou meus "irmãos" Ly Kham, John Kermue, Momoh, Dice e Winnie, todos amigos que ela fez quando eles eram refugiados — que mencionaram conversas que tiveram com ela sobre livros, ou um livro importante que ela havia insistido para que lessem.

Também falei com várias pessoas que compartilharam comigo histórias sobre momentos que passaram lendo ou falando de livros com alguém que amavam e que estava morrendo; um pai, um irmão, um filho, um cônjuge.

O culto em homenagem a minha mãe foi celebrado na sua igreja, a Madison Avenue Presbyterian, durante uma nevasca em fevereiro. Uma das artistas que meu pai representa, Emma Kirkby, cantou o *Laudate Dominum* de Mozart. Meus irmãos e eu fizemos discursos, assim como Nico, representando a geração seguinte. O irmão da minha mãe recontou histórias de infância sobre sua irmã mais velha, inclusive como ela lhe dissera que ele realmente deveria ler mais livros para ter algum assunto para conversar com os adultos — e com as garotas.

A ex-diretora da IRC falou do seu trabalho com refugiados. O decano de admissão da Harvard falou de seus primeiros dias trabalhando juntos, combinando os escritórios de Harvard e Radcliffe. Um amigo dessa época falou da minha mãe como modelo de comportamento, amiga e mentora. A presidente do Kingsborough Community College, a amiga que era uma das poucas pessoas que conseguiam levar minha mãe para fazer compras, contou sobre o tempo que as duas passaram juntas em conselhos, sobre suas viagens, e tudo o que ela aprendera com minha mãe sobre a vida e a morte.

Walter Kaiser, o acadêmico de Harvard e amigo de uma vida inteira que telefonava para minha mãe toda manhã, recontou uma história sobre uma viagem da faculdade para Roma junto com ela, e como ela sorria para todo mundo, inclusive rapazes, e como isso muitas vezes levava a mal-entendidos. Naquela época ele lhe dissera, dando bronca: "Mary Anne, você *precisa* parar de sorrir para estranhos!" Agora, no culto em homenagem a ela, ele disse: "Quem poderia ter previsto que ela passaria o resto da vida fazendo exatamente isso — sorrindo para estranhos?"

MUITAS VEZES PENSO nas coisas que mamãe me ensinou. Arrume a cama toda manhã — não importa se você tem vontade ou não, faça isso e pronto. Escreva mensagens de agradecimento imediatamente. Desfaça a mala, mesmo se só vai passar uma noite no lugar. Se você não está dez minutos adiantado, então está atrasado. Seja alegre e escute as pessoas, mesmo que não esteja com vontade. Diga a seu cônjuge (filhos, netos, pais) que você o ama todos os dias. Use forro protetor dentro das gavetas. Mantenha uma coleção de presentes à mão (mamãe os guardava numa "gaveta de presentes"), para sempre ter algo para dar às pessoas. Comemore ocasiões. Seja bondoso.

Embora quase dois anos tenham se passado desde a sua morte, de vez em quando sou tomado de um desejo de ligar para ela e lhe contar alguma coisa — geralmente sobre um livro que estou lendo que sei que ela adoraria. Mesmo ela não estando aqui, conto para ela assim mesmo. Assim como lhe contei sobre os 3 milhões de dólares que o governo americano investiu na construção da biblioteca no Afeganistão. Quando este livro for publicado, a biblioteca em Kabul estará concluída. Gosto de acreditar que ela sabe disso.

Marina Vaizey, uma amiga dela, escreveu um obituário que foi publicado no *The Guardian* de Londres. Começava assim: "Mary Anne Schwalbe, falecida aos 75 anos de idade, foi uma de minhas amigas mais próximas por mais de cinquenta anos. Nos conhecemos quando ela era a representante discente da escola — e uma líder sutilmente eficaz já naquela idade precoce. Mary Anne sabia ouvir muito bem e era uma excelente professora, o que incluía até dicas sobre a tarefa de ser avó."

O obituário então descrevia algumas das paixões, trabalhos e realizações. Terminava assim: "Este dínamo de energia era contido numa pequena mulher quieta, sorridente, vestida com elegância, que podia parecer tão convencional quanto uma socialite, mas muitas vezes viajava pelo mundo em circunstâncias extremamente precárias: foi monitora eleitoral nos Bálcãs, e alvo de um tiro no Afeganistão. Mary Anne viu o pior e acreditou no melhor."

Acho que Marina acertou na mosca. Mamãe me ensinou a não desviar os olhos do pior, mas sim acreditar que todos podemos fazer melhor. Jamais vacilou em sua convicção de que os livros são a ferramenta mais poderosa do arsenal humano, de que ler todo tipo de livros, qualquer que seja o formato escolhido — eletrônico (embora isso não fosse para ela) ou impresso ou em áudio —, é o maior entretenimento de todos, e também é como você participa da conversa humana. Ela me ensinou que você pode fazer uma diferença no mundo, e que os livros realmente importam: é com eles que sabemos o que precisamos fazer na vida, e como dizemos isso aos outros. Ela também me mostrou, ao longo de dois anos, dezenas de livros e centenas de horas em hospitais, que os livros podem ser o modo como nos aproximamos uns dos outros, e continuamos próximos, mesmo no caso de uma mãe e um filho que já eram muito próximos desde o começo, e mesmo depois que um deles morreu.

Agradecimentos

Mencionei as pessoas neste livro conforme estiveram envolvidas numa história ou incidente em particular, e não de acordo com sua importância na vida da minha mãe ou na minha. Quero agradecer a nossos amigos maravilhosos e à nossa extraordinária família expandida, que respondeu a perguntas, forneceu cartas e histórias, e me incentivou a escrever este livro. Decidi não tentar listar vocês, só porque estava receoso demais de acabar deixando alguém de fora; mas não tenho palavras para expressar o quanto sou grato a todos vocês.

Recebi uma ajuda inestimável, para o manuscrito, de James Goldsmith III (meu tio Skip), Stephanie Green, Jean Halberstam, Lisa Holton, Beena Kamlani, Larry Kramer, Pablo Larios, Georganne Nixon, Mary Ellen O'Neill, Bill Reichblum, David Shipley, Peternelle van Arsdale, a Tutorial, Leslie Wells e Naomi Wolf. Alice Truax forneceu, mais uma vez, perguntas afiadas e um olho de lince.

Sou grato a Mary Oliver e também a Regula Noetzli.

Doug Stumpf e Lisa Queen foram dois de meus primeiros leitores. Lisa me ofereceu incentivo diário, sabedoria e risadas. Eu não poderia ter escrito isto sem ela. Doug foi, como sempre, ridiculamente generoso com seu tempo e sua genialidade.

Parte deste livro foi escrita na casa de Andy Brimmer e Tom Molner em Fire Island. Devo a eles (literalmente) por isto e por muito mais.

Por sua ajuda com informações sobre a Comissão Feminina para Refugiados e o IRC, um imenso obrigado a Susan Stark Alberti, George Biddle, Carolyn Makinson, Diana Quick e Carrie Welch.

Sou infinitamente grato a John Brockman e Katinka Matson, e também a Max Brockman, Russell Weinberger e Michael Healey. Não há pessoas melhores para ter na sua equipe.

Lisa Highton, editora da Two Roads UK, me ajudou mais do que posso expressar, com seu humor, empatia, conselhos brilhantes e fé inabalável neste livro e em mim.

Devo um enorme obrigado a Sonny Mehta, por seu apoio imediato e inabalável, e à incrível equipe da Knopf: Paul Bogaards, Gabrielle Brooks, Andrew Michael Carlson, Carol Devine Carson, Chris Gillespie, Erinn Hartman, Lynn Kovach, Nicholas Latimer, Victoria Pearson, Anne-Lise Spitzer e Jeff Yamaguchi, junto com seus colegas.

Marty Asher é simplesmente o editor dos meus sonhos. Marty me incentivou a fazer este livro. Me convenceu, me forçou, me editou e me orientou através de rascunho após rascunho. Finalmente, ele me disse que eu podia parar. As inúmeras falhas e fracassos são todas porque não dei ouvidos a Marty o suficiente. Mas, mesmo diante da minha intransigência, ele continua sendo o defensor e amigo mais extraordinário que qualquer livro ou escritor poderia ter.

Este livro é em memória da minha mãe, é claro, mas também de Mary Diaz e Al Marchioni, ambos falecidos de câncer no pâncreas, e de Beverlee Bruce. Mary e Beverlee foram duas das colegas mais queridas da minha mãe, uma inspiração para ela e para todos nós. Al Marchioni foi uma das melhores pessoas que jamais conhecerei. Fui abençoado de tê-lo como chefe, amigo e mentor.

Novamente, meu pai, Doug e Nina ofereceram uma ajuda constante e generosa, e um apoio carinhoso, enquanto me incentivavam a escrever o livro que queria escrever.

Quanto a David Cheng: não mereço alguém tão maravilhoso quanto David, e ele certamente não merece alguém tão difícil quanto eu. Mas tenho uma sorte absurda, e ele, uma paciência incrível. Ele é a luz da minha vida.

E, finalmente, quero agradecer a minha mãe.

Apêndice

Uma lista alfabética dos autores, livros, peças, poemas e histórias discutidos ou mencionados em *O clube do livro do fim da vida*:

Louisa May Alcott, *Pequenas mulheres [Little Women]*
Dante Alighieri, *Purgatório [Purgatorio]*
W. H. Auden, "Musée des Beaux Arts", de *Poemas reunidos*
Jane Austen
Russell Banks, *Perdidos na América [Continental Drift]*
Muriel Barbery, *A elegância do ouriço [The Elegance of the Hedgehog]*, tradução de Alison Anderson
Ishmael Beah, *Muito longe de casa [A Long Way Gone]*
Alan Bennett, *Uma real leitora [The Uncommon Reader]*
A Bíblia Sagrada
Elizabeth Bishop
Roberto Bolaño, *Os detetives selvagens [The Savage Detectives]*, tradução de Natasha Wimmer
O Livro de Oração Comum [The Book of Common Prayer]
Geraldine Brooks, *O senhor March [March]*; *As memórias do livro [People of the Book]*
O Buda, *O sutra do cortador de Diamantes [The Diamond Cutter Sutra]*, tradução de Gelong Thubten Tsultrim
Lewis Carroll, *Alice no País das Maravilhas [Alice's Adventures in Wonderland]*

Robert Chapman, *Billy Budd*, peça e roteiro de cinema, com Louis O. Coxe

Sindy Cheung, "Eu sou a dor" ["I Am Sorrow"]

Julia Child, *Dominando a arte da culinária francesa [Mastering the Art of French Cooking]*

Agatha Christie

Karen Connelly, *A gaiola de lagartos [The Lizard Cage]*

Pat Conroy, *O grande Santini [The Great Santini]*

Colin Cotterill

Roald Dahl, *A fantástica fábrica de chocolate [Charlie and the Chocolate Factory]*

Patrick Dennis, *A mulher do século [Auntie Mame]*

Charles Dickens

Joan Didion, *Um livro de oração comum [A Book of Common Prayer]; O ano do pensamento mágico [The Year of Magical Thinking]*

Siobhan Dowd

Nancy Hatch Dupree

Dave Eggers

T. S. Eliot, *Assassinato na catedral [Murder in the Cathedral]*

Ralph Waldo Emerson

F. Scott Fitzgerald

Zelda Fitzgerald

Ian Fleming, *Chitty Chitty Bang Bang*

Ken Follett, *Os pilares da terra [The Pillars of the Earth]*

Esther Forbes, *Paul Revere e o mundo onde ele vivia [Paul Revere and the World He Lived In]; Filho da liberdade*

E. M. Forster, *Howards End*

Anne Frank, *Diário de Anne Frank [Anne Frank: The Diary of a Young Girl]*

Erle Stanley Gardner

Nikki Giovanni

William Golding, *O senhor das moscas [Lord of the Flies]*

Sue Grafton

Günter Grass, *O tambor [The Tin Drum]*

A Haggadah

David Halberstam, *O mais frio dos invernos* [The Coldest Winter]

Susan Halpern, *A etiqueta da doença* [The Etiquette of Illness]

Mohsin Hamid, *O fundamentalista relutante* [The Reluctant Fundamentalist]

Patricia Highsmith, *Estranhos num trem* [Strangers on a Train]; *O preço do sal* [The Price of Salt]; *O talentoso sr. Ripley* [The Talented Mr. Ripley]

Andrew Holleran

Khaled Hosseini, *O caçador de pipas* [The Kite Runner]; *A cidade do sol* [A Thousand Splendid Suns]

Henrik Ibsen, *Hedda Gabler*

John Irving, *Oração para Owen Meany* [A Prayer for Owen Meany]

Christopher Isherwood, *Os contos de Berlim* [The Berlin Stories]; *Christopher e sua espécie* [Christopher and His Kind]

Jerome K. Jerome, *Três garotos num barco* [Three Men in a Boat]

Ben Johnson, *Volpone*

Crockett Johnson, *Harold e o giz de cera roxo* [Harold and the Purple Crayon]

Erica Jong, *Medo de voar* [Fear of Flying]

Jon Kabat-Zinn, *Vivendo plenamente a catástrofe* [Full Catastrophe Living]; *Aonde você for, é lá que você está* [Wherever You Go, There You Are]; *Despertando a consciência* [Coming to Our Senses]

Walter Kaiser

Mariatu Kamara, *A mordida da manga* [The Bite of the Mango], com Susan McClelland

Carolyn Keene, série Nancy Drew

John F. Kennedy, *Perfis de coragem* [Profiles in Courage]

Elizabeth T. King

Larry Kramer

Jhumpa Lahiri, *Intérprete de males* [Interpreter of Maladies]; *O xará* [The Namesake]; *Terra descansada* [Unaccustomed Earth]

Anne Lamott, *Bênçãos ambulantes* [Traveling Mercies]

Stieg Larsson, *Os homens que não amavam as mulheres* [The Girl with the Dragon Tattoo], tradução de Reg Keeland

Victor LaValle, *Grande máquina* [Big Machine]

Munro Leaf, *A história de Ferdinand* [The Story of Ferdinand], ilustrações de Robert Lawson

Dennis Lehane

Donna Leon

C. S. Lewis, *As crônicas de Nárnia [The Chronicles of Narnia]*

Alistair MacLean, *Os canhões de Navarone [The Guns of Navarone]; O desafio das águias [Where Eagles Dare]; Força 10 de Navarone [Force 10 from Navarone]; Bonecas acorrentadas [Puppet on a Chain]*

Malcolm X, *A autobiografia de Malcolm X [The Autobiography of Malcolm X: As Told to Alex Haley]*

Thomas Mann, *Tonio Kröger; A morte em Veneza [Death in Venice]; A montanha mágica [The Magic Mountain]; Mario e o mágico [Mario and the Magician]; José e seus irmãos [Joseph and His Brothers]*, tradução de John E. Woods

Ngaio Marsh

W. Somerset Maugham, *Servidão humana [Of Human Bondage]; O véu pintado [The Painted Veil]; Contos reunidos [Collected Short Stories]*, incluindo "O sacristão" ["The Verger"]

James McBride, *A cor da água [The Color of Water]*

Val McDermid

Ian McEwan, *Na praia [On Chesil Beach]*

Herman Melville, *Billy Budd*

James Michener

Arthur Miller, *A morte do caixeiro-viajante [Death of a Salesman]*

Rohinton Mistry, *Um delicado equilíbrio [A Fine Balance]*

Margaret Mitchell, *E o vento levou [Gone With the Wind]*

J. R. Moehringer, *Bar doce lar [The Tender Bar]*

Toni Morrison

Daniyal Mueenuddin, *Em outros quartos, outras surpresas [In Other Rooms, Other Wonders]*

Alice Munro, *Felicidade demais [Too Much Happiness]*

Iris Murdoch

Nagarjuna, *Setenta versos sobre o vazio [Seventy Verses on Emptiness]*, tradução de Gareth Sparham

Irène Némirovsky, *Suíte Francesa*, (*Suite Française*, tradução de Sandra Smithis).

Edith Nesbit, *As crianças da ferrovia [The Railway Children]*

Barack Obama, *Sonhos do meu pai [Dreams from My Father]*

John O'Hara, *Encontro em Samarra* [Appointment in Samarra]

Mary Oliver, *Porque acordo cedo* [Why I Wake Early], incluindo "Onde o templo começa, onde ele acaba?" ["Where Does the Temple Begin, Where Does It End?"]

Frances Osborne, *A desertora* [The Bolter]

Sara Paretsky

Randy Pausch, *A lição final* [The Last Lecture], com Jeffrey Zaslow

Susan Pedersen, *Eleanor Rathbone e a política da consciência* [Eleanor Rathbone and the Politics of Conscience]

Harold Pinter, *O guardião* [The Caretaker]

Reynolds Price, *Banqueteando o coração* [Feasting the Heart]

Thomas Pynchon

Arthur Ransome, *Andorinhas e amazonas* [Swallows and Amazons]

David Reuben, M.D., *Tudo o que você sempre quis saber sobre sexo mas tinha medo de perguntar* [Everything You Always Wanted to Know About Sex: But Were Afraid to Ask]

David K. Reynolds, *Manual de Vivência Construtiva* [A Handbook for Constructive Living]

F. W. Robertson

Marilynne Robinson, *Afazeres domésticos* [Housekeeping]; Gilead; Em casa [Home]

David Rohde

John Ruskin

Tim Russert, *Big Russ e eu* [Big Russ and Me]

David Sedaris

Maurice Sendak, *Onde vivem os monstros* [Where the Wild Things Are]; Na cozinha noturna [In the Night Kitchen]

Peter Shaffer; *Equus*; Exercício de cinco dedos [Five Finger Exercise]

William Shakespeare, *Rei Lear* [King Lear]; Otelo [Othello]

George Bernard Shaw, *Santa Joana* [Saint Joan]

Bernie Siegel, M.D., *Amor, medicina e milagres* [Love, Medicine and Miracles]

Alexander McCall Smith, *Agência nº 1 de mulheres detetives: O milagre da Speedy Motors* [The No. 1 Ladies' Detective Agency: The Miracle at Speedy Motors]

Aleksandr Solzhenitsyn, *O arquipélago de Gulag* [The Gulag Archipelago]

Natsume Soseki, *Kokoro,* tradução de Edwin McCellan
Wallace Stegner, *Para um lugar seguro [Crossing to Safety]*
Edward Steichen, *A família do homem [The Family of Man],* prólogo de
Carl Sandburg
Wallace Stevens
Lydia Stone, *Pink Donkey Brown,* ilustrações de Mary E. Dwyer
Elizabeth Strout, *Olive Kitteridge*
Josephine Tey, *Brat Farrar*
William Makepeace Thackeray
Michael Thomas, *Homem abaixo [Man Gone Down]*
Mary Tileston, *Refrigério para a alma [Daily Strength for Daily Needs]*
Colm Tóibín, *História da noite [The Story of the Night]; A luz do farol
[The Blackwater Lightship]; O mestre [The Master]; Brooklyn*
J. R. R. Tolkien, *O hobbit [The Hobbit]; O senhor dos anéis [The Lord of
the Rings]*
William Trevor, *A jornada de Felicia [Felicia's Journey]*
Liv Ullmann
John Updike, *Casais [Couples]; As lágrimas do meu pai [My Father's
Tears]*
Leon Uris
Marina Vaizey
Sheila Weller, *Garotas como nós [Girls Like Us]*
Elie Wiesel, *Noite [Night]*
Tennessee Williams, *Um bonde chamado desejo [A Streetcar Named
Desire]*
P. G. Wodehouse
Geoffrey Wolff, *O duque da mentira [The Duke of Deception]*
Herman Wouk, *O motim do Caine [The Caine Mutiny]; Marjorie Mor-
ningstar; Os ventos da guerra [The Winds of War]*

Conheça mais sobre nossos livros e autores no site
www.objetiva.com.br

Disque-Objetiva: (21) 2233-1388

Este livro foi impresso na
LIS GRÁFICA E EDITORA LTDA.
Rua Felício Antônio Alves, 370 – Bonsucesso
CEP 07175-450 – Guarulhos – SP
Fone: (11) 3382-0777 – Fax: (11) 3382-0778
lisgrafica@lisgrafica.com.br – www.lisgrafica.com.br